미 국 헌 법 과 민 주 주 의

미국 헌법과 민주주의

1판1쇄 | 2004년 11월 10일
2판1쇄 | 2005년 7월 17일
2판5쇄 | 2014년 9월 15일
3판1쇄 | 2016년 3월 31일
3판2쇄 | 2018년 9월 31일

지은이 | 로버트 달
옮긴이 | 박상훈, 박수형
한국어판 해설 | 최장집

펴낸이 | 정민용
편집장 | 안중철
편집 | 강소영, 윤상훈, 이진실, 최미정

펴낸 곳 | 후마니타스(주)
등록 | 2002년 2월 19일 제300-2003-108호
주소 | 서울 마포구 양화로 6길 19(서교동) 3층
전화 | 편집_02.739.9929/9930 영업_02.722.9960 팩스_0505.333.9960

블로그 | humabook.blog.me
S N S | humanitasbook
이메일 | humanitasbooks@gmail.com

인쇄 | 천일_031.955.8083 제본 | 일진_031.908.1407

값 17,000원

ISBN 978-89-6437-246-3 03340

이 도서의 국립중앙도서관 출판시도서목록(CIP)은 e-CIP 홈페이지(http://www.nl.go.kr/ecip)에서
이용하실 수 있습니다(CIP제어번호: CIP2016007683).

미국 헌법과 민주주의

ROBERT A. DAHL | HOW DEMOCRATIC IS THE AMERICAN CONSTITUTION?

로버트 달 지음 | 최장집 한국어판 해설 | 박상훈·박수형 옮김

후마니타스

| 일러두기 |

1. 이 개정판에서 달라진 것은 세 가지이다. 첫째는 영어본 제2판에 추가되었던 8장("또 다른 고찰 : 불문 헌법을 개정하는 문제")을 새로 번역했다. 둘째, 가독성을 높이기 위해 전체적으로 내용과 문장을 수 정했다. 셋째, 최장집 교수가 쓴 한국어판 서문을 한국어판 해설로 바꿔 본문 뒤로 배치했다. 당시 서 문은 이 책의 내용을 소개하는 동시에 2004년 한국과 미국에서 있었던 헌법 논쟁에 초점을 맞췄는데, 이제는 그때의 상황에 구속되지 않고 이 책이 읽혀지길 바라는 마음에서 바꾸게 되었다. 개정판이기는 하지만, 내용이 크게 달라진 것은 없기에 기존에 책을 구입한 독자로서는 이 개정판 때문에 새로 책을 구입할 이유는 없다고 하겠다. 좀 더 오래 읽혔으면 하는 마음에서 개정한 것이니 널리 이해해 주시리 라 믿는다.

2. 본문은 직역을 원칙으로 했으나, 부득이한 경우 적절히 분할하여 번역했다.

3. 본문에서 사용하고 있는 [ ]는 로버트 달의 첨언이며, 독자의 이해를 돕기 위한 옮긴이의 첨언이나 간 략한 역주인 경우 [-옮긴이]로 표기했다. 단, 긴 설명을 요하는 역주나 인물 소개는 본문 하단에 설명 했으며, 해당 사항에 ●로 표시했다.

4. 저자는 영어본 제2판에 추가된 8장의 주석을 (1~7장과 달리) 본문 주 형식으로 표기하고 참고문헌을 장 뒤쪽에 정리했는데, 저자의 의도를 고려해 번역본도 이를 그대로 따랐다.

5. 고유명사(이름, 국명, 지명 등)의 우리말 표기는 국립국어연구원에서 발간하는 외래어 표 기 용례를 따랐으나, 용례가 정해지지 않은 경우나 일반적으로 학계에서 굳어진 표현의 경우 이에 따랐다.

6. 원서에서 강조한 부분은 고딕체로 표기했다.

7. 독자의 이해를 돕기 위해, '미국 주요 정당의 역사'와 '미국 헌법과 수정 헌법'을 〈부록 3〉과 〈부록 4〉 로 첨가했다.

이 책은 예일대 윤리학·정치학·경제학 프로그램의 일환으로
로버트 달 교수가 2000년에 강의한
캐슬 강좌Castle Lectures 시리즈를 바탕으로 한 것이다.

캐슬 강좌는 존 캐슬John K. Castle이 후원하며 그의 선조이자
예일대 설립자 중 한 사람인 제임스 피어폰트James Pierpont
목사를 기리기 위해 만들어졌다. 이 강좌의 목적은
저명인사들의 강의를 통해 사회와 정부의 도덕적 기반에
대한 성찰을 장려하고, 복잡한 현대사회 속의 개인들이
대면하는 윤리적 문제에 대한 이해를 증진하는 데 있다.

| 감사의 글 |

예일대 캐슬 강좌는 미국 헌법에 관해 오랫동안 조금씩 발전시켜 왔던 나의 견해를 분명하게 정리할 수 있는 기회를 제공해 주었다. 이 책 속의 일부 주장들은 그간 여러 논문과 책을 통해 제시되었지만, 다른 주장들은 이 강좌의 초안을 잡기 전까지 대개 맹아적인 상태에 머물러 있었다. 이 책은 2000년 초가을 내가 캐슬 강좌를 통해 구체화시켰던 내용들을 수정, 보완한 것이다.

윤리학·정치학·경제학 프로그램 이사를 맡고 있는 제프리 가렛 Geoffrey Garrett은 고맙게도 내게까지 강좌의 기회를 마련해 주었다. 내가 제안한 강좌 주제를 기꺼이 받아들여 준 데 대해 가렛과 이안 사피로Ian Shapiro 모두에게 감사의 마음을 전하고 싶다.

연구 조교로 큰 도움을 준 제니퍼 스미스Jennifer Smith에게도 고맙게 생각한다.

유용한 질문과 교정, 조언을 해 준 웬델 벨Wendel Bell, 말콤 조엘 Malcom Jewell, 조셉 라팔롬바라Joseph LaPalombara, 로저스 스미스Rogers Smith, 그리고 예일대 출판부에서 꼼꼼히 원고를 편집해 준 앨리 피터슨Ali Peterson과 출판 과정에서 원고의 구성을 열심히 그리고 능숙하게 도와준 라리사 하이머트Larisa Heimert에게도 감사의 뜻을 전하고 싶다.

끝으로 이 기회를 빌려 내 강좌에 참여했던 청중들에게 고마운 마음을 표하고 싶다. 그들의 질문과 논평 덕분에 강좌 내용을 여러 측면에서 다시 살펴볼 수 있었고, 이 책에서는 그 내용을 좀 더 분명하고 폭넓게 다룰 수 있었다.

1

서론:
근본적인 질문들

이 짧은 책의 목적은 미국 헌법을 바꾸자는 것이 아니라 미국 헌법에 대한 우리 생각을 바꾸자는 데 있다. 이런 취지에서 간단한 질문으로 논의를 시작해 보겠다. 우리 미국인들은 왜 미국 헌법을 지지해야 하는가?

어떤 미국 시민은 이렇게 답할지 모르겠다. 현재 헌법은 1787년 헌법 제정 회의Constitutional Convention에 참석한 일군의 대단히 현명한 사람들이 작성한 후 모든 주 회의에서 비준한 이래 늘 우리 헌법으로 존재해 왔다고 말이다.[1] 그러나 이 답은 또 다른 질문을 낳을 뿐이다.

앞에서 제기한 질문의 배경을 이해하기 위해서는 1787년 여름 필라델피아에서 열린 헌법 제정 회의가 어떻게 구성되었는지 확인해 볼 필요가 있다. 우리는 13개 주 모두가 대표단을 보낸 것으로 생각하기 쉽지만, 실제로 로드아일랜드 주는 참석을 거부했고, 뉴햄프셔 주 대표단은 회의가 열린 지 몇 주가 지나서야 필라델피아에 도착했다. 결과적으로 6, 7월에 있었던 몇몇 핵심 사안에 대한 투표에는 11개 주

1_헌법 비준을 묻는 투표에서 델라웨어, 뉴저지, 조지아 등 세 주는 만장일치로 찬성했지만, 나머지 주들은 곧바로 첨예한 논쟁을 벌이며 찬반양론으로 분열되었다. 예를 들어, 매사추세츠 주에서는 헌법 비준 회의 대표들이 187 대 168로 나뉘었고, 뉴햄프셔 주에서는 57 대 46으로, 버지니아 주에서는 87 대 79로 분열되었다. 표 차이가 가장 작았던 뉴욕에서는 헌법 지지자들이 세 표 차이로 승리했다.

대표들만 참가했다. 게다가 투표는 주 단위로 이뤄졌는데, 대개의 경우 주별 대표단은 동일한 입장을 취했지만, 이따금씩 그들 내부에서도 의견이 갈려 투표에 참여하지 못하는 상황이 벌어지기도 했다.

그래서 나는 다시 한 번 이런 질문을 던지고자 한다. 인간의 한계를 가진 55명이 2백여 년 전에 작성했고, 실제로는 39명만 서명했으며, 그들 중 상당수는 노예 소유주였고, 단지 13개 주에서 2천 명도 안 되는 적은 수의 (그리고 오래전에 죽어 잊힌) 사람들이 투표해 채택한 문서에 우리는 왜 오늘날까지 얽매여 있어야 하는가?[2]

이렇게 답할 수도 있다. 우리 미국인들은 어쨌든 수정 조항을 통해 자유롭게 헌법을 변경할 수 있고, 실제로도 종종 그래 왔다, 그러므로 현재의 미국 헌법은 궁극적으로 오늘을 사는 우리들의 동의에 바탕하고 있다고 말이다.

이 답을 받아들일지 따져 보기 전에, 다른 질문을 제기해 보겠다. 과연 우리 미국인들에게는 헌정 체계에 대한 자신의 생각을 표현할 기회가 있었는가? 예컨대, 이 글을 읽는 독자들 가운데 현재 헌법에 따라 계속 통치 받기를 원하는지 여부를 묻는 국민투표에 참여해 본 사람이 얼마나 되는가? 물론 한 명도 없을 것이다.

이렇게 반문할 수도 있다. 그동안 잘 작동해 왔고 지금도 잘 작동하고 있는 헌법을 왜 바꿔야 하느냐고 말이다.

확실히 그럴듯한 주장이지만, 또 다른 질문을 낳는다. 미국 헌법은

2_헌법 비준이 만장일치로 통과되지 않은 10개 주에서, 투표에 참여한 총 1,540명의 대표들 중 964명은 찬성표를, 576명은 반대표를 던졌다.

어떤 기준에서 잘 작동하고 있는가? 구체적으로 미국 헌정 체계는 오늘날의 민주주의 기준에 얼마나 잘 부응하고 있는가? 이 질문은 2장에서 다뤄 보도록 하자.

또한 미국 헌법이 대다수 미국인들이 생각하는 것만큼 좋다면, 왜 다른 민주주의 국가들은 미국 헌법을 모방하지 않았을까? 3장에서 살펴보겠지만, 다른 모든 선진 민주주의 국가들은 미국 헌법과 매우 다른 헌정 체계를 채택했다. 왜 그랬을까?

미국 헌정 체계가 다른 선진 민주주의 국가들의 헌정 체계와 매우 다른 독특한 것이라면, 그런 차이는 좋은 것일까 나쁜 것일까? 혹은 중요하지 않은 것일까? 이 어려운 질문은 5장에서 탐구할 것이다.

이렇게 가정해 보자. 미국 헌정 체계가 여타 민주주의 국가들에 비해 우월하다는 견해를 지지할 만한 증거가 없고, 실제로 몇몇 측면에서는 오히려 더 못하다고 말이다. 그렇다면 우리는 어떤 결론을 내려야 할까?

그 답의 일환으로, 나는 미국 헌법이란 민주적 가치를 실현할 목적으로 인간 능력의 한계 내에서 최선을 다해 고안해 낸 일단의 기본적인 제도와 실천일 뿐이라고 생각해 보기를 제안할 것이다. 그런데 헌법을 통해 우리가 실현하려는 중요한 민주적 가치가 **정치적 평등**이라면, 그것은 우리가 소중하게 생각하는 권리와 자유를 위협하지는 않을까? 6장에서는 다른 누구보다 토크빌*이 옹호한 것으로 널리 알려진 이 주장이 실은 민주주의와 기본적인 권리들 간의 관계를 오해한 데서 비롯된 것임을 밝히고자 한다.

또 다른 질문이 남아 있다. 만약 미국 헌법이 민주주의의 기준에서 볼 때 중요한 결함들을 갖고 있다면, 우리는 헌법을 바꿔야 할까? 그렇다면 어떻게 바꿀까? 앞에서 말한 바와 같이 이 책의 목적은 현행 헌법을 바꾸자는 것이 아니라, (그것이 현존하는 것이든, 수정한 것이든, 새롭고 좀 더 민주적인 것이든) 헌법에 관한 우리 생각을 바꾸자고 제안하는 데 있다. 이렇게 다시 한 번 강조하면서, 7장에서는 몇몇 실현 가능한 변화와 이를 막는 장애 요인에 대해 간략히 논의할 것이다.

* * *

이런 질문들을 다루기 전에, 먼저 두 가지 문제를 처리할 필요가 있겠다. 하나는 순전히 용어와 관련된 것이다. 1787년에 있었던 헌법 입안 과정을 논의할 때 나는 헌법 제정 회의에 참여한 각 주 대표단을, 흔히들 말하는 국부Founding Fathers라는 명칭 대신 헌법 입안자Framers로 부르고자 한다. 이유는 많은 사람들이 국부라고 말할 때 마땅히 포함되는 존 애덤스, ** 사무엘 애덤스, *** 토머스 페인, **** 토머스 제퍼슨 *****과 같은 인사들 다수가 헌법 제정 회의에 참석하지 않았기 때문이다(내 계산이 맞다면, 헌법 제정 회의에 참석한 대표단 55명 중 8명만이 미국 독립 선언문에 서명했다).

● 알렉시 드 토크빌(Alexis de Tocqueville, 1805~1859) | 프랑스 귀족 출신의 정치인이자 정치사상가. 1835년 제1권, 1840년 제2권이 발간된 『미국 민주주의』(Democracy in America)에서, 조건의 평등을 핵심으로 하는 민주주의 발전을 필연적 현상으로 보았으며, 그것이 개인의 자유에 미치는 영향 등을 논의한 것으로 널리 알려져 있다.

●● 존 애덤스(John Adams, 1735~1826) | 미국의 초대 부통령(1789~97)이자 2대 대통령(1797~1801). 메사추세츠 주 대표로 대륙회의에 참여해 독립운동을 주도했고, 독립 전쟁 기간과 그 직후에

두 번째는 용어와 실제 모두와 관련된 것이다. 이 책을 읽는 독자들 중에는 (헌법 입안자들을 포함해) 미국 국부들이 건설하려 했던 것은 민주정democracy이 아니라 공화정republic이었다고 생각하는 사람도 있을 것이다. 이런 전제로부터 미국은 민주정이 아니라 공화정이라는 주장이 나오는데, 이런 믿음은 미국인들 사이에서 드물지 않게 볼 수 있다. 이는 때로 헌법 입안을 주도한 제임스 매디슨●●●●●●의 권위로 뒷받침되곤 하지만, 〈부록 1〉에서 설명하는 바와 같이 잘못된 믿음이다.

그러나 훨씬 더 중요한 논점은, 설령 헌법 입안자들이 공화정을 건설하려 했다는 전제를 받아들인다 해도, 미국이 민주정이 아니라 공

는 외교관으로 활동했다.

●●● **사무엘 애덤스**(Samuel Adams, 1722~1803) | 미국 혁명 당시의 정치인. 매사추세츠 주에서 급진 독립파를 이끈 지도자로 대륙회의 대표로 참가했다. 그 후 매사추세츠 주 부지사(1789~1793)와 지사(1794~1797)를 역임했다.

●●●● **토머스 페인**(Thomas Paine, 1737~1809) | 영국 태생의 미국 작가. 정치적인 문제를 다룬 소책자 『상식』(*Common Sense*), 『위기』(*Crisis*)를 통해 미국 독립에 중대한 영향을 끼쳤다. 주요 저서로 프랑스혁명과 공화주의 원칙을 옹호한 『인간의 권리』(*Rights of Man*), 사회 속에서 종교가 갖는 위상을 해설한 『이성의 시대』(*The Age of Reason*)가 있다.

●●●●● **토머스 제퍼슨**(Thomas Jefferson, 1743~1826) | 미국 독립 선언문 작성에 중심적 역할을 담당한 정치인. 1790년 워싱턴 행정부의 초대 국무장관으로 임명되었으나, 강력한 연방 정부를 주장하는 재무장관 알렉산더 해밀턴과 줄곧 대립하다 1793년에 결국 사임했다. 해밀턴이 주도하는 연방당에 대항하는 민주공화당을 결성해 그 지도자가 되었다. 미국 3대 대통령(1801~09)을 역임했다.

●●●●●● **제임스 매디슨**(James Madison, 1751~1836) | 연방 헌법 입안을 주도한 정치인. 헌법 비준 시기에는 알렉산더 해밀턴, 존 제이와 함께 헌법 제정 회의에서 만든 헌법안의 정당성을 밝힌 팸플릿 『연방주의자 논설』(*Federalist Papers*)을 썼다. 제퍼슨 행정부에서 국무장관으로 임명되었고, 뒤이어 4대 대통령(1809~1817)을 역임했다.

화정이라는 결론을 이끌어 낼 수는 없다는 것이다. 헌법 입안자들의 의도와 상관없이, 오늘날 우리가 보기에 그들이 도덕적으로든 정치적으로든 헌법적으로든 틀렸다면, 그들의 의도에 구속될 이유는 없다. 정말이지 지난 2백여 년의 경험이 입증하듯이, 충분히 큰 영향력을 발휘할 정도로 많은 수의 미국 시민들이 헌법 입안자들의 견해에 오류가 있었다는 결론을 내릴 때마다 그들은 기꺼이 헌법을 수정할 것이다. 예컨대 헌법 입안자들은 헌법 제정 과정에서 노예제의 폐지를 의도하지 않았지만, 이후 세대들은 노예제를 더 이상 허용할 수 없고 따라서 폐지해야 한다고 결론 내렸을 때, 자신들의 신념에 따라 헌법을 수정했던 것이다.

당시 헌법 입안자들 가운데 일부는 민주적 공화정보다 귀족적 공화정의 이념에 경도되기도 했지만, 그들은 이내 다음과 같은 사실을 깨달았다. 즉 자신들이 귀족적 공화정을 위한 헌법을 만든다 해도, 미국인들은 다른 누구보다 제임스 매디슨의 지휘하에 좀 더 민주적인 공화정을 만드는 일에 곧바로 착수하고, 그 과정에서 귀족적인 헌정 체계 또한 바꾸려 했을 것임을 말이다.

2

ROBERT A. DAHL | HOW DEMOCRATIC IS THE AMERICAN CONSTITUTION?

헌법 입안자들이
알 수 없었던 것

헌법 입안자들이 제아무리 현명한 사람들이었다 하더라도, 그들이 당시로서는 알 수 없는 지식의 한계를 뛰어넘을 수는 없었다.

그들을 존경하지 않기 때문에 이렇게 말하는 것이 아니다. 다른 많은 사람들과 마찬가지로, 나 역시 헌법 입안자들 중 다수는 비범한 재능과 공적 덕성을 갖춘 사람들이라고 생각한다. 정말이지 나는 미국이 배출한 가장 위대한 정치학자는 제임스 매디슨이며, 그 세대의 정치 지도자들은 누구보다 풍부한 지혜와 탁월한 덕성으로 공직에 헌신한 사람들이라고 생각한다. "미합중국이 독립한 지 11년째 되는 1787년 5월 14일 월요일, 필라델피아 소재의 주 정부 청사에서"[1] 헌법 제정 회의가 소집되기 전, 매디슨은 여러 달 여러 주에 걸쳐 마치 전공 시험을 준비하는 우등생처럼 최상의 자료들을 면밀히 연구했다.[2] 그러나 그런 제임스 매디슨조차도 미국의 미래를 예견할 수는 없

1_여기서 나는 다음 문헌에 포함된 헌법 제정 회의 간행물을 인용했다. Max Farrand ed., *The Record of the Federal Convention of 1787*, 3 Vols. (New Haven: Yale University Press, 1966), 1 : 1. 파랜드가 편집한 세 권의 책은 1987년 제임스 허트슨 (James H. Hutson)이 편집한 *Supplement* (New Haven: Yale University Press, 1987)와 함께 네 권으로 재출간되었다. 헌법 제정 회의에 관한 기록은 이 네 권의 책에서 인용한 것이며, 이후로는 *Records*로 표기하겠다.

2_William Miller, *The Business of May Next: James Madison and the Founding* (Charlottesville: University Press of Virginia, 1992), p. 41ff. 랜스 배닝(Lance

었고, 향후 미국과 여타 나라들에서 전개될 민주주의의 경험을 통해서만 알 수 있는 그런 지식을 활용할 수도 없었다.

레오나르도 다 빈치Leonardo da Vinci가 자기 이름이 붙은 우주선은 커녕, 날 수 있는 비행기조차 설계하지 못했다고 해서, 그의 천재성이 훼손되는 것은 아니다. 마찬가지로 1903년의 지식수준에서 라이트 형제Wright brothers가 보잉 707을 만들 수는 없다. 다른 많은 사람들처럼 나 역시 벤저민 프랭클린Benjamin Franklin을 깊이 존경하지만, 전기에 관한 그의 지식은 오늘날 전기공학과 1학년생 혹은 이따금씩 우리집 전선을 손봐 주는 전기공과 비교해도 보잘 것 없는 수준이었음을 인정할 수밖에 없다. 사실 연을 가지고 했던 그 유명한 최초의 실험에서 프랭클린이 살아남은 것 자체가 큰 행운이었다. 짐작컨대 우리들 중 누구도 전기 배선을 위해 프랭클린 정도의 지식을 갖춘 전기공을 부르지는 않을 것이며, 라이트 형제의 비행기로 뉴욕에서 런던까지 여행하자고 제안하지도 않을 것이다. 레오나르도 다 빈치, 벤저민 프랭클린, 라이트 형제는 그들이 살았던 시대에는 위대한 발명가였지만, 그 후 수십 년, 수백 년에 걸쳐 계속 축적될 지식을 당시에 활용할 수는 없었다.

헌법 입안자들의 지식은 1787년의 기준에서 최고 수준이었을 것이며, 그들 중 몇몇은 확실히 그랬다. 그럼에도 대규모 대의제 공화정

Banning)에 따르면, "매디슨은 연방 헌법 제정 회의에 모인 사람들 중 가장 잘 준비된 상태로 필라델피아에 도착했다. …… 그는 먼저 고대와 근대 연합체 국가들(confederacies)의 역사와 구조를 면밀히 검토한 연구 노트를 준비했다."

representative republic에 적합한 헌법에 관해 그들이 갖고 있던 지식은 기껏해야 미미한 수준에 불과했다. 미국이 나중에 갖게 될 영토의 규모는 말할 것도 없고, 당시의 규모에라도 적합한 대의제 정부의 모델은 역사상 어느 곳에도 존재한 적이 없었다. 헌법 제정 회의에 참석한 많은 대표들이 영국 헌법을 높이 평가하긴 했지만, 그것은 결코 미국에 맞는 모델이 아니었다. 로마 공화정도 큰 도움을 줄 수 없었다. 당시 유명했던 베네치아 공화정은 주목할 만한 업적을 쌓긴 했지만 2천 명도 안 되는 세습 귀족이 통치하는 체제였으며 이미 붕괴하고 있었다. 이 나라는 결국 헌법 제정 회의가 열린 해로부터 10년 후 코르시카 출신 맹랑한 장교[나폴레옹 - 옮긴이]의 가벼운 군사 공격 한 방에 무너지고 말았다. 따라서 헌법 제정 회의에 참여한 대표들이 역사적 경험으로부터 얻을 수 있었던 지식이란 기껏해야 주변적인 것들뿐이었다.

헌법 입안자들이 모를 수밖에 없었던 미래

당시로서는 예견할 수 없었던 미래의 중요한 변화들 가운데, 다음 네 가지 역사적 발전에 관한 지식은, 헌법 입안자들로서는 당연히 알 수 없었지만 만약 알았더라면 다른 헌법을 만들었을 것이다.

첫째, [헌법 제정 이후 전개된] 평화적인 민주혁명*은 헌법 입안자들의 헌정 체계가 작동하는 맥락을 근본적으로 변화시켰다.

둘째, 계속되는 혁명의 결과 만들어진 새로운 민주적 정치제도들은, 헌법 입안자들이 매우 신중하게 만들어 낸 헌법의 틀을 근본적으로 변화시키고 재구성했다.

셋째, 다음 두 세기 동안 유럽과 여타 영어권 나라들에서 민주화가 전개되면서 미국 헌법과는 근본적으로 다른 헌법 제도들이 나타났다. 미국 헌법 입안자들이 여러 측면에서 높이 평가하며 모방하려 했던 영국 헌법조차, 한두 세대도 지나지 않아 그들이 알던 혹은 알고 있다고 생각했던 것과는 매우 다른 제도로 변화했다.

넷째, 민주주의와 민주 공화정이 요구하는 이상과 신념은 오늘날까지 발전해 왔고 아마 앞으로도 계속 그럴 것이다. 우리가 이해하는 '민주주의'의 의미와 우리가 그것을 위해 필요하다고 생각하는 실천과 제도 모두에서 민주주의는 고정된 정치체제가 아니다. 헌법 제정 회의 이후 2백 년에 걸쳐 민주주의의 이상과 제도는 헌법 입안자들의 생각을 크게 뛰어 넘었고, 제퍼슨과 매디슨 같이 미국을 좀 더 민주적인 공화정으로 이끄는 데 일조했던 초기 민주주의자들의 견해조차도 초월했다.

이 장과 다음 장들에서는 이런 역사적 발전을 각각 살펴볼 것이다. 그러나 그 전에 먼저 헌법 입안자들이 충분히 실현할 수 있었음에도 불구하고, 이를 가로막았던 실천적 제약 몇 가지를 살펴보자.

● **미국의 평화적 민주혁명** | 헌법 제정 회의 이후 별다른 유혈 충돌 없이 시민권과 정치 경쟁, 대중 참여가 크게 확대된 일련의 변화를 가리킨다. 예컨대 헌법 비준을 둘러싼 갈등을 거치면서 개인 권리 보장에 관한 내용이 헌법에 포함되었고, 연방 정부 정책을 둘러싼 이견이 심화되면서 현대 민주주의의 핵심인 정당이 만들어졌으며, 그 후 정당 간 경쟁이 활성화되면서 참정권과 대중 참여의 확대를 가져온 것 등이 대표적인 민주적 변화이다.

헌법 입안자들이 할 수 없었던 것들

헌법 입안자들은 이른바 그들의 불가피한 무지, 즉 당시로서는 어쩔 수 없었던 지식의 한계로 인해서만 제약받은 것이 아니다. 그들은 할 수 있는 일에서도 제약을 받았다.

한 가지 결정적인 제약으로 우리가 매우 다행스럽게 생각할 만한 것은, 헌법 입안자들이 오직 **공화정** 형태의 정부만 고려해야 했다는 사실이다. 다른 어떤 정부 형태보다 공화정이 우월하다는 그들 자신의 신념뿐만 아니라, 공화주의의 가치를 모든 주의 대다수 시민들도 깊이 공유하고 있다는 확신으로 말미암아 그들은 다른 선택을 할 수 없었다. 헌법 입안자들은 그 밖의 사안에서는 무엇이든 자유롭게 제안할 수 있어도, 군주정이나 귀족이 통치하는 정부를 제안할 수는 없음을 잘 알고 있었다. 매사추세츠 주의 대표였던 엘브릿지 게리●가 말한 대로, "우리 동료 시민들 중 군주정을 향한 모든 시도에 반대하지 않는 사람은 1천분의 1도 되지 않았다."[3] 매디슨의 기록에 따르면,[4]

3_*Records*, 1, p. 425.

4_매디슨은 헌법 제정 회의 동안 많은 분량의 노트를 작성했다. 그는 나중에 그 노트를 정리하며 1819년에 발간된 매우 짧은 헌법 제정 회의 간행물과 맞춰 보았다. 그의 노트는 매디슨 사후 1840년에 출판되었다. 이 노트는 위의 각주 1에서 말한 시리즈물에 포함되어 있으며, 매디슨을 인용할 때는 그의 구두법과 철자법을 원문 그대로 살려 두었다.

● 엘브릿지 게리(Elbridge Gerry, 1744~1814) | 미국 독립 선언문의 서명자 가운데 한 사람으로 매사추세츠 주지사(1810~12)와 5대 부통령(1813~14)을 역임했다. 자의적인 선거구 획정을 의미하는 게리맨더링은 그의 이름을 딴 것이다.

군주정을 호의적으로 생각하는 유일한 대표는 알렉산더 해밀턴 뿐이었다. 만약 해밀턴이 당시 깊은 불신을 받고 있던 제도에 분별없이 지지를 표했더라면, 헌법 제정 회의에서 그의 영향력은 크게 줄어들었을 것이고, 실제로 훗날 그런 혐의가 그를 괴롭히기도 했다.[5] 이보다 더 수용하기 어려운 대안은 미국 헌법을 귀족주의적 사고에 맞추는 것이었다. 상원에 관한 논의 과정에서 펜실베이니아 주의 구브너 모리스 는 상원 의원을 영국의 귀족에 해당하는 사람들로 구성하는 안을 검토했다.[6] 그러나 곧 미국에서는 귀족이 누구인지 합의하기

5_매디슨이 기록한 해밀턴의 6월 18일 연설은 *Records*, 1, p. 282ff에 수록되어 있다. "그는 아무런 망설임도 없이 영국 정부가 세계 최고라고 선언했다. …… 행정부에 관한 한 공화주의의 원리에 바탕해서는 어떤 훌륭한 행정부도 건설할 수 없음을 인정하는 것 같았다. …… 이 주제와 관련해서는 좋은 모델이 영국뿐이었다"(pp. 288, 299).

6_모리스는 대중 투표로 구성되는 입법부 하원을 견제하기 위해, 상원은 "상당한 재산과 귀족적 정신을 가져야 합니다. 또한 자긍심을 내세우는 것도 좋아해야 합니다. …… 귀족원(상원)은 하원만큼 독립적이고 견고해야 합니다. …… 상원을 독립적으로 만들기 위해서는 종신제로 운영해야 합니다."라고 말했다. Ibid., 1, p. 512. 영국 제도에 대한 존경심을 갖고 있던 해밀턴은 헌법 제정 회의의 첫 연설에서 이렇게 자기 견해를 밝혔다. "영국 상원은 가장 고결한 제도입니다. 변화를 통해 얻고자 하는 것이 없으며, 자신들의 재산으로 인해 국가 이익에 충실할 수 있는 충분한 이해관계를 가졌기에, 그들은 모든 해로운 변화를 막는 영구적인 방어막을 형성합니다." p. 288(June 18).

● 알렉산더 해밀턴(Alexander Hamilton, 1755~1804) | 헌법 제정 회의에 뉴욕 주 대표로 참가해 강력한 연방 정부 건설을 주장하다 많은 반발을 초래했다. 제임스 매디슨, 존 제이와 함께 『연방주의자 논설』을 작성했고, 미국의 초대 재무장관을 역임했다.

●● 구브너 모리스(Gouverneur Morris, 1752~1816) | 미국의 정치가. 독립 전쟁 당시 부유한 가족들과 달리 독립을 지지했고, 연합 정부하에서 로버트 모리스 재정 감독관의 부관으로 일했다. 헌법 제정 회의에 펜실베이니아 주 대표로 참가해 헌법 최종안 준비 위원회를 이끌었다.

가 불가능하다는 것이 분명해졌고, 어떤 경우든 미국 시민의 압도적 다수는 그런 정부를 용인하지 않으리라는 것 또한 쉽게 알 수 있는 일이었다.

두 번째 제약은 이미 13개 주가 존재하며 더 많은 주들이 계속 편입될 것이라는 사실이었다. 성숙하고 안정된 민주주의로 발전하게 되는 대부분의 나라가 채택할 수 있는 헌법적 해결책, 예컨대 영국과 스웨덴처럼 중앙 정부만 주권을 보유하는 단일 정부 체제unitary system가 미국에서는 불가능했다. 따라서 미국이 단일 체제 공화국이 아니라 연방제 공화국을 채택한 것은 정치 이론은 고사하고 일반적인 역사적 경험으로부터 비롯된 원리에 의해 정당화된 것도 아니었다. 그것은 그저 자명한 사실일 뿐이었다. 만약 미국인들이 하나의 국가로 통합되기를 바란다면, 연방 또는 연합 체제만 가능하다는 점은 누구에게나 분명했다. 그러므로 주를 나라의 기본 단위로 삼는 문제는 헌법 제정 회의에서 심각한 논쟁을 야기하지 않았다. 그나마 유일한 쟁점 사안은 주가 중앙 정부에 얼마나 많은 자율성을 넘겨주어야 하는가였다.[7]

7_어떤 식으로든 주를 폐지하고 권력을 중앙 정부로 집중하는 방안을 선호하는 소수의 대표들도 있었다. 델라웨어 주의 조지 리드(George Read)는 이렇게 말했다. "주의 관할 영역을 보장해야 한다는 견해에 반대합니다. 그것은 영원한 불화의 원천이 되는 별개의 주라는 관념을 부추깁니다. 이런 해악에 대한 유일한 처방은 모든 주를 폐지해 하나의 거대한 사회로 통합하는 것입니다." *Records*, 1, p. 202(June 11). 이런 견해를 밝히기 며칠 전인 6월 7일에도 그는 비슷한 주장을 제시한 바 있다(pp. 136-37). 해밀턴은 앞서 인용한 그의 첫 번째 연설에서 이렇게 제안했다. "중앙 정부는 각 주의 지사나 장을 임명하고, 그 주에서 통과될 법률에 대해 거부권을 가져야 합니다"(p. 293).

헌법 제정 회의 대표들은 또 다른 완강한 제약과도 대면해야 했는데, 그것은 어떤 헌법을 만들든 합의에 도달하기 위해서는 몇 가지 근본적인 타협이 필요하다는 것이었다. 타협의 필요와 그것이 제공해 준 연합coalitions과 공조logrolling의 기회는 미국 헌법에 일관되고 통일된 정부 이론을 반영하는 것이 불가능했음을 의미한다. 나라 전체와 마찬가지로 헌법 제정 회의에 참가한 대표들 역시 몇 가지 매우 기본적인 문제에 대해 서로 다른 견해를 가졌기에 타협은 필요한 일이었다.

노예제: 그런 문제들 중 하나는 노예제에 관한 것이었다. 남부 5개 주 대표들 대다수는 노예제를 위협할 수 있는 헌법 조항이라면 어떤 것이든 완강히 반대했다. 다른 7개 주 대표들이 노예제에 대해 같은 입장을 가진 것은 아니었지만, 남부 주의 대표들이 공존을 받아들이는 데 필요한 유일한 조건이 노예제의 유지라는 점을 너무나 잘 알고 있었다. 따라서 북부 주의 대표들은, 연방 헌법을 원한다면 노예제에 대해 어떤 신념을 가졌든 양보해야 했고 실제로 그렇게 했다. 최종적인 헌법안에 서명한 일부 대표들은 노예제를 혐오했지만, 그럼에도 불구하고 좀 더 강력한 연방 정부를 얻는 대가로 노예제의 존속을 받아들여야만 했다.

상원 대표의 구성 방식: 어느 한쪽의 요구를 들어주지 않고서는 해결할 수 없었던 또 다른 견해 차이는, 상원 대표 구성에서 주들 간의 평등을 보장하지 않는 한 어떤 헌법도 수용하지 않겠다는 작은 주 대표들의 확고한 태도에서 비롯되었다.● 상원 대표 구성의 주들 간 평등에 반대한 사람들 중에는 헌법 제정 회의에서 가장 뛰어난 실력을 보여 주며 헌법안 작성을 주도했던 두 명의 대표, 제임스 매디슨과 제임스 윌슨●●이 포함되어 있었다. 두 사람은 전국적인 다수파에 대해 자의적이며 불필요하고 정당화할 수 없는 제약을 가하는 것처럼 보이는 규정에 강력히 반대했다. 알렉산더 해밀턴은 이렇게 말했다. "개인들의 집합체인 주와 관련해, 우리가 가장 존중해야 하는 것은 주를 구성하고 있는 인민의 권리입니까, 아니면 그런 구성으로부터 만들어진 주라는 인위적 존재입니까. 후자를 위해 전자를 희생하는 것만큼 터무니없고 우스꽝스러운 일도 없을 것입니다. 작은 주들은 **평등**을 포기하면, **자유**도 포기하게 되는 것이라고 말하곤 합니다. 그러나 진실은 그런 주장이 자유가 아니라 권력을 위한 것이라는 사실입니다. 작은 주에 산다고 해서 큰 주에 사는 사람들보다 덜 자유로울까요."**8** 작은 주들이 승리하기 전까지 고조되었던 토론의 분위기를 살펴보자. 다음은 6월 30일에 있었던 델라웨어 주 대표 거닝 베드포드Gunning Bedford의 발언이다.

큰 주들이 감히 연합을 해체하지는 못할 것입니다. 만약 그들이 그렇게

8_*Records*, 1, p. 466.

● **상원 대표 구성의 주들 간 평등** | 각 주의 인구 규모와 관계없이 모든 주가 동일한 수의 상원 의원을 선출하도록 한 헌법 규정을 일컫는 개념.

●● **제임스 윌슨**(James Wilson, 1742~1798) | 법률가, 정치 이론가이자 미국 독립 선언문의 서명자 가운데 한 사람. 1790년 펜실베이니아 주 헌법을 기초했으며, 헌법 제정 회의에서도 미국 헌법을 기초하는 일에 참여했다. 미국 법학 발전사에 이정표가 될 만한 여러 강연문을 남겼고, 연방 대법관(1789~1798)을 역임했다.

한다면, 작은 주들은 더 많은 신의와 선의를 가진 외부의 동맹 세력을 발견하고, 그들과 힘을 합쳐 큰 주들을 심판할 것입니다.

이에 대해 매사추세츠 주의 러퍼스 킹Rufus King이 이렇게 응답했다.

친애하는 델라웨어 주 대표의 말에 몇 마디 논평을 하지 않고는 그냥 앉아 있을 수가 없군요. …… 이 의사당에서 전례 없는 열정으로, 우리 공동의 나라에 대한 희망을 철회하고 외부 세력의 보호를 요청할 준비가 되어 있다고 선언한 사람은 제가 아닙니다. …… 그런 생각이 떠올랐다는 것이 저를 슬프게 합니다. …… 저로서는 어떤 고난이 있더라도, 결코 외부 세력에게 구원을 요청하지 않을 것입니다.[9]

상원 대표 구성에 있어 주들 간의 평등에 반대한 매디슨, 윌슨, 해밀턴 등의 대표들은 그보다 못한 대안은 어떤 것도 받아들이지 않겠다는 작은 주들의 거부 속에 결국 헌법을 얻는 대가로 원칙을 굽히고 말았다. 그러므로 상원 대표 구성에서 주들 간의 평등이라는 해결책은 헌법 이론이나 상위의 원칙 또는 원대한 기획의 산물이 아니었다. 그것은 헌법 제정을 위해 그 반대자들이 최종적으로 힘들게 동의한 거래의 실리적 결과일 뿐이었다.[10]

9_*Records*, 1, pp. 492-93. 매디슨이 출판한 비망록에서 이 발언은 세 번째로 나온 사람이 한 것으로 기록되어 있지만, 나는 첫 번째로 나온 사람의 발언으로 간주했다.

10_6월 29일 하원 대표 구성에서 주들 간 평등을 옹호한 사람들은 한 주(메릴랜드 주)가

공교롭게도 이 갈등은 헌법 제정 회의 당시 대표들 간의 투표 연합이 얼마나 복잡했는지를 보여 주는 사례이기도 하다. 왜냐하면 상원 대표 구성의 주들 간 평등에 반대한 분파에는 서로 어울릴 것 같지 않은 네 명의 인사들, 매디슨, 윌슨, 해밀턴, 모리스가 포함되어 있었기 때문이다. 그들 네 명은 연방 정부를 강화하는 안건에는 대체로 동의했다. 그러나 매디슨과 윌슨은 좀 더 민주적인 공화정을 지향하는 제안에 찬성한 반면, 해밀턴과 모리스는 좀 더 귀족적인 공화정을 지지하는 경향을 보였다.

헌법 입안자들이 만든 헌법의 비민주적 요소

미국 헌법은 이와 같은 제약 속에서 만들어졌다. 따라서 이후 세대가 보기에 당시 입안된 헌법 내용이 민주공화정에 필수적이고 바람직한 요건에 크게 못 미친다는 사실은 그리 놀랄 만한 일이 아니다. 보다 민주적인 기준에서 볼 때, 헌법 입안자들이 만든 헌법은 적어도 7가지 중요한 결점을 갖고 있었다.

분열하면서 반대 6표, 찬성 4표로 패배했다. 7월 2일 그들이 제안한 상원 대표 구성의 주들 간 평등은 찬반 동수(조지아 주의 분열에 따른 5 대 5)로 교착 상태에 빠졌으나, 결국 7월 7일 2개 주(매사추세츠 주와 조지아 주)의 분열과 함께 찬성 6표, 반대 3표로 통과되었다. *Records*, 1, p. 549.

노예제: 첫째, 당시 헌법은 노예제를 금지하지 않았고 금지할 권한을 의회에 부여하지도 않았다. 실제로 노예제를 유지하기로 한 타협 때문에 의회는 1808년 이전까지 노예 수입 금지 권한을 가질 수 없었고,[11] 도덕적으로 혐오스런 그 제도가 낳은 가장 부당한 부산물 중 하나인 '도망 노예법'Fugitive Slave Laws도 헌법적 승인을 받게 되었다. 이법은 노예제가 없는 자유 주free state로 노예가 탈출해도 그에 대한 재산권을 보유한 노예 소유주에게 돌려보내도록 하는 규정을 담고 있었다.[12] 노예제가 폐지되기까지 75년의 세월과 유혈 내전을 거쳐야 했다는 사실을 감안해도 우리는 여전히 미국 헌법을 성전처럼 받아들여야 할까?

참정권: 둘째, 헌법은 투표의 자격을 부여하는 권한을 개별 주에 위임함으로서 투표권을 보편적 권리로 확립하지 못했다.[13] 이는 암묵적으로 아프리카계 미국인과 미국 원주민뿐만 아니라 인구의 절반을 차지하는 여성들의 투표권까지 부정하는 결과를 낳았다.[14] 우리가 이

11_미국 헌법 1조 9절. 건국 초기 노예제 문제를 둘러싸고 벌어진 유일한 공적 논쟁을 다룬 탁월한 설명은 Joseph J. Ellis, *Founding Brothers: The Revolutionary Generation* (New York: Alfred A. Knopf, 2000), pp. 81-119 참조. 이 논쟁은 "연방 정부에 흑인 노예무역의 즉각적인 종식을 요구하는" 뉴욕과 필라델피아 퀘이커 교도들의 청원으로 인해 1790년 3월 연방 하원에서 전개되었다(p. 81).

12_미국 헌법 4조 2절.

13_미국 헌법 1조 2절, 3절.

14_미국 시민권 발전을 다룬 권위 있는 연구로는 Rogers Smith, *Civic Ideals: Conflicting Visions of Citizenship in U. S. History* (New Haven: Yale University Press, 1997) 참

미 알고 있듯이, 그로부터 한 세기 반이 지나고 나서야 여성은 헌법에 따른 투표권을 보장받았으며, 또한 거의 두 세기가 지나고 나서야 대통령과 의회는 소수파 주들의 효과적인 거부권 행사를 극복하며 아프리카계 미국인의 투표권을 보장하는 법안을 통과시켰다.

대통령 선출 방식: 셋째, 행정 권한은 대통령에게 부여되었는데, 그 대통령을 선출하는 방식은 헌법 입안자들의 의도와 설계에 따라, 인민 다수의 통제와 의회의 통제 모두를 차단하는 데 초점을 두었다. 이를 위해 헌법 입안자들이 마련한 제도는 뛰어난 지혜와 덕성을 갖춘 사람들로 구성된 대통령 선거인단이 여론에 휘둘리지 않고 행정 수반을 선출하는 것이었다. 그런데 앞으로 살펴보겠지만 이 제도는 미국인들의 점증하는 민주적 요구에 부응한 정치 지도자들에 의해 거의 곧바로 역사의 쓰레기통 속으로 던져졌으며, 그 지도자들 중에는 제임스 매디슨도 포함되어 있었다. 아마도 이것만큼 분명하게 당시 헌법 입안자들이 향후 민주공화국에서 정치가 어떻게 전개될지 예측하기 어려웠음을 보여 주는 사례도 없을 것이다(대통령 선거인단 제도는 4장에서 좀 더 상세히 다룰 것이다).

상원 의원 선출 방식: 넷째, 연방 상원 의원은 6년을 임기로 인민이 아닌 주 입법부가 선출하도록 했다.[15] 이런 선출 방식은 귀족적인 상

조. 당시 헌법이 여성, 원주민, 흑인의 시민권을 배제한 문제에 관해서는 pp. 130-34 참조.
15_미국 헌법 1조 3절.

원을 만들고자 했던 구브너 모리스 같은 대표들의 야심에는 미치지 못했지만, 상원 의원들이 인민 다수의 요구에 보다 덜 반응하면서 자산 소유자들의 요구에 좀 더 민감하게 대응하도록 하는 데는 일조했다. 이렇게 해서 상원 의원은 2년마다 인민의 직접 선거로 선출되는 하원 의원을 견제하는 역할을 맡게 되었다.[16]

상원 대표 구성의 주들 간 평등: 앞에서 살펴본 바와 같이 연방 상원을 귀족적인 영국 상원의 공화주의 버전으로 구성하려던 시도도 있었지만, 실제 사태는 전혀 다른 방향으로 전개되었다. 즉 연방 의회를 구성하는 데 있어 각 주가 동등하게 대표되도록 해야 하는가, 아니면 인구 비례에 따라 양원 대표자 수를 할당해야 하는가를 둘러싼 장기간의 격렬한 논쟁이 벌어진 것이다. 이 문제는 헌법 제정 회의에 가장 큰 파행을 가져온 쟁점 가운데 하나였을 뿐만 아니라, 미국 헌법의 이 다섯 번째 비민주적 속성을 만들어 내고 말았다. 그 유명한 그리고 민주주의의 관점에서는 불명예스런 "코네티컷 타협"●의 결과, 앞에서 보

16_"주 입법부에서 의원 수가 가장 많은 원(院)"의 선거인과 동일한 사람들이 연방 하원 의원을 선출한다(미국 헌법 1조 2절).

● 코네티컷 타협(Connecticut Compromise) | 인구 비례에 따라 입법부를 구성하고자 했던 버지니아 구상과, 각 주가 동일한 의석수를 갖는 입법부를 구성하려 했던 뉴저지 구상 간의 타협을 일컫는 말로, 이후 대타협(Great Compromise)으로 알려지게 되었다. 이 타협의 결과 상원은 각 주에서 2명씩 선출된 의원들로 구성되었고, 하원은 주별 인구 비례에 따라 할당된 수의 의원들로 구성되었다. 코네티컷 타협이라는 명칭은 이 타협을 성사시키는 데 크게 기여한 로저 셔먼(Roger Sherman)이 코네티컷 주 대표였기 때문에 만들어진 것이다.

았듯이 각 주는 주별 인구수와 관계없이 동일한 상원 의원 수를 배정 받게 되었다. 이 제도로 인해 가장 궁핍한 소수파들의 근본 권리와 이익은 침해된 반면, 노예 소유주와 같이 전략적인 지위에서 고도의 특권을 누려 온 일부 소수파들은 특권층에 속하지 않는 소수파들을 희생시키며 정부 정책에 대해 과도한 영향력을 얻게 되었다(미국 헌법이 안고 있는 이 요소의 문제는 다음 장에서 다시 살펴볼 것이다).

사법부의 권한: 여섯째, 헌법 입안자들이 만든 헌법은 의회 의결과 대통령 인준으로 정당한 과정을 거친 법률에 대해 사법부가 위헌으로 심판할 수 있는 권한을 제한하지 못했다. 사법부의 법률 심사와 관련해 헌법 제정 회의 대표들이 어떤 의도를 갖고 있었는지는 영원히 모호한 상태로 남게 될 것이다. 아마도 많은 대표들은 분명한 입장을 갖고 있지 않았으며, 이 문제를 깊이 논의한 것도 아닌 만큼 충분한 합의가 이뤄진 것도 아니었다. 그러나 다수는 주와 연방 법률에 대해 위헌 소송이 제기될 경우 연방 법원이 판결을 내려야 한다는 견해를 수용했던 것 같다. 그럼에도 실질적 다수는 확실히 연방 판사들이 정부 정책과 법안 결정에 참여해서는 안 되며 그것은 사법부가 아닌 입법부의 책무라고 생각했던 것으로 보인다. 사법부가 정책 결정 기능을 갖는 것에 대다수 대표들이 반대했다는 사실은, 버지니아 구상 ●에

● **버지니아 구상**(Virginia Plan) | 헌법 제정 회의 당시 버지니아 주 대표단의 매디슨이 초안을 작성하고 같은 주 대표단의 에드먼드 랜돌프(Edmund Randolph)가 제안한 것으로 강력한 연방 정부 구성에 초점을 두었다.

포함된, "행정부와 적정 수의 사법부 성원들로 구성된 수정 위원회"가 입법부의 법안에 대해 거부권을 갖게 하자는 제안에 대한 반응에서 분명하게 나타났다. 매디슨과 메이슨George Mason이 강력히 옹호했음에도 불구하고, 이 조항은 6개 주가 반대하고 3개 주가 찬성해 부결되었다.[17]

사법부의 거부권과 사법부의 입법권은 전혀 다른 것이다. 의회가 통과시킨 법안에 대한 거부권을 행정부와 사법부가 공유하는 방안에 대해 일부 대표들이 무슨 생각을 했는지는 알 수 없지만, 확신컨대 그들 중 누구도 판사들이 입법권, 즉 정책 결정 권한을 갖도록 하는 제안을 지지하지는 않았을 것이다. 그럼에도 그들의 작업이 만들어 낸 최종 결과는, 주나 연방 의회의 작위 내지 부작위에 대한 합헌성을 검토한다는 명목으로, 연방 사법부가 몇몇 사례에서 사법부의 정책 결정 내지 사법적 입법이라 부를 수밖에 없는 일에 종사하게 되었다는 것이다.[18]

연방 의회의 권한: 마지막으로 연방 의회의 권한이 크게 제한돼 있어 연방 정부는 모든 현대 민주 정부가 경제를 규제하거나 통제하기 위해 채택하고 있는 정책 수단을 제공할 수 없는 경우가 많았다.

17_*Records*, 2, p. 83.

18_연방 대법원이 때때로 그런 역할을 수행했음을 보여 주는 증거에 대해서는 나의 논문 "Decision-Making in a Democracy: The Supreme Court as a National Policy-Maker," *Journal of Public Law* 6, No. 2, pp. 279-95 참조.

예를 들어 소득세를 부과할 권한이 없었기에 사회보장 같은 입법은 말할 것도 없고 예산 정책을 입안하는 것조차 불가능했다.* 그 외에 철도 요금, 항공 안전, 식약품, 은행업, 최저임금 및 그 밖의 많은 경제활동에 대한 규제 정책들 또한 확고한 헌법적 권위를 갖지 못했다. 물론 이런 문제를 예견하지 못했다며 헌법 입안자들을 비난한다면 시대착오적인 행동일 것이다.[19] 그러나 수정 헌법이나 관련 헌법 조항의 과감한 재해석, 즉 앞서 내가 사법적 입법이라고 불렀던 그런 방식을 통해 헌법이 변화되지 않았다면, 훗날의 의회 다수파라 하더라도 복잡한 탈농업 사회에서 효율과 공정과 안전을 성취하는 데 필요한 정책을 채택하지 못했을 것이다.

헌법 입안자들의 헌법이 18세기의 기준에서는 계몽적인 것이었다 해도, 좀 더 민주적인 열망을 가진 이후 세대에게 그 헌법의 일부 비민주적 속성은 반대할 만하거나 심지어 받아들일 수 없는 것이었다. 그리고 이들의 점증하는 민주적 열망이 공적으로 표출되기까지는 그

19_그 당시 연방 정부의 권한 확대에 대한 정치적 반대를 감안할 때, 헌법 입안자들이 가능한 범위에서 최선을 다했다는 지적은 수긍할 만한 것이다. 그들의 주요 반대 세력이었던 반연방주의자들은 연방 헌법이 주 단위에서 구성되는 대중 정부를 위협한다고 보았고, 주들 간의 교역을 규제하는 의회 권한은 지나치게 과도하다고 생각했다. Richard L. Perry ed., *The Sources of Our Liberties: Documentary Origins of Individual Liberties in the United States Constitution and Bill of Rights* (New York: American Bar Association, 1959), p. 240.

● 1913년 수정 헌법 16조가 비준되고 나서야 연방 의회는 주별 배당이나 인구수 산정 등의 제약 조건 없이 모든 소득에 대해 과세 권한을 갖게 되었다.

리 오랜 시간이 걸리지 않았다.

매디슨조차도 곧 시작될 평화적 민주혁명을 예측할 수는 없었을 것이다. 왜냐하면 미국 혁명은 곧 누구도 예상하지 못한 새로운 단계로 접어들었기 때문이다.

헌법 입안자들의 헌법, 새롭게 부상하는 민주적 신념과 대면하다

우리는 미국의 공화정과 그 헌법을 비범한 지혜와 덕성을 갖춘 지도자들의 성취로만 생각하는 경향이 있다. 그러나 공화주의적인 통치 원리를 존중하고 그 원리에 따라 스스로를 통치할 수 있는 역량을 가진 시민들이 없었다면, 헌법은 한낱 종잇조각에 불과했을 것이다. 역사상 경험들이 보여 주듯, 민주적 신념이 취약하거나 부재한 나라들에서 헌법은 정말이지 곧 침해되거나 이내 잊히고 마는 종잇조각일 뿐이었다.

당시 지도자들이 천부적인 재능을 가졌다 하더라도, 미국이라는 민주공화국을 그들이 만든 것은 아니며 그들 덕분에 그렇게 오랫동안 유지된 것도 아니다. 물론 공화정에 적합하다고 생각한 헌법 틀을 설계한 것은 분명 그들이었다. 그러나 신생 공화국이 빠르게 민주적 공화국이 되도록 만든 사람들은 미국 인민과 그들의 바람에 부응한 지도자들이었다.

원초적 공화정 단계: 공화정을 유지하는 데 필요한 이념과 실천과 정치 문화가 미국인들에게 결코 낯선 것은 아니었다. 거의 하룻밤 만

에 독재에서 민주주의로 이행하고 종종 이내 혼란에 빠져 다시 독재로 회귀한 일부 나라들과는 달리, 1787년의 미국인들은 이미 한 세기 반 동안의 경험으로 정부 운영에 관한 기술을 축적해 놓은 상태였다.

오랜 식민 통치 기간 동안 다수의 평범한 시민들과 그 지도자들 모두는 마을 회의●에 직접 참여하는 방식이나 식민지 입법부 대표 선출을 통해 자치에 필요한 요건들을 인식하게 되었다.[20] 그러나 우리는 당시 상황과 관련해 다음과 같은 사실을 쉽게 잊곤 한다. 즉 독립 선언문은 그 유명한 처음 두 단락에서 일부 새롭고도 과감한 주장을 제시하긴 했지만, 오늘날 사람들이 거의 읽지 않는 나머지 부분에서는 약간의 과장을 섞어 식민지인들이 그간 영국인으로서 누려 왔던 권리를 침해받은 데 대해 영국 국왕에게 항의하는 내용을 주로 담고 있었던 것이다.

공화정 단계 : 대중적 공화정popular republic을 건설하는 다음 단계는 1776년 7월 4일 "모든 인간all Men은 평등하게 창조되었다."는 충격

20_식민지 시기 대중 정부(popular government)와 관련된 이념과 실천의 발전에 대한 설명은 Edmund S. Morgan, *Inventing the People: The Rise of Popular Sovereignty in England and America* (New York: W. W. Norton, 1988), 특히 8장과 9장, pp. 174-233 참조.

● 마을 회의(town meeting) | 17세기 이래 미국 뉴잉글랜드 지방에서 폭넓게 실천되었던 직접 민주주의 활동의 하나. 매년 적어도 1회 이상 개최되었고, 선거권을 가진 주민들의 참여로 예산안 확정, 공무원·학교 이사 선출, 조례 제정 등의 주요 정책에 대한 토론과 표결을 실시하며 식민지 시대와 독립 전후 시기에 중요한 역할을 담당했다.

적인 선언과 함께 시작되었다. 이 독립 선언은 단순히 영국으로부터 독립하는 것보다 훨씬 더 큰 의미를 갖는 일련의 사태들이 시작되었음을 알리는 신호탄이었다. 역사학자 고든 우드Gordon Wood가 "미국 역사상 가장 위대한 유토피아 운동"이라고 불렀던 것 속에서,[21] 독립 선언은 지금까지도 계속되고 있는 신념, 실천, 제도에서의 민주혁명, 혹은 좀 더 적절한 표현으로 발전적 진화를 촉발시켰다. 독립 이후 20년간의 자치 정부 활동은 더욱 풍부하고 깊은 경험을 쌓아 나갔다. 이런 경험은 아주 적은 소수에게만 국한된 것도 아니었다. 13개 주들 중 몇몇 주에서는 매우 높은 비율의 성인 남성들이 참정권을 행사하고 있었다.[22]

21_Gordon S. Wood, *The Radicalism of the American Revolution* (New York: Alfred A. Knopf, 1992), p. 230.

22_이 수치는 불확실한 것이다. 식민지 시기 몇몇 지역에서는 참정권이 매우 제한적으로만 확대되었을 수 있다. "얼마나 많은 사람들이 투표할 수 있었고 실제로 투표했는지도 불분명하다. 이것은 역사학자들 사이에서 논쟁의 원천이 되었는데, 그들 중 일부는 식민지 미국을 모든 백인 성인 남성의 70~80%에게 참정권이 부여된 중산층 민주주의로 결론 내린 반면, 다른 이들은 훨씬 더 과두적이고 배제적인 정치 질서로 서술했다. 실제로 참정권 부여 수준은 지역마다 크게 달랐다. 확실히 일부 지역, 특히 토지 가격이 비싸지 않은 새로운 정착촌에서는 모든 백인 남성의 70~80%가 참정권을 부여받았다. 그러나 그 비율이 40~50% 정도로 훨씬 낮은 지역도 있었다. 참정권 부여 수준은 뉴잉글랜드와 남부(특히 버지니아와 캐롤라이나)가 대서양 연안 중부 지역(특히 뉴욕, 펜실베이니아, 메릴랜드)보다 높았던 것으로 보인다. 좀 더 발전된 지역보다 새로운 정착촌에서 그 비율이 높게 나타났다는 사실은 그리 놀랄 만한 일이 아니다. 전반적으로 식민지 미국의 참정권은 영국보다 훨씬 더 폭넓게 부여되어 있었다. 그러나 혁명이 가까워지는 시기에는 재산 소유자 비율이 하락하면서 투표 자격을 갖춘 성인 백인 남성 비율도 60%에 미치지 못한 것으로 보인다." Alexander Keyssar, *The Right to Vote: The*

민주공화정으로의 발전: 식민 통치 시기와 독립 이후의 오랜 경험은 신생 공화국이 좀 더 민주적인 공화정으로 변환되는 시점에서 미국인들이 혁명의 다음 단계를 위해 착수해야 할 과업의 튼튼한 기반이 되어 주었다. 확실히 18세기 말에는 민주적 시민권은 고사하고 독립 선언의 원리조차 모든 사람에게 적용돼야 한다고 생각하는 미국인은 거의 없었다.[23] 독립 선언의 그 유명한 주장을 "모든 남자"Men가 아닌 "모든 인간Persons은 평등하게 창조되었다."로 이해할 수 있음을 대다수 미국인들이 받아들이는 데는 2세기 이상에 걸친 민주적 신념의 발전이 필요했다.

그러나 끊임없이 나타나는 예외를 늘 염두에 두면서도, 당시 세계의 지배적인 기준에서 볼 때 미국인들은 놀랄 만한 수준의 평등을 누렸다. 1831~1832년 미국을 방문했던 알렉시 드 토크빌은 그의 유명한 저작을 다음과 같은 진술로 시작했다.

미국에 체류하는 동안 나의 관심을 끌었던 새로운 현상들 중에서 삶의 조건이 전반적으로 평등하다는 사실만큼 강렬하게 나를 놀라게 만든 것도 없었다. 나는 그 기본적인 사실이 사회의 모든 과정에 미치는 엄청난 영향력을 쉽게 발견할 수 있었다. 그것은 여론에 일정한 방향을 부여하고, 법률에 일정한 지침을 제공하며, 통치 세력에게는 새로운 행동 윤리를,

Contested History of Democracy in the United States (New York: Basic Books, 2000), p. 7.

23_미국 헌법이 여성, 원주민, 흑인을 배제한 것에 관해서는 Keyssar, pp. 130-34 참조.

피통치자에게는 독특한 습속을 알려 주고 있었다.

그 사실이 미치는 영향력의 범위가 이 나라의 정치적 특성과 법률에만 한정되는 것이 아니며, 정부뿐 아니라 시민 사회에 대해서도 절대적인 영향을 미치고 있음을 나는 곧 깨닫게 되었다. ……

미국 사회에 관한 연구를 진행하면 할수록, 점점 더 조건의 평등이야말로 다른 모든 것의 원천을 이루는 근본이며, 나의 모든 관찰이 변함없이 귀결되는 핵심임을 깨닫게 되었다.[24]

토크빌이 미국에 도착하기 전 30년 동안 좀 더 민주적인 공화정을 지지하는 사람들은 제퍼슨, 매디슨 등의 지도하에 이미 몇 가지 변화를 만들어 냈다. 헌법 입안자들과 연방주의자들의 그 엄청난 관점의 변화는 제퍼슨과 이후 역사학자들이 1800년의 혁명이라 불렀던 선거에서 대통령직과 의회 다수 의석을 얻은 정당의 명칭이 바뀌는 데서 상징적으로 드러났다. 연방당●을 패배시키고 선거에서 승리하여 새로운 정부에 대한 통제권을 확보하려 했던 제퍼슨과 매디슨은 민주공화당Democratic-Republican Party이라는 적절한 명칭의 정당을 건설했다. 1832년에 이르러 앤드류 잭슨●●이 그 정당의 대통령 후보로 선출되

24_*Democracy in America*, trans. Henry Reeve (New York: Schocken, 1961), 1, p. lxvii.

● **연방당**(Federalist Party) | 알렉산더 해밀턴을 중심으로 강력한 연방 정부를 주창했던 보수적 인사들로 구성된 정당. 2대 대통령으로 존 애덤스를 당선시켰으나, 그 뒤 민주당에 패한 후 얼마 지나지 않아 헤체되었다.

면서 민주공화당은 민주당Democratic Party이라는, 좀 더 평이하고 간단한 이름으로 바뀌었다.[25] 그 후 이 당명은 지금까지 유지되고 있다.

헌법 입안자들 중 이후 연방당의 핵심을 이루는 보수적 인사들은 일반 대중이 쉽게 권력에 접근하는 것을 두려워했다. 왜냐하면 그럴 경우 그들 자신의 이익이자 미국을 위한 최선의 이익이라고 생각하는 특권층의 견해와 이익에 반대되는 정책이 만들어질 것이라고 보았기 때문이다. 보수파들의 이와 같은 두려움은 곧 현실로 나타났다. 헌법 제정 10년 만에 저명한 연방당 인사들은 뒷전으로 밀려났고 연방당은 소수파 정당으로 전락했다. 한 세대가 지난 후에는 그 정당과 지도

25_제퍼슨과 그의 추종자들은 자신들의 정치 그룹을 종종 '공화파'(Republican)라고 불렀지만, 1796년부터는 '민주공화당'이라는 명칭을 사용했던 것으로 보이며, 그 이름은 1828년 선거까지 유지되었다. 1820년에는 먼로(James Monroe)가 민주공화당 후보로, 애덤스(John Quincy Adams)가 독립 민주공화당 후보로 선거에 나섰다. 1824년에는 4명의 후보, 애덤스, 잭슨, 크로포드(William Crawford), 클레이(Henry Clay)가 민주공화당의 각 분파를 대표하는 후보로 선거에 나섰다. 1828년에는 잭슨이 민주공화당 후보로, 애덤스가 국민공화당(National-Republican) 후보로 선거에 참여했다. 1832년에는 잭슨이 민주당 후보로, 클레이는 국민공화당 후보로 선거에 참여했다. Congressional Quarterly, *Presidential Elections Since 1789*, 2nd ed. (Washington, D. C.: Congressional Quarterly, 1979), pp. 19-27.

●● **앤드류 잭슨**(Andrew Jackson, 1767~1845) | 미국의 제7대 대통령. 최초의 서부 출신 대통령으로 서부 농민, 동부와 북부 노동자, 남부 농장주로부터 폭넓은 지지를 얻었으며 재선에도 성공했다. 당원의 공직 임용과 교대 원칙을 확립해 관료 부패를 방지하고 고문단을 통해 여론을 중시하는 정치를 펼쳤다. 또한 선거권과 교육 기회를 늘리고 소수 간부가 아닌 일반 당원이 정당 후보를 선출케 하는 전당대회 제도를 도입해 일반 대중의 정치 참여 기회를 확대시켰다. 미국 민주주의를 대중 정치의 기반 위에 올려놓음으로써 '잭슨식 민주주의'(Jacksonian Democracy)라는 개념의 주인공이 되었다.

자들 모두가 사라지고 말았다.

이런 변화가 헌법 입안자들 다수가 가졌던, 대중적 다수파에 대한 회의주의를 일부 정당화했다 하더라도, 그들의 회의주의는 다른 중요한 측면에서 정당화될 수 없는 것으로 판명되었다. 헌법 입안자들 상당수는, 인민은 제어하기 힘든 군중으로 법률과 재산권과 질서 있는 정부에 상시적인 위협이 되므로 대중적 통치에 대한 헌법적 장벽을 세워야 한다고 믿었다. 그러나 그런 회의적인 평가와는 반대로, 선동적 정치인이나 군중 선동가를 지지할 기회와 권려가 주어졌을 때 미국 시민들은 오히려 법률과 재산권과 질서 있는 정부를 선택했다. 어쨌든 미국의 백인 남성들은 대체로 토지를 소유한 농민들이었다. 그렇지 않고 대다수 토지를 다른 사람들이 이미 차지해 농지를 쉽게 얻을 수 없는 경우, 그들은 서부의 비옥한 농지를 언제든 활용할 수 있다고 생각했고 실제로 그들보다 앞서 거주했던 미국 원주민들을 희생시키며 토지를 획득하곤 했다.

매우 많은 수의 미국 백인들은 서부의 토지를 매입해 농장을 짓고 그곳에 정착했다. "버지니아에서 토지를 갖고 있지 않았던 백인 남성 중 3분의 2는 1790년대에 서부로 이주했다. …… 1800년에서 1820년 사이 애팔래치아 산맥 저편의 인구는 30만 명에서 2백만 명으로 증가했다."[26] 민주공화정이 자영농, 특히 자기 소유의 토지를 경작하는 재산 소유자들이 대다수를 차지하는 시민들을 기반으로 할 것이라

26_Joyce Appleby, *Inheriting the Revolution: The First Generation of Americans* (Cambridge, Mass.: Harvard University Press, 2000), p. 65.

는 제퍼슨의 예견은 그 시대의 현실을 반영한 것이었다.[27] 남부 외곽 지역과 심지어 남부의 산록 지대에서도 압도적 다수의 시민들은 자유 농민으로, 자신들의 표에 의존하는 질서 있는 정부로부터 혜택을 받고자 했다.

일반 시민들은 민주적 가치와 절차에 대해서도 확고한 신념을 드러냈다. 그렇게 할 기회가 주어졌을 때, 그들은 민주적 가치와 절차를 함양하는 지도자들을 선택했다. 1798년 연방당이 통과시킨 4개 법안이 그런 기회를 제공했다. 당시 연방당은 프랑스가 보여 준 체제 전복적인 행동뿐 아니라 새로 등장한 공화당 내에서 빠르게 영향력을 키워 가는 활기차고 불손하고 이따금씩 상대를 헐뜯는 반대파들 또한 경계하고 있었다. 특히 연방당은 공화당 인사들의 비판을 잠재우기 위해 새로 제정된 네 개의 법안 중 하나인 선동 금지법● 을 활용했다.

27_ "변경 지역에 토지 사무소가 만들어지면서 토지 판매가 활발해졌다. 1800년에는 대략 6만7천 에이커가, 1801년에는 49만7,939에이커가 개인 소유로 넘어갔다. 1815년의 연간 토지 판매 규모는 150만 달러에 달했으며, 4년 후에는 그 두 배 이상으로 증가했다." Appleby, *Inheriting the Revolution*, p. 64. 고든 우드의 논평에 따르면, "수만 명의 사람들이 동부를 떠나 서부로 이주하면서 그들은 150년의 식민 기간 동안 갖고 있었던 것보다 더 많은 토지를 단 한 세대 만에 획득했다." "Early American Get-up-and-Go," *New York Review*, June 29, 2000, p. 50.

● **선동 금지법**(Sedition Acts) | 1798년 애덤스 대통령의 연방당 집권 시기 프랑스와의 전쟁을 준비하는 과정에서 제정된 '이민자의 시민권 제한과 선동 금지에 관한 법률'(Alien and Sedition Acts) 중 하나이다. 네 개 법안으로 구성된 이 법률은 미국의 평화와 안전을 위해 '위험한' 이민자들에 대한 시민권 부여와 정부에 비판적인 견해 표출을 제한하기 위해 만들어졌으나, 실제로는 민주공화당의 영향력 확대를 막기 위한 연방당의 수단으로 활용되었다.

이 법률로 기소된 14명의 인사들 가운데 주목할 만한 인물로는, **과장**이 심하고 성격이 다소 고약한, 아일랜드 출신 이민자이자 공화당 의원인 매튜 라이언Mathew Lyon이 있었다. 그가 미국 역사에 남긴 유일한 공헌은 선동 혐의로 유죄판결을 받았다는 것이며, 그 결과 그는 당시로서는 매우 큰 액수인 1천 달러의 벌금과 함께 4개월 동안 수감 생활을 해야 했다.[28] 공화당 인사들에게 선동 금지법은 새롭게 채택한 수정 헌법 1조를 명백히 침해한 법률이었다. 1800년 선거에서 공화당이 대통령직과 의회 다수 의석을 확보한 후, 선동 금지법은 연방당의 격렬한 반대에도 불구하고 기한 만료로 폐지되었다.

헌법 입안자들이 만든 헌법의 민주적 변화: 수정 헌법

'이민자의 시민권 제한과 선동 금지에 관한 법률'의 운명은 당시 미국에서 진행되고 있던 더 큰 변화를 상징적으로 보여 준다. 민주혁명은 언제나 그렇듯이 갑작스럽고 불확실하기는 했지만, 수정 헌법을 통해 공식적인 헌법 그 자체를 민주화하는 데 기여했을 뿐만 아니라, 헌정 체계 작동의 기반이 되는 새로운 민주적 정치제도와 관행을 만들어 냈다. 이런 변화를 거쳐 부상한 헌정 체계는 더 이상 헌법 입안

28_이를 다소간 냉정하게 서술한 연구는 Stanley Elkins and Eric McKitrick, *The Age of Federalism: The Early American Republicanism, 1788-1900* (New York: Oxford University Press, 1993), p. 706ff 참조.

자들의 것도 아니었고 그들이 만들고자 의도했던 것도 아니었다.

    권리장전: 권리장전●이라는 별칭을 가진 수정 헌법 1~10조는 헌
법 제정 회의 이후 나타난 민주혁명의 결과가 아님은 분명하다. 이 수
정 헌법 조항들은 헌법 제정 회의 내부에서 당시 다른 동료들이 수용
할 수 있는 것보다 더 민주적인 체제를 선호했던 대표들의 요구에 따
라 만들어진 것이었다. 그들 중 가장 영향력 있는 인사는 버지니아 주
의 헌법과 권리 선언을 작성한 조지 메이슨●●이었다. 메이슨과 다른
대표들의 계속되는 요구와 헌법 제정 회의 밖의 유사한 주장에 부응
해 같은 버지니아 주 출신의 제임스 매디슨은 10개의 수정 헌법 조항
을 마련했다. 이들 조항은 수정 헌법으로 채택되는 데 필요한 숫자보
다 훨씬 더 많은 11개 주의 찬성으로 1789~1790년 사이에 비준되었
다. (참고로 마지막까지 찬성하지 않았던 조지아 주와 코네티컷 주도 결국 1939
년에 이들 조항을 헌법으로 비준했다.) 따라서 권리장전은 애초 헌법의 한
부분으로 봐도 무방할 것이다. 어쨌든 이들 수정 헌법은 민주적 질서

● **권리장전**(Bill of Rights) | 1790년 연방 헌법 발효 후 1791년에 추가로 비준된 수정 헌법 1조에서
  10조까지를 일컫는 용어이다. 이 중 구체적인 권리 보장을 규정한 조항은 1조에서 8조까지인데, 1조
  는 종교·언론·출판·집회의 자유, 2조는 무기 보유의 권리, 3조는 군인 숙영의 제한, 4조는 부당한 수
  색·체포·압수로부터의 보호, 5조는 형사 사건상의 권리, 6조는 공정한 재판을 받을 권리, 7조는 민
  사 사건상의 권리, 8조는 보석금·벌금·형벌 제한에 관한 내용을 담고 있다.

●● **조지 메이슨**(1725~1792) | 미국의 정치가이자 정치사상가. 버지니아 주 대표로 헌법 제정 회의
  에 참여했으나 권리장전 배제, 관세와 노예제 타협에 대한 불만으로 헌법 비준을 위한 서명에는 동참
  하지 않았다. 그가 작성한 '페어팩스 결의안'(1774), 버지니아 권리 선언(1776), 새 헌법에 대한 반
  론(1787)은 이후 정치 사상과 사태 전개에 중요한 영향을 미쳤다.

의 필요에 따라 계속 늘어나는 권리들의 진정한 보고임을 입증해 주었다.[29]

그 외 수정 헌법

앞에서 언급했듯이, 애초 헌법이 묵인했던 가장 심각한 인권침해 사례인 노예제는 1865~1870년 동안 수정 헌법 13, 14, 15조가 채택되고 나서야 폐지되었다. 1913년에 비준된 수정 헌법 16조는 의회에 소득세 부과 권한을 부여했다. 주 의회에 의한 연방 상원 의원 선출은 1913년에 채택된 수정 헌법 17조에 의해 대중 직접 선거로 대체되었다. 여성들은 1919년 수정 헌법 19조가 통과되면서 마침내 연방과 주 선거에 대한 참정권을 보장받았다. 수정 헌법 14조는 비록 권리의 평등 조항까지 포함하지는 못했지만, 이후 여성뿐 아니라 차별적 관행으로 고통 받는 소수파 집단에 대한 차별을 금지하는 헌법적 근거로 해석되었다. 남부 몇몇 주들에서 흑인 투표 방해를 목적으로 계속 활용되어 왔던 악의적인 인두세 요건은 1964년 수정 헌법 24조를 통해 최종적으로 금지되었다. 마지막으로 좀 더 많은 사람들에게 투표권을

29_"무기를 소장하고 휴대할 수 있는 인민의 권리"를 보장한 수정 헌법 2조가 현재 어떤 의미를 갖는지는 모호하며 나는 그 의미가 매우 의심스런 것이라고 생각한다. 그러나 당시 사람들이 잠재적 위험으로 간주했던 중앙 정부로부터 자신들의 자유를 지키기 위해 그 권리를 중요하게 생각했으리라는 것을 의심하기는 어렵다.

보장하려는 노력 속에서 1971년 수정 헌법 26조는 투표 연령을 18세로 낮추었다.

이처럼 일관된 방식은 아니었지만, 민주혁명은 뒤늦게나마 헌법 수정을 통해, 오랫동안 확고하게 자리 잡고 있던 소수파의 거부권을 극복하며 애초 헌법의 가장 악명 높은 비민주적 요소들 중 일부를 제거했다. 몇 해 전 알란 그림스Alan Grimes가 말한 대로, 수정 헌법 26개조(현재는 27개조) 가운데 "21개조는 민주적 권리 내지 민주적 절차의 원리를 확인해 준 것이라고 말할 수 있다."[30]

정치적 실천과 제도에서의 민주적 변화

헌법 입안자들이 만든 헌법이 공식적인 수정 헌법을 통해서만 변화된 것은 아니었다. 그것은 헌법 입안자들이 예견하지 못했던, 그러나 민주공화국에서는 불가피할 뿐 아니라 정말이지 매우 바람직한 정치적 실천과 제도를 통해서도 변화되었다.

정당: 아마도 그런 실천과 제도 가운데 가장 중요한 것은 정당이었을 것이다. 헌법 입안자들은 파벌을 두려워하고 혐오했으며, 그러한 견해는 매디슨의 그 유명한 『연방주의자 논설』● 10번에 잘 나타나 있

30_*Democracy and the Amendments to the Constitution* (Lexington, Mass.: Lexington Books, 1978), p. 166.

다.[31] 헌법 입안자들이 헌법 속에 포함시키고자 했던, 다수 지배에 대한 견제를 설명하고 정당화하는 데 있어 이보다 더 자주 인용된 글도 없을 것이다. 따라서 제퍼슨을 제외할 때, 연방당에게 승리하기 위해 공화당을 건설하는 데 누구보다 많이 기여한 사람이 매디슨이었다는 사실은 대단한 아이러니이다. 비록 정당 체계가 그 몇 년 사이에 자리 잡은 것은 아니지만, 제퍼슨과 매디슨은 그 후 계속 유지되고 있는 미국의 경쟁적 양당 체제를 출범시키는 데 일조했다.

이 사실을 통해 또 다른 질문을 생각해 볼 수 있다. 세상의 모든 정당이 자신들이야말로 일반 이익의 진정한 대표자라고 주장하지만, 매디슨적 의미에서 정당이란 사실 '파벌'factions에 불과한 것 아닌가? 그렇다면 헌법 입안자들은 결국 파벌이 정부를 관장하지 못하도록 막는 데 실패한 것 아닌가? 그들은 단지 다수 파벌, 즉 다수파 연합의 이익을 대변하는 정당이 지배하는 것을 좀 더 어렵게 만드는 데만 성공한 것인가?

이처럼 어려운 질문들에 대한 최선의 답이 무엇이든, 그것이 정당 정치가 헌법을 변화시켰다는 사실을 부정할 수는 없을 것이다. 영국

31_ *The Federalist* (New York: Modern Library, n. d.), p. 53ff.

● 『**연방주의자 논설**』(*Federalist Paper; The Federalist*) | 1787~1788년에 뉴욕 주 유권자들을 대상으로 헌법 비준을 지지하도록 설득하기 위해 알렉산더 해밀턴, 제임스 매디슨, 존 제이가 발행한 85편의 논설. 당시 13개 독립 주를 통합하는 연방 정부를 만들기 위해 헌법 제정 회의를 거쳐 헌법 초안을 만들었는데, 그 비준을 둘러싸고 격렬한 논란을 벌이는 과정에서 연방주의자들이 반(反)연방주의자들에 맞서 새 헌법의 의미와 필요성을 주장한 글을 모은 데서 비롯되었다. 미국의 정치제도와 사상, 민주주의 이론과 국가 이론을 연구하는 데 기본적인 참고 자료의 하나이다.

의 토리와 휘그, 그리고 자신들의 의회에 나타난 초기 형태의 정당들이 담당했던 역할에 익숙해져 있었음에도 불구하고, 헌법 입안자들은 민주공화정에서 정당이 만들어질 수 있을 뿐만 아니라 불가피하고도 바람직한 존재라는 점을 충분히 내다보지 못했다. 제퍼슨과 매디슨이 곧 깨달았듯이, 각 주의 유권자들과 연방 의회 내의 동료 지지자들을 동원할 수 있는 조직화된 정당이 없다면, 그들은 경쟁 상대인 연방당의 확고한 정치적 우위를 극복하지 못했을 것이다. 권리장전에 포함된 민주적 권리는 정당을 조직할 수 있게 해 주었고, 효과적으로 경쟁해야 할 필요는 정당을 불가피한 것으로 만들었으며, 다른 방식으로는 대표되기 어려운 시민들을 대표할 수 있는 능력은 정당을 바람직한 것으로 만들었다.

오늘날 우리는 정당과 정당 간 경쟁이 대의제 민주주의의 핵심이라는 사실을 당연하게 받아들인다. 즉 우리는 상호 경쟁하는 정당들이 없는 나라는 민주주의 국가가 아님을 확신할 수 있다. 만약 헌법 입안자들이 민주공화국에서 정당이 갖는 근본적인 중요성을 인식했더라면, 다른 내용의 헌법을 설계하지 않았을까? 아마도 그랬을 것이다. 혹은 적어도 대통령 선거인단이라는 엉터리 제도는 만들지 않았을 것이다.

선거인단: 헌법 입안자들이 선거인단 제도를 잘못 만든 바람에, 1800년 선거에서 같은 당의 대통령 후보와 부통령 후보인 제퍼슨과 아론 버Aaron Burr가 동수의 지지를 받아 대통령이 결정되지 못하는 사태가 벌어졌다. 최종 득표 결과가 알려진 1800년 12월 말부터 시작된 선거인단 내의 교착 상태는 수많은 설득과 타협 시도에도 불구하

고 1801년 2월 17일 다수의 주 대표단들이 기존의 태도를 바꾸거나 기권을 선택해 제퍼슨을 대통령으로 선출한 후에야 종결되었다.[32] 아이러니하게도 헌법 입안자들이 대통령 선출에서 정당정치를 배제하기 위해 만든 바로 그 제도가 정당정치의 첫 번째 희생물이 되었다. 이와 같은 낭패가 재발하는 것을 막기 위해 1804년 수정 헌법 12조가 채택되었지만, 그럼에도 선거인단 제도는 대통령과 부통령에게 각 주의 지지표를 할당하는 다소 독특하고 의례儀禮화된 제도로 변형되었을 뿐이다. 선거인단 제도는 여전히 민주주의의 기본 원리를 공공연히 침해하는 요소들을 유지하고 있다. 각 주의 시민들은 불평등하게 대표되고 있으며, 대중 투표에서 가장 많은 지지표를 받은 후보가 선거인단에서 과반수 지지를 얻지 못했다는 이유로 대통령에 당선되지 못할 수 있다. 이것이 단순한 이론적 추론이 아님은, 전 세계가 지켜봤던 2000년 선거 결과 이전에도 비슷한 결과가 세 차례나 더 있었다는 사실을 통해 입증된다. 민주주의의 기준에서 선거인단 제도가 안고 있는 결함은 다음 4장에서 다시 논의할 것이다.

32_그 타협 이전까지 종종 비밀리에 진행되었던 여러 책략에 대한 서술은 Bernard A. Weisberger, *America Afire: Jefferson, Adams, and the Revolutionary Election of 1800* (New York: Wolliam Morrow, 2000), pp. 258-77 참조.

민주혁명: 매디슨이 배우고 가르친 것들

제임스 매디슨은 1787년 그의 36번째 생일이 지난 몇 달 후에 필라델피아에 도착했다. 그는 이미 정치 초년생이 아니었고, 25세의 나이에 버지니아 주 헌법 제정 회의 대표로 선출되어 조지 메이슨과 함께 버지니아 권리 선언●과 새로운 주 헌법을 작성하는 데 일조했다. 그 후에는 버지니아 주 의회 의원으로(유권자들을 럼 펀치로 대접하는 당시 관행을 따르지 않은 탓에 재선에는 실패했다고 전해진다), 대륙회의 대표로, 다시 버지니아 주 의회 의원으로 계속 봉직했다. 헌법 제정 회의가 개최되기 몇 달 전, 그는 그 회의에서 발표할 제안서의 초고를 작성했는데, 그 문서는 이후 버지니아 구상으로 알려지게 되었다(그 내용 중 일부에 대해서는 다음 장에서 살펴볼 것이다).

그러나 매디슨이 제아무리 많은 경험을 쌓았다 하더라도, 그 역시 다른 동료 대표들과 마찬가지로 좀 더 민주화된 공화국이 필요로 하는 제도와 관행에 관한 충분한 지식을 갖고 헌법 제정 회의에 참여할 수는 없었다. 헌법 제정 회의가 열린 해로부터 거의 반세기가 지난 1836년 85세의 나이로 세상을 떠나기 전, 매디슨은 헌법에 대한 자신의 견해에 여러모로 영향을 미친 풍부한 경험을 되돌아볼 수 있었을 것이다.

그는 헌법 제정 회의 이후 연방 하원 의원으로 선출되어 수정 헌법

● **버지니아 권리 선언** | 1776년 버지니아 주 의회가 채택한 선언문으로 개인 권리의 존중과 영국으로부터의 독립을 주요 내용으로 담고 있다.

1~10조, 즉 권리장전을 입안했다. 그 후에는 곧바로 제퍼슨과 함께 연방당의 정책과 이념에 반대하는 세력의 지도자가 되었다. 앞에서 살펴보았듯이, 그들은 야당인 민주공화당을 창당해 이끌었다. 제퍼슨이 대통령에 당선된 후 매디슨은 국무장관에 임명되었다. 그 후 매디슨은 제퍼슨을 이어 대통령에 선출되었다. 아마도 그가 대통령직에서 퇴임하던 1817년 시점에서, 매디슨은 민주주의 정치제도에 관한 한 당대의 그 누구보다 많은 지식과 경험을 갖고 있었을 것이다.

어쨌든 1821년 70세의 매디슨은 더 이상 1787년 36세의 매디슨이 아니었다. 그 사이 달라진 것들 중에는 1821년의 매디슨이 1787년의 매디슨보다 인민 다수를 (여기서는 미국 인민이겠지만) 훨씬 더 신뢰하게 되었다는 사실도 포함되어 있다. 따라서 1821년의 사려 깊고 경험 많은 매디슨은 다수 지배를 경계하기보다는 장려하고자 했을 것이다. 여기서 몇 가지 증거를 제시하려 하는데, 하나는 민주공화정의 필수 요건을 자각하기 시작한 시기의 것이고, 나머지는 노년기의 회고에서 나온 것이다.

첫 번째 증거는 앞에서 이미 암시했듯이, 그가 '파벌'에 대한 견해를 근본적으로 바꾼 것, 즉 연방주의를 연구한 두 명의 뛰어난 역사학자들이 "매디슨이 『연방주의자 논설』을 수정했다."라고 서술한 그 변화이다.[33] 『연방주의자 논설』 10번에 나타난 매디슨의 견해는 데이비드 흄David Hume의 영향을 받은 것으로 그간 끊임없이 인용되어 왔는

33_Elkins and McKitrick, p. 263 이하 참조.

데, 그 핵심 내용은 파벌의 위험, 일반 이익에 반하는 원리로 통합된 다수파의 위험, 기껏해야 필요악일 뿐인 정당으로 요약할 수 있다. 그러나 좀 더 성숙한 매디슨의 견해는 이와 다른 것이었다.

헌법 제정 회의가 끝난 후 채 5년도 지나지 않은 1792년 1월, 매디슨은 필립 프레노Philip Freneau가 발행하는 야당지 『가제트』The Gazette에 일련의 평론을 발표하기 시작했다. 첫 번째 평론의 제목은 "정당에 관하여"On Parties였다. 여기서 그는 "모든 정치사회에서 정당은 불가피한 것"이라고 썼다. 정당의 위험에 대처하기 위해 매디슨은 『연방주의자 논설』 10번에서 드러난, 다수 지배에 대한 부정적 시각보다 우리 시대에 더 유용한 것으로 보이는 다섯 가지 제안을 내놓았다. 정당이 야기하는 위험이 무엇이든, 그것은 다음과 같은 방법을 통해 극복할 수 있다는 것이다.

"모든 사람들의 정치적 평등을 확립함으로써"
"소수의 사람들이 과도하고 특히 부당하게 부를 축적해 소유의 불평등을 심화시키는 필요 이상의 기회를 허용하지 않음으로써"
"극단적인 부의 편중을 보통 상태로 줄이고 극단적인 빈곤을 안락한 상태로 완화하면서도 소유권을 침해하지 않는 법률을 묵묵히 실행함으로써"
"서로 다른 이익들에 대해 차별적으로 영향을 미치는, 그리고 특히 특정 이익을 위해 다른 이익을 희생시키는 조처를 자제함으로써"
"정당의 존재를 막을 수도 없고 그들의 견해를 모두 수용할 수도 없는 조건에서, 한 정당이 다른 정당을 견제하도록 함으로써"[34]

그는 계속해서 이런 말을 덧붙였다. "이것이 이성의 언어는 아닐

지라도, 공화주의의 언어임은 분명하다."

약 30년 후인 1821년경 매디슨은 헌법 논쟁에 관한 비망록 출간을 준비하면서 자신이 그간 숙고했던 내용 중 일부를 기록으로 남겼다. 참정권과 관련하여, 그는 헌법 제정 회의에서 밝힌 자기 의견이 "그 주제에 관한 좀 더 풍부하고 성숙한 견해를 담아내지 못했다."라고 언급했다. 이제 그는 "참정권은 공화정 헌법의 근본이 되는 조항"이라고 주장했다. 또한 그는 "어떤 자유로운 국가도 정당 없이 존재한 적이 없으며, 정당은 자유의 자연스런 소산"이라며, 정당에 대한 견해를 명확하게 표명했다. 그러나 정당과 폭넓은 참정권은 소유권을 둘러싼 갈등을 유발할 수도 있다. "모든 사람들 사이에서 나타나는 명백하고도 영속적인 분열은 토지를 소유한 사람들과 그렇지 않은 사람들 간의 분열이다." 따라서 참정권이 토지 소유자가 아닌 시민들에게까지 확대되면, 다수파가 토지 소유자의 재산권을 위협할 수도 있다.

매디슨은 이 문제에 대해 수많은 해결책을 고려했는데, 그중 첫 번째는 "토지 소유자들과 그에 준하는 재산을 가진 사람들"에게만 참정권을 부여하는 것이었다. 그는 미국 혁명 두 번째 단계의 중심 원리로 봐도 좋을 만한 진술로 이 해결책을 거부했다. "이러한 규제를 반대하는 근거는 분명하다. 그것은 자유 정부의 핵심 원리, 즉 법에 의해 구속받는 사람들은 그 법을 제정하는 데 자기 의견을 제안할 수 있어야 한다는 원리를 침해한다. 그리고 소수가 법률을 제정하기 때문에 그

34_ibid, p. 267.

침해는 훨씬 더 부당해질 것이다." 두 번째 해결책은 "정부 내의 한 대의기관에 대해서는 재산 소유자들에게만 참정권을 부여하고, 다른 대의 기구에 대해서는 재산이 없는 사람들에게만 참정권을 허용하는 방식이다." 그러나 이 대안은 "사실 평등하지도 공정하지도 않은 것이다." 게다가 "국가를 두 계급으로 나누는 것은 …… 로마에서 귀족과 평민 간에 나타났던 것과 다르지 않은 적대와 반감을 야기할 수 있다."는 점에서 사려 깊은 것도 아니다.

다른 대안들을 검토한 후 그는 이렇게 결론 내렸다.

이 주제에 관한 모든 관점을 고려해 볼 때, 자신이 복종해야 하는 법률을 제정하고 자신을 통치하는 대표를 선출하는 데 시민 대중이 발언권을 가져야 하는 것은 불가피한 일로 보인다. 만약 상하 양원 각각에 평등하고 보편적인 투표권을 부여하는 방안과 모든 권리를 시민 일부에게만 허용하는 방안 중 어느 하나만 선택해야 한다면, 보다 큰 이익, 즉 재산과 인신 모두에 대해 이해관계를 가진 사람들이 통치 과정에서 그들 몫의 절반을 빼앗기는 것이, 보다 적은 이익, 즉 인신의 권리에 대해서만 이해관계를 가진 사람들이 자신이 가진 전부를 빼앗기는 것보다 나을 것이다.[35]

노년의 매디슨은 다수 지배에 대해서도 더욱 우호적인 태도를 취했다. 동시대 사람들 대다수와 마찬가지로, 매디슨은 "인간이 가진 모

35_*Records*, 3, pp. 452-55. 강조를 위해 고딕으로 표기했고, 철자법과 구두법은 원문 그대로 두었다.

든 권력은 남용될 수밖에 없다."라고 생각했다. 그러나 이러한 가정을 자명한 것으로 받아들이면서, 정부가 필요하다는 점 또한 고려하게 되면, 다음과 같은 질문에 답해야만 한다. 어떤 종류의 정부가 최선인가? 매디슨의 답은 그대로였다.

인민으로부터 독립적인 정부에서는 전체 인민의 권리와 견해가 정부 견해에 의해 희생될 수 있다. 인민이 스스로를 통치하는, 그래서 다수가 지배하는 공화정에서는 실재든 가정이든 다수의 이익을 위해 소수의 권리가 침해될 수 있으므로 소수가 위험에 처할 수 있다. 따라서 어떤 정부 형태도 권력 남용을 완벽하게 방지할 수는 없다. 그럼에도 공화정을 추천하는 이유는 권력 남용의 위험이 다른 어떤 정부 형태보다 작기 때문이다.[36]

매디슨에게 변한 점이 있다면, 다수 지배에 대한 그의 신뢰가 더욱 커졌다는 것이다. 성숙한 매디슨은 최소한 다른 대안들과 비교할 때 다수 지배는, 마빈 메이어스Marvin Meyers의 말을 빌리자면, "가장 덜 불완전한 정부"를 보장해 준다고 확신했다.[37]

1833년 그는 다음과 같이 진술했다. "공화정을 지지하는 모든 사람들은 다수가 지배하는 정부가 모든 정부 형태들 가운데 가장 전제

36_*The Forging of American Federalism: Selected Writings of James Madison*, Saul K. Padover ed. (New York: Harper Torchbooks, 1953), letter to Thomas Ritchie, 1825, p. 46.

37_Marvin Meyers ed., *The Mind of the Founder: Sources of the Political Thought of James Madison* (New York: Bobbs-Merrill, 1973), p. 520.

적이며 가혹하다는 전면적인 비난에 대해 반대의 목소리를 높여야 한다."

모든 정부는 악이라고들 말한다. 정부를 필요로 하는 것은 불행한 운명이라고 말하는 것이 더 적절해 보인다. 그러나 그런 필요를 피할 수 없다면, 해결해야 할 문제는 어떤 정부 형태가 완벽한가가 아니라 어떤 형태가 가장 덜 불완전한가이다. 여기서 보편적인 선택의 문제는 다수가 소수를 지배하는 공화정과, 좀 더 적은 수 혹은 최소한의 사람들이 다수를 지배하는 정부 사이에 있다.

결과적으로 …… 우리는 다음과 같은 권고를 받아들여야 한다. 인간이 만들고 관장하는 어떤 정부도 완벽할 수 없다. 따라서 가장 덜 불완전한 정부가 최선의 정부이다. 다른 모든 정부의 권력 남용을 보고 나면 가장 덜 불완전하다는 이유 때문에 공화정을 최선의 정부로 선호하게 된다. 공화정의 핵심 원리는 다수파의 법lex majoris parties, 즉 다수파의 의사이다.[38]

* * *

나는 미국 헌법 제정 회의가 1820년에 열렸더라면, 그 논의로부터 매우 다른 헌법이 부상했을 것임을 의심하지 않는다. 물론 그 헌법이 어떤 모습을 취했을지는 누구도 알 수 없다. 그럼에도 우리는 헌법 제

38_Ibid., pp. 523, 525, 530.

정 회의에 참석한 대표들이 민주공화정에 좀 더 많은 지지를 보내면서 그에 대한 장벽을 줄이고자 했음을 확신할 수 있다.

1787년에 만들어진 헌법의 비민주적 속성에 관한 결론 네 가지는 다음과 같다.

첫째, 우리가 추정할 수 있는 한, 민주주의의 관점에서 헌법이 안고 있는 가장 심각한 문제들 모두가 헌법 입안자들의 의도를 따른 것은 아니다. 물론 결국 그들이 만들어 낸 것이라고 말할 수도 있다. 하지만 그중 일부는 그야말로 탁월한 장인들이 신중하게 마련했던 통치 도구가, 이후 변화하는 환경에서, 그리고 무엇보다도 미국인들이 참여했고 바라건대 지금도 참여하고 있는 민주혁명의 영향하에서 어떻게 작동할지 예측할 수 없었던 그 장인들의 능력의 한계에서 비롯된 결점이다.

둘째, 원래 헌법의 비민주적 요소들 가운데 또 다른 몇 가지는, 헌법에 대한 합의를 위해 필요했던 공조와 타협의 결과였다. 헌법 입안자들은 이상적인 체계를 그려 보려는 철학자가 아니었다. 아마 이 점에 대해서는 그들에게 늘 고맙게 생각해야 할 것 같은데, 그들은 통치권을 위임받은 철인왕도 아니었다. 그들은 좀 더 강력한 중앙 정부를 바라는 실리적인 사람들이었으며, 실리를 고려하는 사람들로서 타협을 이뤄 냈던 것이다. 만약 그들이 타협을 거부했다면, 미국이 좀 더 나은 국가가 되었을까? 나는 그에 대해 회의적이다. 그러나 어쨌든 그들은 타협을 했고, 심지어 오늘날의 미국 헌법에도 그런 양보의 결과가 포함되어 있다. 이 점에 대해서는 다음 장에서 좀 더 상세히 논의할 것이다.

셋째, 다소간 의도적으로 헌법에 포함시킨 비민주적 요소들은 (미국) 인민 다수의 위험을 과대평가하고, 미국인들 사이에서 발전하고 있던 민주적 신념의 강도를 과소평가한 결과였다. 따라서 원래의 헌법 틀을, 당시 부상하고 있던 민주공화정의 요건에 더욱 부합하도록 바꾸기 위해서는, 일정한 시간의 흐름과 함께 때로는 수정 헌법으로 때로는 정당과 같은 새로운 제도와 관행으로 원래 헌법의 비민주적 요소들을 변경해야 했다.

마지막으로, 그 결점들이 내게는 심각해 보이고 시간이 흐를수록 점점 더 심각해짐에도, 미국인들은 다른 헌법을 고려할 생각이 없는 것 같고, 그렇다고 그들에게 어떤 헌법이 더 나은가도 분명하지 않다.

그 결과, 미국인들이 가진, 헌법의 정당성에 대한 신념과 민주주의의 정당성에 대한 신념은 앞으로도 계속 상호 긴장 속에 머물 것으로 보인다.

내가 보기에 헌법의 정당성이란, 그것이 민주 정부의 수단으로서 얼마나 유용한가라는 기준, 그 이상도 이하도 아닌 것에서 평가되어야 한다고 생각한다. 7장에서 나는 이 판단의 의미를 좀 더 깊이 고찰할 것이다.

3

미국 헌법이 모델이라는
미국인들의 착각

많은 미국인들은 다른 민주주의 국가들이 미국 헌법을 하나의 모델로 받아들인다고 생각하는 것 같다.[1] 그러나 미국과 비교할 만하며, 민주주의 제도가 오랫동안 중단 없이 유지되어 온 나라들 가운데, 미국식 헌정 체계를 채택한 나라는 없다. 단 하나의 예외도 없이 이들 나라 모두는 미국 헌법을 거부해 왔다고 말해도 좋을 것이다. 왜 그랬을까?

이 질문을 탐구하기 전에 먼저 두 가지 문제를 분명히 하고 넘어가야겠다. 이미 눈치 챈 사람들도 있겠지만, 나는 이따금씩 '헌법'constitution이라는 말 대신 '헌정 체계'constitutional system라는 용어를 사용했다. 그렇게 한 이유는 공식적인 헌법 그 자체에는 규정되어 있을 수도 있고 그렇지 않을 수도 있는 중요한 제도들, 대표적으로 선거제도를 헌정 체계에 포함시키고 싶었기 때문이다. 앞으로 살펴보겠지만,

1_1997년 여론조사에서, "많은 나라들이 미국 헌법을 자신들의 모델로 활용하고 있다."는 진술에 대해 응답자의 34%는 적극적 동의를, 33%는 약간의 동의를 나타냈다. 단지 18%만이 적극적 혹은 약간의 반대 의사를 표시했다(1997년 9월, 국립 헌법 센터 의뢰로 미국 성인 1천 명을 대상으로 실시한 전국 전화 여론조사). "나는 미국 헌법을 자랑스럽게 생각한다."는 진술에 대해 71%가 적극적 동의를, 18%가 약간의 동의를 나타냈다. 1999년 85%의 응답자들은 20세기에 미국이 성공할 수 있었던 주요 요인 가운데 하나로 헌법을 꼽았다[퓨 리서치 센터(Pew Research Center) 의뢰로 프린스턴 여론조사협회(Princeton Survey Research Associates)가 성인 1,546명을 대상으로 실시한 여론조사].

선거제도는 다른 정치제도들과 긴밀한 방식으로 상호 작용하며 그 제도들이 작동하는 방식을 결정할 수 있다.

또한 나는 민주주의의 역사가 가장 길고 가장 확고하게 자리 잡은 나라들을 앞에서 언급했다. 이런 나라들을 오래된 민주주의, 성숙한 민주주의, 안정된 민주주의 등으로 부를 수 있겠지만, 나는 '선진 민주주의 국가'로 통칭하고자 한다. 우리가 이들 나라를 뭐라 부르든 간에 중요한 것은 미국 헌정 체계의 특성과 성과를 다른 민주주의 국가들과 비교하기 위해서는 비교에 적합한 나라들이 필요하다는 것이다. 요컨대, 사과와 오렌지를 비교하거나 신선한 사과와 썩은 사과를 비교할 수는 없다는 말이다.

앞에서 지적했듯이, 미국 사람들은 종종 비민주적 정권이 통치하는 나라나 폭력적인 갈등, 만성화된 부패, 빈번한 혼란, 체제의 붕괴 내지 전복 등으로 곤란을 겪고 있는 나라들과 미국을 비교하면서 미국 정치체제의 우월성을 확신하곤 한다. 미국 정치에 대한 비판을 주고받을 때, 미국인들은 "그래. 하지만 X 나라와 미국을 비교해 봐!"라는 말을 자주 덧붙이는데, 여기서 X 나라란 대체로 냉전 시기의 소련이나 그 후의 러시아를 가리키는 경우가 많다. 어떤 기준에서 보든 미국보다 열등한 정치체제를 가진 나라를 1백 개 이상 꼽아 보기는 쉽다. 하지만 이런 비교는 터무니없고 불합리한 것이다.

내가 생각하기에 미국과 비교하기에 가장 적합한 나라는, 기본적인 민주주의 정치제도가 상당히 오랫동안, 이를테면 적어도 반세기, 그러니까 1950년 이래 중단 없이 작동해 온 국가들이다. 이런 나라들은 전 세계에서 미국을 포함해 22개가 존재한다(부록 2의 〈표 1〉, 〈표 2〉 참조).[2] 우리의 논의를 위해서는 다행스럽게도 이들 22개국은 서로 비교할 만한 수준의 사회·경제적 조건을 갖추고 있다. 즉, 바구니 속에 썩은 사과는 없다는 말이다. 놀랄 일도 아니겠지만, 그들은 대개 유럽 혹은 영어권 나라들이며, 소수의 예외로 라틴아메리카에서는 코스타리카가, 중동에서는 이스라엘이, 아시아에서는 일본이 유일하게 포함된다.

선진 민주주의 국가들의 헌법 구조가 갖는 몇몇 기본적인 요소를 검토해 보면, 미국 헌정 체계가 얼마나 특이한지 쉽게 알 수 있다. 정말이지, 미국 헌정 체계는 22개 선진 민주주의 국가들 가운데서도 매우 독특한 것이다.[3]

연방제 혹은 단일 정부 체제

먼저 미국을 제외한 21개 국가들 중 5개국만이 연방제, 즉 헌법 규정과 관례에 따라 상당 정도의 자율성과 주요 입법권을 갖는 지역 단위들states, cantons, provinces, regions, Länders로 구성된 정부 구조를 채택하

2_인도가 1947년 독립과 함께 민주적인 헌법을 채택했고 그 후 한 시기를 제외하면 다양성과 빈곤이라는 도전 속에서도 민주주의 제도를 유지해 왔지만, 나는 두 가지 근거로 이 나라를 비교 목록에서 제외했다. 첫째, 인디라 간디(Indira Gandhi) 수상이 쿠데타를 통해 비상사태를 선포하고 시민권을 유예하면서 수천 명의 반대자들을 감금했던 1975~1977년까지 그 나라 민주주의 제도의 연속성은 중단되었다. 둘째, 인도는 세계에서 가장 빈곤한 나라들 중 하나이기 때문에 부유한 민주주의 국가들과 비교하는 것은 의미가 없을 것이다.

3_이 22개 민주주의 국가들 헌법의 차이에 대한 요약은 부록 2의 〈표 2〉 참조.

고 있다. 미국처럼 이들 연방제 국가에서도 연방을 구성하는 지역 단위들은 중앙 정부가 단순히 법률을 통해 만든 피조물 즉, 중앙 정부가 자의적으로 변화시킬 수 있는 그런 경계선과 권한을 갖는 존재가 아니다. 이들 지역 단위는 해당 국가의 정치와 헌법을 구성하는 기본 요소이다.

미국과 마찬가지로 이들 5개국에서도 연방제가 채택된 이유는 자유로운 선택이 아니라 역사적으로 불가피했기 때문이었다. 대개의 경우 연방을 구성하는 지역 단위들은 전국적인 정부가 완전히 민주화되기 전부터 존재했다. 극단적 사례인 스위스의 경우, 연방을 구성하는 지역 단위들은, 미국이 탄생하기 5세기 전인 1291년 3개의 알파인 주Alpine cantons가 중심이 되어 스위스 연합을 구성하기 전에 이미 자리를 잡고 있었다. 이후 7세기에 걸쳐 지금은 20개로 불어난 스위스 주cantons들은 뚜렷한 차별성과 자율성을 갖게 되었다.[4] 반면, 이례적으로 벨기에에서는 다양한 지역 집단을 관할하는 단일 정부 체제가 들어서고도 한참 뒤에야 연방제를 채택했다. 16, 17세기의 찬란했던 플랑드르Flanders 지방의 그림·직조·상업 번영의 시대가 상기시키듯, 플랑드르 지역과 왈로니아Wallonia 지역 간의 뿌리 깊은 지리적·언어적·종교적·문화적 차이는 1830년 벨기에가 독립 국가를 선포하기 오래전부터 존재했다. 그러나 플랑드르와 왈로니아 지역 간의 지속적인 균열에도 불구하고 벨기에는 왈로니아, 플랑드르, 브뤼셀Brussles의 세

4_그 외에 여섯 개의 준주(half-cantons)가 있다.

지역이 마침내 헌법적 지위를 확보하게 되는 1993년까지 연방제가 아니었다. 왈로니아와 플랑드르 사이의 심각한 분열은 벨기에가 하나의 국가로 존속하는 데 있어 지금도 여전히 위협이 되고 있다.

아래의 두 번째 특징인 양원제와 세 번째 특징인 상원 구성에서 나타나는 대표의 불평등은 이 연방제의 직접적 산물이다.

확고한 양원제

반드시 그런 것은 아니지만 연방제는 자연스럽게, 연방을 구성하는 단위에 특별한 대표권을 부여하는 상원second chamber을 필요로 한다. 분명 단일 정부 체제도 상원을 둘 수 있고, 역사적으로 존재한 적도 있었다. 하지만 단일 정부 체제를 갖는 민주주의 나라에서 상원의 기능이 명확하게 구분되는 경우는 없었다. 여기서 미국 헌법 제정 회의 당시 제기되었던 질문을 다시 한 번 생각해 볼 필요가 있다. 상원은 정확히 누구 혹은 누구의 이익을 대표하는가? 합리적으로 수긍할 만한 답변을 헌법 입안자들이 제시할 수 없었던 것처럼, 단일 정부 체제를 가진 민주주의 나라에서도 민주적 신념이 점점 강화됨에 따라

● 스칸디나비아 3개국의 상원 폐지 | 덴마크는 1953년에, 스웨덴은 1971년에 상원 제도를 폐지했다. 노르웨이는 단원제이지만 헌법 규정과 관련된 입법을 할 경우에만 기능적으로 양원을 분리해 운영한다.
●● 네브래스카 주 의회 | 네브래스카는 미국 내에서 유일하게 단원제 주 의회를 가진 주이다.

통상적인 답변은 설득력을 잃어 갔다. 그리고 바로 그런 까닭에 스칸디나비아 3개국은 모두 상원 제도를 폐지●했다. 네브래스카 주●●와 마찬가지로, 노르웨이, 스웨덴, 덴마크 역시 상원 없이도 매우 잘 지내는 것 같다. 심지어 영국에서도 민주적 신념이 점점 발전함에 따라 상원이 갖고 있는 역사적 권한을 단호히 반대하는 세력이 나타났다. 1911년에 이미 자유당은 하원이 통과시킨 "재정 법안"money bill을 거부할 수 있는 상원의 권한을 폐지한 바 있다.●●● 그 후 지난 1백여 년에 걸쳐 민주적 신념은 계속 강화되었고, 1999년에는 세습 귀족들이 선출하는 세습 상원 의석은 92석을 제외하고 모두 폐지되었다.●●
●●5 이제 영국에서 구닥다리 상원의 미래는 매우 불투명해졌다.

20세기 말 현재 선진 민주주의 국가들 중 확고한 양원제 의회를 유지하고 있는 나라는 미국, 오스트레일리아, 독일, 스위스 네 나라뿐

5_Robert Hazell and David Sinclair, "The British Constitution: Labour's Constitut-ional Revolution," *Annual Review of Political Science*, 3 (Palo Alto: Annual Reviews, 2000), pp. 379-400, 393.

●●● **영국의 상원 개혁 1** | 1909년 로이드 조지 재무장관이 제출한, 부자의 부담을 무겁게 하는 예산안이 상원에서 부결되자, 이는 17세기 후반 이래 인정되어 온 재정 법안에 관한 하원의 우월권을 부정하는 것이라 하여 당시 자유당 내각이 하원을 해산하고 민의를 물어 다음해 총선거에서 승리하여 원래의 예산안을 통과시켰다. 또한 상원 개혁 문제와 관련해 재차 총선거에 승리함으로써 의회 개혁을 내용으로 하는 의회법을 통과시켰다. 이에 따라 상원은 재정 법안을 부결·수정할 권한을 잃게 되었고, 기타 법률에 관해서는 2년간의 정지권만 갖게 되었다.

●●●● **영국의 상원 개혁 2** | 영국 상원은 전통적으로 세습 의원과 임명직 종신 의원으로 구성되는데, 1999년 상원 개혁법을 제정, 세습 의원 667명을 퇴직시켰다. 이로써 영국 상원은 세습 귀족과 성공회 성직자, 종신 의원으로 구성되는 일종의 신분 기구로 재편되었다.

이며, 그들은 모두 연방제를 채택하고 있다. 이들의 존재와 관련해 다음과 같은 질문을 제기해 볼 수 있다. 민주주의 국가에서 상원은 어떤 기능을 수행할 수 있으며 또 수행해야 하는가? 그리고 만약 그런 기능이 있다면, 이를 원활하게 수행하기 위해 상원은 어떻게 구성되어야 하는가? 상원을 어떻게 개혁할 것인지를 둘러싼 영국 의회의 논의가 보여 주듯이, 이런 문제는 쉽게 그 답을 얻을 수 있는 성질의 것이 아니다. 그렇지만 결과적으로 영국 상원이 실질적인 권한을 모두 상실하고 그저 희미한 그림자로 남아 명맥만 유지하게 된다 해도 별로 놀랄 일은 아닐 것이다.

대표의 불평등

연방제의 세 번째 특징은 상원 구성에서 나타나는 대표의 불평등이다. 여기서 말하는 대표의 불평등은 보통 주라고 불리는 연방의 구성단위로부터 충원되는 상원 의원의 수가, 해당 지역의 인구나 성인 시민 혹은 투표 자격을 갖춘 유권자의 수에 비례하지 않는 것을 의미한다. 모든 연방제 국가들이 상원을 두는 주된, 아마도 실질적으로 유일한 이유는 불평등한 대표성을 유지하고 보호하는 것이다. 즉 상원은 규모가 큰 단위의 대표들이 작은 단위의 대표들을 수의 힘으로 쉽사리 제압하지 못하도록 하기 위해 만들어졌다. 한마디로 상원은 전국적인 수준에서 다수 지배를 막기 위한 수단으로 고안된 것이다.

이를 명확히 하기 위해서 대표의 불평등이라는 용어의 범위를 확장해 '1인 1표' 원칙에 반대되는, 즉 사람들의 투표권에 각기 다른 가

중치를 부여하는 제도를 생각해 보자. 하나의 정치체제 안에서 일정한 사람들이 투표권을 갖지 못할 때 그들의 표는 0으로 계산되는 반면, 투표권을 가진 시민의 표는 1로 계산된다. 여성의 투표권이 인정되지 않을 때, 남성의 표는 1로 계산되고 여성의 표는 0으로 처리된다. 투표권 자격 요건으로 일정한 재산이 요구될 때, 재산 소유자들은 입법부에서 대표될 수 있는 반면, 재산 요건을 충족시키지 못한 사람들은 대표되지 못하며, 여성의 경우와 마찬가지로 그들의 '표'는 0으로 처리된다. 에드먼드 버크●와 같은 의회의 몇몇 특권적 구성원들은, 귀족은 소수이지만 전체 국가의 최선의 이익을 대표할 수 있다는 의미에서 "사실상의 대표"●●라는 개념을 주장하기도 했다. 그러나 투표권을 갖지 못한 대다수의 사람들은 그것이 편의적인 허구일 뿐임을 쉽게 간파했고, 곧바로 그 허위적 주장을 거부하며 투표권을 획득했다. 19세기 프러시아 유권자들은 재산세에 따라 세 계급으로 나뉘었다. 각 계급class에는 그 계급에 속한 사람persons의 수와 무관하게 동

● **에드먼드 버크**(Edmund Burke, 1729~1797) | 영국의 정치가, 정치사상가. 1765년 휘그당 지도자 로킹엄의 비서로 정계에 진출, 1766년 하원 의원이 되었다. 1790년에 『프랑스혁명에 관한 고찰』을 써서 혁명의 과격화를 경고했다. 웅변가로서 정의와 자유를 고취했으며, 영국 보수주의의 대표적 이론가로 명성을 떨쳤다.

●● **사실상의 대표**(virtual representation) | 실질적 대표(actual representation 혹은 real representation)에 대비되는 개념. 대표가 갖는 입법권의 이론적 기초를, 선거에서 나타난 유권자의 의사가 아니라 선출된 대표의 자질에서 찾는 의미를 갖는다. 다시 말해 유권자로부터 권한을 위임(mandate)받은 대표 개념과 달리, 전체 국가의 최선의 이익을 파악할 수 있는 대표의 능력에 유권자가 자신의 주권을 위탁한 것이라고 보는 대표 개념이다. 이에 기초하여 버크는 자신이 브리스톨 지역구 의원이지만 자신과 동일한 상업 이익을 갖는 모든 선거구를 사실상 대표할 수 있다고 주장하면서, 도시화에 따른 참정권의 확대를 반대했다.

일한 수의 투표권이 주어졌기 때문에, 사실상 부유한 프러시아 시민들은 프러시아 노동자들보다 거의 20배나 많은 가치를 갖는 투표권을 행사한 것이나 다름없었다.[6]

이제 미국으로 돌아가 보자. 미국인들의 민주적 신념이 빠르게 성장하고 그것이 정치에 영향을 미침에 따라, 대표의 불평등을 만들어 내는 노골적인 양식들은 폐지되었다. 하지만 터무니없으면서도 크게 주목받지 못했던 불평등한 대표의 한 형태가 있는데, 그것은 오늘날까지도 지속되고 있으며 앞으로도 개선되지 않고 지속될 것 같다. 그것은 각 주에 인구수와 상관없이 두 명의 상원 의원을 할당한 저 유명한 코네티컷 타협의 결과이다.

당신의 표가 1로 취급되는 반면, 이웃 마을에 사는 친구의 표는 17로 계산되는 상황을 상상해 보라. 그런데 갑자기 두 사람 모두 새로운 직업을 갖게 되어 서로 거주지를 바꾼다고 가정해 보자. 당신은 새 직업으로 인해 친구의 마을로 이사를 가고, 같은 이유로 친구도 당신의 마을로 이사를 온다. 세상에! 너무나 고맙게도 당신은 이사를 했다는 이유만으로 이제 과거보다 16개나 많은 표를 얻은 사실을 깨닫게 된

6_예를 들어, 1858년 프러시아 선거에서 주민의 4.8%는 전체 의석의 1/3을 선출할 수 있는 자격을 부여받았고, 13.4%는 또 다른 1/3을, 그리고 81.8%는 나머지 1/3을 선출할 수 있는 자격을 가졌다. 따라서 가장 부유한 1/3 주민들은 가장 가난한 1/3 주민들보다 사실상 17배나 많은 투표권을 행사한 것이다. Bernhard Vogel and Rainer-Olaf Schultze, "Deutschland," in Die Wahl Der Parlamente, Dolf Sternberger and Bernard Vogel, eds. (Berlin: Walter De Gruyter, 1969), 189-411, Tabelle A 4, p. 348.

다. 하지만 당신의 친구는 16개의 표를 잃게 된다. 이 얼마나 우스꽝스러운 일인가?

그렇지만 이런 일은 캘리포니아 주 타호Tahoe 호수 서부 기슭에 살고 있던 당신이 동쪽으로 채 50마일도 안 되는 네바다 주의 카슨Carson 시로 이사하고, 카슨 시에 사는 당신의 친구가 타호 호수에 있는 당신네 마을로 이사 올 때 일어날 수 있는 일이다. 우리 모두가 알고 있는 것처럼, 두 주는 미국 상원에서 동일한 대표권을 행사하고 있다. 2000년 기준으로 약 3천4백만 명의 인구를 가진 캘리포니아 주는 2명의 상원 의원을 두고 있다. 2백만 명의 주민이 살고 있는 네바다 주 역시 2명의 상원 의원을 두고 있다. 그러나 미국 상원 의원들의 표는 동일하게 계산되기 때문에, 2000년의 경우 미국 상원에서 네바다 주민의 표는 캘리포니아 주민의 표보다 사실상 17배나 많은 가치를 갖게 되는 것이다. 알래스카로 이사한 캘리포니아 주민은 기후 때문에 약간의 손해를 볼 수도 있겠지만, 캘리포니아에서 자신이 가졌던 표의 가치보다 54배나 많은 표를 얻게 된다.[7] 이런 이득을 얻기 위해 이사하라는 이야기가 아니다. 분명한 사실은 대표의 불평등이 모든 시민의 정치적 평등이라는 민주주의 이념을 심각하게 침해하고 있

7_네바다 주와 로키 산맥 인근의 주, 혹은 일반적으로 규모가 작은 주에 대해 편견을 가지고 있다는 인상을 주지 않기 위해, 나는 당시까지 준주(territory)였던 알래스카에서 어린 시절을 보냈고, 매년 여름 로키 산맥 인근 주에서 지내는 것을 좋아하며, 이들 지역에 깊은 애정을 갖고 있다는 점을 말하고 싶다. 그리고 3백만 명이 약간 넘는 코네티컷 주에 거주한다는 이유로 나는 캘리포니아에 살고 있는 내 자식들보다 9배나 많은 전반적으로 부당한 투표의 이득을 누리고 있다는 사실 또한 밝혀야겠다.

다는 것이다.

대표의 불평등은 다른 연방제 국가에서도 어느 정도 나타난다. 그러나 미국 상원이 가진 대표의 불평등 정도는 그 가운데 가장 극단적인 경우이다. 실제로 한 조사에서 밝혔듯이, 신생 민주주의 국가를 포함해 연방제를 채택하고 있는 나라는 모두 12개인데, 그중에서 미국 상원보다 대표의 불평등이 심한 사례는 브라질과 아르헨티나의 상원뿐이다.[8]

다른 방식으로 주의 인구 대비 상원 대표 비율을 생각해 보자. 예를 들어, 코네티컷 주의 상원 의원 두 명은 340만 명보다 약간 많은 인구를 대표하는 반면, 인접한 뉴욕 주의 두 상원 의원은 1천9백만 명의 인구를 대표한다. 이는 약 5.6 대 1의 비율이다. 극단적인 경우, 인구가 가장 적은 와이오밍 주가 인구가 가장 많은 캘리포니아 주에 비해 과다 대표되는 비율은 70 대 1에 가깝다.[9] 이와 대조적으로 선진 민주주의 국가에서 나타나는 상원 대표의 지역 간 비율은 작게는 오스트레일리아의 1.5 대 1에서 크게는 스위스의 40 대 1 정도이다. 사실상, 미국 상원보다 불비례성이 높은 나라는 브라질, 아르헨티나,

---

8_Alfred Stepan, "Toward a New Comparative Analysis of Democracy and Federalism: Demos Constraining and Demos Enabling Federations," paper for the meeting of the International Political Science Association, Seoul, Aug. 17-22, 1997.

9_상원 구성에서 나타나는 대표의 불평등 문제에 관한 포괄적인 서술과 분석, 비평에 대해서는 Francis E. Lee and Bruce I. Oppenheimer, *Sizing Up the Senate: The Unequal Consequences of Unequal Representation* (Chicago: University Chicago Press, 1999) 참조.

러시아밖에 없다.[10]

어떤 근거로 이런 비정상적인 투표권의 불평등을 정당화할 수 있을까?

이익과 권리. 일반적인 설명은 인구가 적은 주의 주민들의 경우 의회 다수가 통과시킨 법률로부터 자신들의 기본적인 권리와 이익을 보호할 필요가 있다는 것이다. 예컨대 네바다나 알래스카와 같은 주의 사람들은 지정학적으로 소수일 수밖에 없기 때문에, 전국적인 다수의 유해한 행동으로부터 보호받아야 한다고 주장할 수 있다. 그러나 이런 답변은 근본적인 문제를 제기하게 만든다. 특정 개인이나 집단의 이익을 위해 대표의 권리를 추가로 부여하는 것을 정당화할 수 있는, 보편적으로 적용 가능한 어떤 원칙이 있는가?

이 질문을 검토하기 위해서는 통치 단위와 관련해 끊임없이 제기되었던 기초적인 문제부터 논의할 필요가 있다. 정부라는 통치 단위가 국가, 주, 지자체, 혹은 그 무엇이든지 간에, 사실상 정부의 모든 결정은 해당 정치 단위에 거주하는 사람들 간의 이익 갈등을 수반할 수밖에 없다.[11] 정부의 그 어떤 결정도 특정 시민들에게 이익이 되는 반면 다른 시민들에게는 손해가 될 수밖에 없다. 모든 통치 단위에 내

10_Stepan, 위 주석 8 참조.

11_엄밀히 말해 '국가'(State)라는 통치 단위는, 주어진 영토 내에서 그 규율을 강제하는 데 있어, 물리적 폭력의 정당한 사용에 대해 배타적 통제권을 효과적으로 유지할 수 있는 정부를 가진, 국경으로 구분되는 지역의 체제로 정의할 수 있나.

재된 이와 같은 문제를 해결하기 위해 민주주의 체제에서는 다른 무엇보다도 일정한 양식의 다수결 제도를 통해 그 결정에 대한 폭넓은 동의를 확보하는 것이 보통이다. 그러나 다수결 원리에 따라 결정이 이루어진다면, 매디슨과 여러 다른 사람들이 주장했듯이 다수가 소수의 이익을 침해할 가능성이 존재한다. 때로는 다행스럽게도 상호 이익을 보장하는 타협이 만들어질 수도 있다. 하지만 다수의 이익이 불가피하게 소수의 이익과 충돌하게 된다면, 소수의 이익은 침해받기 쉽다.

그러나 몇몇 이익은 일상적인 다수결 원리로부터 보호받을 수 있다. 그리고 다소간 정도의 차이는 있지만 모든 민주적 헌법은 그렇게 하고 있다.

모든 미국인들이 원리로서만이 아니라 실제로도 향유하고 있는 보호 조항들을 생각해 보자. 첫째, 권리장전과 뒤이어 만들어진 수정헌법 조항들은 모든 시민에게, 네바다나 캘리포니아, 로드아일랜드나 매사추세츠, 델라웨어나 펜실베이니아 그 어디에 거주하든 관계없이, 일정한 기본권을 규정하고 이를 헌법으로 보장하고 있다. 둘째, 연방법률의 규모가 방대해지고 헌법에 근거를 둔 사법적 해석이 이어지면서, 보호받아야 할 권리의 영역이 애초 헌법 입안자들의 예상을 훨씬 뛰어넘어 크게 확장되었다. 셋째, 연방제에서 확립된 헌법상의 권력분립으로 인해 모든 주는 배타적인 권한 영역뿐 아니라 중첩적인 권한 영역을 갖는데, 이를 기초로 각 주는 자기 주에 거주하는 시민의 특정 이익에 대한 보호 조치를 더욱 확대할 수 있다.

근본적인 질문. 위에서 살펴본 바와 같이 기본적인 권리와 이익이 보호받고 있는데도 여기에 덧붙여, 전국적으로 다수 인민이 지지하는 정책으로부터 보호받아야 한다는 이유로 규모가 작은 주의 사람들에게 어떤 추가적인 권리나 이익을 부여해야 하는가? 만약 그렇다면, 그런 권리와 이익은 무엇인가? 어떤 보편적 원칙으로 그들에 대한 특별한 보호 조치를 정당화할 수 있는가? 그런 보호 조치들이라는 것이, 국유림에서 소나 양을 방목할 수 있다거나 1백여 년 전에 체결된 계약 조건에 따라 광물을 채굴할 수 있는 권리를 갖는다거나 하는 그런 것은 분명 아니다. 그렇다 하더라도 왜 지리적 위치를 이유로 특정 시민이나 집단에게, 앞서 살펴본 정도를 넘어 부가적인 헌법적 보호 조치를 가진 특별한 권리나 이익을 주어야 하는가?

나 자신에게도 당혹스러운 질문이 아닐 수 없지만, 이와 관련해 내가 알고 있는 몇 사람이 있다. 제임스 윌슨은 헌법 제정 회의에서 다음과 같이 질문했다. "우리가 만들고자 하는 정부가 누구를 위한 것인지 망각하고 있는 것은 아닙니까?", "이 정부는 인민을 위한 것입니까, 주states라고 일컬어지는 상상의 존재를 위한 것입니까?" 매디슨 역시 작은 주에 거주하는 사람들의 이익을 보호해야 한다는 주장에 부정적인 태도를 취했다. 그는 이렇게 말했다. "우리의 경험은 그런 위험을 보여 주지 않았습니다. …… 오히려 그 반대의 교훈을 가르쳐 주고 있습니다. …… 주의 크기가 크고 작기 때문에 서로 다른 이해관계를 갖는 것이 아니라 각 주가 갖고 있는 상이한 조건 때문에 서로 다른 이해관계를 갖는 것입니다."[12]

매디슨 이래 지난 두 세기 동안의 경험은 그의 판단이 옳았음을 보여 준다. 상원 대표의 불평등이 특권이 없는 소수파의 이익을 보호해 주지 못했다는 것은 의심의 여지가 없다. 그와는 반대로 대표의 불평등은 때에 따라서는 가장 많은 특권을 누린 소수의 이익을 보호하는 데 기여했다. 대표적인 사례는 노예의 권리가 아닌 노예 소유주의 권리를 보호했던 데서 찾을 수 있다. 상원에서 대표의 불평등이 노예의 이익을 위해 그 어떤 보호 조치도 취하지 않았던 것은 당연했다. 오히려 남북전쟁 이전 시대에는 대표의 불평등이 노예 소유주의 이익을 보호하는 데 기여했다. 베리 와인가스트Barry Weingast가 지적했던 것처럼, 1850년대까지 상원 대표의 불평등으로 인해 "남부 주들은 노예제에 영향을 미칠 수 있는 모든 정책에 대해 거부권을 행사할 수 있었다." 1800년에서 1860년까지 연방 하원은 노예제를 금하는 8개 조치를 통과시켰지만, 상원은 이를 모두 기각했다.[13] 남부의 거부권이 남북전쟁과 함께 종결된 것도 아니다. 그 후에도 남부 이외 지역의 상원 의원들은 자신이 원하는 정책을 통과시키기 위해 남부의 거부권을 수용해야 했다. 이런 식으로 남부의 거부권은 남부를 연방에 통합시키고자 했던 '남부 재건 조치'●를 붕괴시켰으며, 이후 한 세기 동안 아프리카 출신 미국인의 가장 기본적인 인권을 보호하는 연방 법률의 제정을 가로막았다.

상원에서 대표의 불평등이 갖는 의미란 겨우 이런 식이다.

이런 가정을 한번 해 보자. 진정으로 우리가 원했던 것은 이러저러

12_윌슨에 대해서는 *Records*, 1, p. 483, 매디슨에 대해서는 같은 책, pp. 447-448 참조.

13_Barry R. Weingast, "Political Stability and Civil War: Institutions, Commitment, and American Democracy," in Robert H. Bates, Avner Grief, Margaret Levi, Jean-Laurent Rosenthal, and Barry R. Weingast, *Analytic Narratives* (Princeton: Princeton University Press, 1988), pp. 148-93, 166, and Table 4.3, p. 168.

한 불이익을 받는 소수를 위해 상원에 추가적인 대표권을 부여함으로써 헌법으로 이들을 특별히 보호하려는 것이었다고 말이다. 그렇다면 그와 같은 추가적 보호 조치를 가장 필요로 하는 소수는 누구일까? 우리는 어떻게 그 소수를 보호할 수 있을까? 단지 인구가 적다는 이유만으로 몇몇 주를 특별히 보호해야 하는 소수로 간주해야 하는가? 왜 지역을 기준으로 하는 소수는 보호하고자 하면서, 지위가 훨씬 더 열악한 소수자들은 보호하려 하지 않는가? 1787년 제임스 윌슨이 제기했던 식으로 질문을 바꿔 보면, 민주 정부는 "주라는 상상의 존재"를 위해 만들어져야 하는가? 아니면 정치적으로 평등한 사람들로 간주되는 모든 시민의 이익을 위한 것이어야 하는가?

앞에서 밝혔듯이, 미국은 비교 가능한 22개 민주주의 국가 중에서도 상원에서의 대표의 불평등이 가장 두드러진 나라이다. 연방제를 채택하고 있으면서 동시에 연방의 구성단위인 주를 대표하는 상원이 있는 다섯 개 나라들 중 어느 나라에서도 미국의 상원만큼 극심한 대표의 불평등을 보여 주는 경우는 없다.

이제 우리는 미국의 헌정 체계가 비슷한 예를 찾기 어려울 만큼 매

● **남부 재건 조치**(Reconstruction of the South) | 남북전쟁 후인 1865~1877년 동안 남부 연합에 가담했던 주들을 연방에 복귀시키기 위해 실시한 정치·경제·사회적 조치. 1867년 3월 연방 의회는 재건법(Reconstruction Act)을 가결하고, 테네시 주를 제외한 남부 지역을 5개로 나눠 군정을 실시하고, 흑인의 보통선거를 포함한 주 헌법 제정을 조건으로 주 정부의 수립을 인정했다. 이런 정치적 재건의 진행과 함께 1870년대는 경제적 재건도 시작되어 대농장 방식 대신, 소규모 자영 농민층의 농지 획득과 농업 기술 혁신이 이루어지는 등 지주층의 세력이 약화되고 신(新)남부가 형성되었다. 그러나 1877년 헤이스 대통령이 남부에서 연방 군대를 철수시키자 남부의 실권은 다시 구지배층으로 넘어갔고, 급진파의 재건 노력이 실패하면서 흑인 해방도 완전하게 이뤄지지 못했다.

우 이례적이라는 사실을 이해하기 시작했다. 그러나 탐구가 계속됨에 따라, 우리는 그것이 단순히 이례적인 데서 그치지 않는다는 사실을 깨닫게 될 것이다. 미국 헌법은 사실상 유일무이한 것이다.

사법부의 강력한 법률심사권

오래된 민주주의 국가들 가운데 연방제를 채택하고 있는 다른 나라의 경우에도, 연방의 하위 단위들이 헌법에 배치되는 법률이나 행정 조치를 취할 때 최고 법원이 이를 폐지토록 하는 권한을 갖는데, 이는 그리 놀랄 일이 아니다. 연방제를 유지하기 위해 연방 법원이 모든 주의 조치에 대한 심사권을 가져야 한다는 것은 합당하고, 나 역시 그런 입장에 동의한다. 그러나 동등한 헌법 기구, 즉 의회와 대통령이 적법한 절차를 거쳐 제정한 법률에 대해 최고 법원이 위헌 여부를 판결하는 권한을 갖는 것은 논란의 여지가 있다.

만약 민주 정부의 입법 기구가 어떤 법률을 적법하게 통과시켰다면, 왜 판사들이 그 법안의 위헌 여부를 결정하는 권한을 가져야 하는가? 단순히 그 법안의 조문과 입법 취지를 헌법 조문에 맞춰 보는 경우라면, 사법부의 심사권을 옹호할 수도 있을 것이다. 그러나 상당한 논쟁을 수반하는 중요한 사례들의 경우 문제는 그렇게 간단하지 않다. 즉 헌법을 해석함에 있어 판사들은 자신의 이데올로기나 편견, 선호를 개입시킬 수밖에 없다. 미국의 법률학자들은 연방 대법원의 광범위한 법률 심사권을 옹호할 수 있는 만족할 만한 근거를 제시하기 위해 오랫동안 노력했다. 그러나 선출되지 않은 기구, 미국의 경우에는 연방 대법원 판사 9명 중 5명에게, 수백만 미국인들의 삶과 복지에 영향을 미치는 정책의 결정권을 맡긴다는 사실은 모순이 아닐 수 없다. 어떻게 민주적 질서에서 사법부의 법률 심사권이 정당화될 수 있단 말인가? 이 문제는 마지막 장에서 좀 더 상세히 논의하겠다.

그 전에 미국 헌정 체계가 갖고 있는 또 하나의 비정상적인 단면을 살펴보자.

선거제도

앞서 설명했듯이 몇몇 제도는 한 나라의 헌법 조문으로 규정되어 있지 않지만 다른 제도와 밀접하게 연관되어 있기 때문에 그 나라 헌정 제도의 한 부분으로 적절하게 고려할 수 있으며, 이런 근거에서 나는 헌정 체계라는 용어를 사용하겠다고 언급한 바 있다. 이런 관점에서, 미국인들에게는 자연스럽게 보일지 모르지만 선진 민주주의 국가들에서는 거의 찾아보기 어려운, 미국 선거제도의 특수성을 살펴보자. 선거제도와 밀접한 관련을 맺고 있으며 마찬가지로 다른 나라에서는 그 예를 찾아보기 어려운 것으로는, 미국인들이 그토록 존중해 마지않는 양당제가 있다.

엄밀히 말해, 미국의 선거제도는 헌법 입안자들이 직접 만든 것은 아니다. 왜냐하면 미국 선거제도는 영국 전통의 영향을 받으면서 형성되었기 때문이다. 헌법 입안자들은 선거제도와 관련된 전반적인 문제를 주와 연방 의회에 위임했고,[14] 주와 연방 의회는 그들이 알고 있던 유일한 제도이자 당시 영국과 그 식민지, 그리고 신생 독립국가들에서 널리 시행되고 있던 제도를 따랐다.

선거제도는 지극히 복잡한 주제일 뿐만 아니라, 대다수 사람들에게는 지극히 따분한 주제이기 때문에, 나는 이 문제를 우리의 목적에 부합하도록 과감하게 단순화시키고자 한다. 우선 선거제도를 두 유형으로 나눠 보자. 이 두 유형 외에 한두 개의 변이 형태가 있을 수 있다. 우리가 가장 잘 알고 있는 한 유형에서는, 일반적으로 경쟁하는 후보 가운데 오직 한 사람에게만 표를 던질 수 있고 가장 많은 표를 획득한 후보가 승리한다. 따라서 보통의 경우 한 후보가 승리하는 것은 그 사람이 다른 경쟁자보다 적어도 한 표 이상 많은 표를 획득했기 때문이다. 미국인들은 이와 같은 선거제도를 한 표 차라도 이기면 된다는 의미에서 대개 단순 다수제plurality라고 부른다. 다른 곳에서는 절대 다수제absolute majority와 구분하기 위해 상대 다수제relative majority라고 부르기도 한다. 미국의 정치학자들은 때때로 '단순 다수제하의 소선거구제'single member district system with plurality elections라는 복잡한 표현을 사용하기도 한다. 나는 영국식 용어를 선호하는데, 그것은 말의 코 정도 길이만 앞서도 된다는 경마의 승리 규칙에 비유한 것으로 '1위 대표제'first-past-the-post라고 부른다.

만약 각 정당 후보가 얻은 득표 비율과 순위가 모든 선거구에서 동

14_미국 헌법 제1조 4절은 선거제도에 대해 다음과 같이 명시하고 있다. "상원 의원과 하원 의원에 대한 선거 시기, 장소, 방법은 각 주의 입법부가 정한다. 그러나 연방 의회는 상원 의원 선출 장소를 제외한 해당 규정을 언제든지 법률에 따라 제정 또는 개정할 수 있다." 제2조 1절은 다음과 같다. "각 주는 주 입법부가 정한 방식에 따라, 연방 의회에 보낼 수 있는 상원 의원과 하원 의원 총수와 동일한 수의 선거인을 임명한다."

일하다면, 가장 많은 표를 얻은 정당이 모든 지역구 의석을 획득하게 될 것이다. 그러나 현실에서는 지역구마다 후보를 지지하는 비율이 다르기 때문에, 일반적으로 2위 정당은 비록 지지율보다 의석 비율이 낮긴 하지만 어느 정도의 의석을 확보할 수 있다. 반면, 그 외 정당들의 대표성은 대개의 경우 아주 크게 줄어든다. 요컨대, 1위 대표제는 양당제에 유리한 효과를 갖는다는 말이다.

1위 대표제의 대안으로 꼽을 만한 선거제도는 비례대표제이다. 명칭이 함의하듯 비례대표제는 작은 규모, 이를테면 전체 유권자의 5% 이상 되는 소수 유권자들이 그 수에 비례해 어느 정도 대표될 수 있도록 하기 위해 고안된 제도이다. 예를 들어, 비례대표제에서는 전체 유권자의 20%를 차지하고 있는 한 집단이 의회에서 20%에 가까운 의석을 확보할 수 있다. 따라서 비례대표제를 채택한 나라에서는 서너 개 혹은 그 이상의 정당이 입법부에서 대표성을 갖는 다당제가 출현할 가능성이 매우 높다. 요컨대 그 상관관계가 다소 불완전하기는 하지만, 일반적으로 1위 대표제를 채택한 나라는 양당제를, 비례대표제를 채택한 나라는 다당제를 가질 가능성이 크다.

가장 보편적인 비례대표제하에서 각 정당은 자기 당의 후보자 명부를 유권자에게 제시하며, 유권자는 정당의 이와 같은 후보자 명부에 따라 표를 던진다. 따라서 각 당은 전체 득표율에 비례해 의석을 할당받는다. 또한 정당 명부제를 채택한 나라들 중에는 유권자가 한 정당의 여러 후보자에 대해 자신의 선호 순위를 밝힐 수 있는 경우도 있는데, 그럴 경우 각 정당의 의석은 유권자가 가장 선호하는 후보자 순으로 채워지게 된다. 22개 선진 민주주의 국가들 중 12개 국가가 정당 명부식 비례대표제를 채택하고 있으며, 나머지 6개국은 변형된 형태의 비례대표제를 채택하고 있다(부록 2의 〈표 3〉 참조).

비례대표제를 채택하지 않은 4개국 가운데 프랑스는 전체 투표의 과반수를 획득한 후보가 없는 지역구에서는 최다 득표를 한 상위 두 후보를 대상으로 2차 투표를 실시하는 방식을 통해 소선거구제의 단점을 방지하고 있다. 결선투표제run-off, 2차 선거제two-round 혹은 2회 투표제double ballot 등 다양하게 불리고 있는 이 제도에서 의원 모두는 해당 선거구에서 유권자 과반수 이상의 지지에 의해 선출된다.

이제 1위 대표제, 즉 단순 다수제하의 소선거구제를 가진 특이한 나라들로 캐나다, 영국, 미국이 남게 되었다. 그런데 미국인들이 선거 제도의 전거로 삼았던 영국에서조차 전통적인 선거제도가 비례대표 제로 대체되고 있다. 1999년 스코틀랜드와 웨일즈 입법부는 비례대표제를 통해 새롭게 구성되었다. 스코틀랜드 의회에서는 4개 정당이 의석을 획득했고, 웨일즈 의회 역시 4개 정당이 의석을 나눠 가졌다. 게다가, 1997년 1위 대표제에 대한 대안을 마련하기 위해 노동당이 구성한 선거제도를 위한 독립 위원회Independent Commission on the Voting System는 이듬해의 보고서에서 비례대표제를 제안했다. 그것은 일종의 혼합형이었지만 확실히 하원 선거에서 득표와 의석 간의 보다 높은 비례성을 보장하는 제도였다.[15] 머지않아 영국 또한 비례대표제 나라의 목록에 추가되는 일이 일어날지도 모른다. 그렇게 되면 선진

15_Robert Hazell and David Sinclair, "The British Constitution: Labour's Constitu-
tional Revolution," in Nelson W. Polsby, ed., *Annual Review of Political Science*,
vol. 3 (Palo Alto: Annual Reviews, 2000), pp. 379-400, 382-85, 391.

민주주의 국가 중 1위 대표제를 채택하고 있는 나라는 캐나다와 미국 뿐일 것이다.

미국인들은 비례대표제와 다당제를 가진 다른 선진 민주주의 국가들의 경험에 관해 아는 바가 거의 없음에도, 이 두 가지 제도에 대해 강한 편견을 가지고 있는 것 같다. 주 의회와 연방 의회 선거에서 소수파가 좀 더 공정하게 대표될 수 있는 제도를 도입하자는 압력에도 불구하고, 미국 의회와 연방 법원은 1위 대표제에 대한 대안을 고려해 보기는커녕 최근 몇 년에 걸쳐 때때로 선거구를 임의로 조작하는 게리맨더링● 방법으로 마치 불도마뱀salamander처럼 생긴 이상한 선거구를 만들어 냈다. 여전히 연방 의회나 법원은 어떤 양식의 비례 대표제도 대안으로 고려하지 않으려는 것처럼 보인다.

1993년에 있었던 사례는 미국인들이 1위 대표제를 얼마나 당연한 것으로 생각하고 있는지를 잘 보여 준다. 당시 법무부 시민권리국장 물망에 오른 재능 있는 한 후보가 있었다. 어느 날 그녀가 과거에 한 법률 잡지에 소수의 대표성을 좀 더 적절히 보호하기 위해 비례대표 제를 고려할 만하다는 논문을 발표한 적이 있다는 사실이 밝혀졌다.[16]

16_Lani Gaunier, "No Two Seats: The Elusive Quest for Political Equality," *Virginia Law Review* 77 (1991).

● 게리맨더링(gerrymandering) | 어느 한 정당에 유리하도록 부당하게 선거구를 책정하는 일. 1812년 미국 매사추세츠 주지사 엘브릿지 게리는 새로운 상원 선거구법을 입안하여 몇 개의 선거구에 연방당의 지지표를 집중시킴으로써 민주공화당이 다수의 의석을 차지하도록 만들었는데, 이렇게 나누어진 선거구들 중 하나의 윤곽이 불도마뱀(salamander)을 닮은 것으로 생각되어 게리와 샐러맨더를 합성한 '게리맨더링'이라는 용어가 생겨났다.

저자의 순진한 이단적 발언이 몰고 온 당시의 논평들을 보면, 아마 여러분들은 그녀가 연방 대법원의 계단 위에서 성조기라도 불태웠나 하고 생각하게 될 것이다. 자연히 가능성 있는 후보자로서 그녀의 지위는 끝나 버렸다.

1787년 당시에는 1위 대표제가 유일한 게임의 규칙이었으며, 이런 생각은 이후 수 세대에 걸쳐 계속되었다. 당시까지 비례대표제는 발명되지 않았다. 19세기 중반 덴마크인 한 명과 존 스튜어트 밀●을 포함한 영국인 두 명이 이를 체계적으로 정식화한 후에야 비례대표제가 이해되기 시작했다. 그 후 비례대표제는 오래된 민주주의 국가들이 압도적으로 선호하는 선거제도가 되었다.

이처럼 한 세기 이상 동안 다른 대안적 선거제도가 실천되고 있는 것을 지켜보았으니, 이제 1위 대표제는 경마에나 적합하지 미국처럼 거대하고 다양한 특징을 갖는 민주주의 국가에서는 최선이 아닐 수 있다는 생각이 들 때도 되지 않았을까? 또한 다당제가 가진 여러 이점을 고려할 때도 되지 않았을까?

비례대표제나 다당제를 반드시 선택해야 한다고 말하려는 것이 아니다. 하지만 적어도 이런 대안들을 진지하게 고려해 봐야 하지 않을까? 어떤 종류의 선거제도와 정당 체계가 민주주의의 목적에 가장

● 존 스튜어트 밀(John Stuart Mill, 1806~1873) | 영국의 경제학자, 철학자, 사회과학자, 사상가. 주요 저서로 공리주의적 자유론을 대신하여 인간 정신의 자유를 해설한 『자유론』(1859), 대의제와 분권제의 의의를 강조한 『대의정체론』(1861), 정부의 역할을 강조하는 『정치경제학 원리』(1848) 등이 있다. 그의 사상은 만년 들어 점차 사회주의에 경도되면서 자신의 자유주의 이론을 수정하고자 했다.

잘 부합하는지 자문할 필요가 있지 않을까?

정당 체계

대략 반세기 전 프랑스의 정치학자 모리스 뒤베르제Maurice Duverger
는 오늘날 뒤베르제의 법칙이라고 알려진 것을 제시했는데, 그 내용
은 1위 대표제 선거제도는 양당 체제로 귀결되는 경향이 있고 비례대
표제는 다당제를 낳는 경향이 있다는 것이다.[17] 그 구체적 인과관계
는 내가 방금 단순화해서 말한 것보다 복잡하지만,[18] 비례대표제를
채택하고 있는 나라에서는 두 개 내지 세 개의 정당으로 구성된 연합
정부가 등장할 가능성이 높다는 것은 사실이다. 반면, 1위 대표제를
채택하고 있는 나라에서는 단일 정당이 행정부와 입법부 모두를 관장
할 가능성이 높다. 비례대표제와 다당제, 연합 정부를 가진 나라에서
는 통치 과정에서 소수파들이 좀 더 효과적으로 대표되는 경향이 있
다. 이와는 반대로, 1위 대표제와 양당제를 가진 나라에서 정부는 가
장 많은 표를 얻고 의회에서 과반수 의석을 차지한 단일 정당의 수중

17_Maurice Duverger, *Political Parties: Their Organization and Activity in the Modern State* (New York: John Wiley, 1954), p. 217.

18_1958년에 있었던 뒤베르제의 명제에 대한 평가에서, 존 그룸(John Grumm)은 "비례 대표는 해당 국가가 갖는 정당 체계의 원인이라기보다는 결과라고 결론 내리는 것이 좀 더 정확할 것이다."는 입장을 밝혔다. "Theories of Electoral Systems," *Midwest Journal of Political Science* 2 (1958), pp. 357-76, 375.

에 놓이기 쉽다. 이들 두 가지 대안을 구분하기 위해 나는 비례대표제와 다당제를 가진 나라를 '비례제'proportional 국가로, 1위 대표제와 양당제를 가진 나라를 '다수제'majoritarian 국가로 부를 것이다.[19]

미국은 이들 중 어디에 속할까? 답은 어떤 범주에도 해당되지 않는다는 것이다. 미국은 비례제가 지배적인 국가도, 다수제가 지배적인 국가도 아닌 일종의 혼합형 제도를 가지고 있다(부록 2의 〈표 4〉 참조). 5장에서 미국식 혼합형에 대해 좀 더 상세히 다루겠지만, 다음의 간단한 세 가지 지적만으로도 이 책의 관점을 이해하는 데 도움이 될 것이다. 첫째, 헌법 입안자들은 1위 대표제가 아닌 다른 대안이 존재할 수 있다는 것을 알지 못했다. 둘째, 헌법 입안자들의 시대 이후 오랫동안 매우 안정된 민주주의를 누려 온 나라들은 대부분 1위 대표제를 거부했고 그 대신 비례대표제를 채택했다. 셋째, 미국의 혼합형 선거제도는 미국 헌정 체계가 이례적이고 독특한 구조를 갖는 데 크게 기여했다.

19_Arend Lijphart, *Patterns of Democracy: Government Forms and Performance in Thirty-Six Countries* (New Haven: Yale University Press, 1999). 이 책은 열 가지 변수를 사용하여 '합의제'(consensus) 민주주의와 '다수제'(majoritarian) 민주주의를 구분하고 있다. Tables 14.1, p. 245. G. Bingham Powell, *Elections as Instruments of Democracy: Majoritarian and Proportional Visions* (New Haven: Yale University Press, 2000). 이 글에서는 그 책의 제목에 포함되어 있는 '다수제'(majoritarian)와 '비례제'(proportional)라는 용어를 사용하고 있다. 20쪽 이하 부분과 41쪽의 20개 민주주의 국가에 대한 분류를 참조.

미국의 독특한 대통령제도

미국과 다소 유사한 헌법상의 특징을 공유하는 나라들의 목록을 검토하다 보면, 얼마 지나지 않아 그 목록에 포함되는 수가 점점 줄어든다는 사실을 알게 된다. 그러다가 대통령직 항목에 이르면, 미국은 다른 나라들과 단순히 다른 정도가 아니라 아주 독특한 나라라는 것을 깨닫게 된다.

22개 선진 민주주의 국가들 중 거의 미국만이 유일하게 대통령제, 즉 중요한 헌법상의 권한을 갖는 행정부의 단일 수반을 국민투표로 선출하는 제도를 채택하고 있다. 반면, 코스타리카를 제외한 그 밖의 대통령제 나라들 모두는 입법부가 행정 수반, 즉 수상을 선출하는 의회중심제parliamentary system의 몇 가지 변이 형태들을 갖고 있다. 프랑스와 핀란드의 혼합 체제에서는 헌법상 중요한 권한의 대부분을 수상이 갖지만 선출된 대통령 또한 특정한 권한, 이를테면 주로 외교 관계와 관련된 권한을 갖는다. 이런 제도에서는 프랑스처럼 대통령과 수상의 당이 서로 다른 상황, 즉 매우 프랑스적인 뉘앙스를 풍기는 '동거 정부'● 상황이 나타날 수도 있다. 하지만 프랑스나 핀란드 같은 제도적 변이 형태를 인정한다손 치더라도, 다른 선진 민주주의 국가들 중 미국과 같은 대통령제를 채택하고 있는 나라는 없다.

● 동거 정부(cohabitation) | 여당과 야당이 대통령과 총리를 나눠 맡아 국정을 함께 수행하는 것을 가리킨다. 동거 정부는 프랑스 정치의 독특한 형태로, 여당이 총선에서 과반수 의석 획득에 실패해 여소야대 정국이 형성될 경우 행정부 구성을 야당에 맡김으로써 만들어진다.

왜 그럴까? 몇 가지로 나눠 살펴볼 수 있다. 우선 왜 헌법 입안자들은 대통령제를 채택했을까? 왜 그들은 의회중심제를 채택하지 않았을까? 다른 모든 선진 민주주의 국가들은 왜 미국의 대통령제를 따르지 않았을까? 왜 그들은 대통령제 대신 의회중심제를 채택했을까? 혹은 프랑스와 핀란드에서처럼 대통령제의 특징이 가미된 의회중심적 제도를 채택했을까?

이런 질문들에 상세히 답하는 것은 이 글의 논의를 벗어나겠지만, 간단한 답변은 제시할 수 있다.

그러나 그 전에 나는 독자들에게 『연방주의자 논설』에 제시된 설명을 그대로 따르지 말라고 강조하고 싶다. 『연방주의자 논설』은 헌법에 대한 비판적·객관적 분석과는 너무나 거리가 먼 것이다. 선전 propaganda의 사전적 정의가 "하나의 대의나 국민 의식 등을 진작 내지 손상시키기 위해 조직적으로 유포하는 정보나 의견"이라면 『연방주의자 논설』은 분명 선전문이다. 『연방주의자 논설』은 당시 다가오는 주 헌법 비준 회의에서 연방주의자들이 제안한 헌법이 채택되도록 하기 위해, 회의적인 태도를 가진 사람들에게 그 장점을 알리고자 했던 일단의 사람들, 알렉산더 해밀턴과 존 제이,● 그리고 제임스 매디슨이 쓴 글이다. 이 논설은 대단히 훌륭한 내용을 담고 있으며 그 대부분은 오늘날에도 읽을 만한 가치가 있지만, 헌법 제정 회의의 결과를

● 존 제이(John Jay, 1745~1829) | 미국의 정치가로 『연방주의자 논설』의 저자 중 한 명이다. 1789년부터 7년간 초대 대법원장을 역임했다. 1794년 영국과의 전쟁을 피하기 위하여 대통령 조지 워싱턴의 특사로서 제이 조약을 체결했고, 1795년에는 뉴욕 주지사에 선출되기도 했다.

실제보다 더 체계적이고 합리적이며 설득력 있는 것으로 만드는 효과도 있다. 헌법 입안자들이 구상했던 대통령직에 대한 설명과 변호는 해밀턴에게 맡겨졌는데, 이는 매우 아이러니한 일이 아닐 수 없다. 행정부에 관한 논의 자리에서 그는 분별없이 이렇게 말했기 때문이다. "영국 모델이 이 문제에 관한 한 유일한 모범입니다. 왕의 세습적 이익은 국가의 이익과 대단히 긴밀하게 얽혀 있는 동시에 그 목적을 충족시킬 만큼 충분히 잘 통제되어 있습니다." 그러고 나서 그는 행정부와 의회의 상원은 "평생 동안, 혹은 적어도 선한 행위가 지속되는 한" 그 지위를 유지해야 한다고 제안했다.[20] 아마도 이런 언급으로 인해 해밀턴은 헌법 제정 회의에서 이 문제나 그 밖의 문제에 대해 별로 영향을 미칠 수 없게 되었던 것 같다.

대통령제는 어떻게 만들어졌을까? 헌법 제정 회의에 대한 세부 기록을 살피다 보면,[21] 당시 참여자들은 매우 어려운 한 가지 문제의 대안을 찾지 못해 곤혹스러워 했던 것으로 보인다. 그것은 공화국의 행정부 수반을 어떻게 선출해야 하며, 행정부에 어떤 헌법상의 권한을 줄 것인가 하는 문제였다. 이 질문이 매우 어려웠던 이유는 앞 장에서 내가 강조했듯이, 헌법 입안자들에게는 안내자 역할을 해 줄 적절한 공화정 모델이 없었기 때문이다. 무엇보다도 그들은 행정부를 만드는 데 참고할 만한 적절한 모델이 없었다. 확실히 그들은 '권력분립'이라

20_*Records*, 1, pp. 288, 299.
21_매디슨의 노트는 그가 죽은 뒤 1840년에 출판되었다. 2장 각주 4 참조.

는 신성불가침의 원칙을 도출할 수는 있었다. 당연히 매디슨은 이런 원칙을 대단히 긍정적인 것으로 기록했다. 그리고 그 함의는 어느 정도 분명했다. 즉 공화국은 독립적인 사법부, 인민들이 선출하는 하원과 이를 견제할 수 있는 상원으로 구성된 양원제 의회, 그리고 독립적인 행정부를 필요로 한다는 것이었다.

그러나 독립적인 행정 수반을 어떻게 선출할 것인가? 그는 입법부와 인민으로부터 얼마만큼 독립적이어야 하는가? 그의 임기는 어느 정도여야 하는가? [물론 여기서 "그"(He)는 헌법 2조에 쓰여 있는 말로, 당시 헌법 입안자들로서는 여성이 그 직위를 맡는 상황을 상상할 수 없었을 것이다. 이 점에서는 오늘날까지 대다수 미국인들도 그렇게 생각한다.] 영국 헌법은 몇 가지 측면에서 헌법 입안자들에게 유용한 모델이었지만, 행정부 문제를 해결하는 데는 전혀 도움이 되지 않았다. 헌법 제정 회의 대표들은 영국 헌법의 여러 측면을 높이 평가했지만, 군주제는 절대 채택할 수 없는 것이었다.[22]

따라서 그들은 다른 유럽 국가들이 민주주의를 발전시키는 과정에서 그랬던 것처럼 민주적 양식의 의회중심제를 선택할 수도 있었을 것이다. 그들은 인식하지 못했지만, 이미 영국조차 의회중심제로 발전해 가고 있었다. 왜 헌법 입안자들은 의회중심제의 공화주의적 양식을 만들고자 하지 않았을까?

22_매디슨이 기록한 바에 따르면, 영국의 군주제에 호감을 가졌던 유일한 대표는 해밀턴뿐이었다. 2장 각주 5 참조. 아이러니하게도 행정 수반과 관련한 헌법 조항을 변호하는 67번에서 77번까지의 『연방주의자 논설』은 해밀턴이 작성했다.

어떤 면에서는 헌법 입안자들이 사실상 그런 제도를 생각했다고 할 수도 있다. 사람들이 별로 주목하지는 않았지만, 헌법 입안자들은 실제로 의회중심제와 유사한 어떤 것을 채택하는 단계까지 갔던 것으로 보인다. 그런데도 그들이 왜 의회중심제를 거부하고 대통령제를 채택했는지는 참으로 알 수 없는 일이다.[23] 행정부와 관련해 한 가지 분명한 해결책으로는 입법부에서 행정 수반을 선출하는 것이 있다. 이는 1787년 당시보다 지금 시점에서 생각해 보면 아주 분명한 대안이다. 사실 헌법 제정 회의 전반에 걸쳐 그들이 선호했던 해결책도 그것이었다. 헌법 제정 회의가 개최된 지 2주 만인 6월 2일, 가장 뛰어난 지성과 가장 큰 영향력을 갖춘 대표자들로 이루어진 버지니아 주 대표단은 입법부가 행정 수반을 선출해야 한다고 제안했다. 매디슨의 기록에 따르면, 이들의 제안과 다른 대안들 사이에서 진행된 이후의 논의 과정은 매우 흥미로우면서도 종종 설명하기 어려운 경로로 나아갔다.

그 종잡을 수 없는 논의 과정을 가능한 대로 재구성해 보면 다음과 같다.[24] 7월 17일, 7월 24일, 7월 26일 세 차례에 걸쳐 대표들은 '연방 의회'가 대통령을 선출하는 데 찬성했는데, 처음에는 만장일치로 마지막에는 6 대 3으로 가결되었다. 한 차례의 예외를 제외하고 그

23_이하의 내용은 나의 책 *Pluralist Democracy in the United States* (Chicago: Rand McNally, 1967)의 85쪽 이하 부분을 자유롭게 인용했다.

24_이와 관련된 논의 가운데 일부는 Richard J. Ellis ed., *Founding the American Presidency* (Lanham, Md.: Rowman and Littlefield, 1999), Ch. 3, pp. 63-96에서 쉽게 찾을 수 있다.

밖의 다른 대안들은 모두 부결되었다. 그 예외란 7월 19일 매사추세츠 주 대표들의 의견이 갈리면서 대통령을 뽑을 선거인단을 주 의회가 지명하는 안에 6 대 3으로 찬성했던 영문 모를 일을 말한다. 7월 26일에는 그들이 선호했던 해결책, 즉 연방 의회가 대통령을 선출하는 안이 세목위원회로 넘겨졌다. 8월 6일 이 위원회는 연방 의회의 대통령 선출을 지지하는 내용의 보고서를 정식으로 제출했다. 8월 24일에는 두 개의 다른 대안들이 다시 한 번 부결되었다. 이 문제를 다루기 위해 새로 구성된 위원회는 9월 4일 다시 보고서를 제출했다. 이제 대표자들은 3개월 동안이나 끌어 온 헌법 제정 회의를 끝내고 싶어 했다. 그러나 이전의 위원회가 권고했던 내용과는 반대로, 새 위원회는 주 의회가 대통령 선거인단을 임명해야 한다고 제안했다. 이틀 후 이 제안에 대해 9개 주가 찬성하고 2개 주만 반대하면서, 마음이 급했던 대표들은 이 해결책을 채택하고 말았다.

물론 위의 설명이 당시 상황을 그대로 보여 주는 것은 아니다. 실제로 그들이 채택한 내용은 "각 주는 주 입법부가 정한 방식에 따라, 연방 의회에 보낼 수 있는 상원 의원과 하원 의원 총수와 동일한 수의 선거인을 임명한다."는 것이었다. 이 내용을 통해 헌법 입안자들이 의도했던 바가 무엇이었든 결과적으로 그들은, 향후 미국 혁명이 민주 혁명으로 발전하는 단계에서 대통령 선출을 민주화하려는 목표로 발전하게 되는 계기를 제공한 셈이다.

헌법 입안자들이 이 조항에 동의한 10일 후 헌법이 통과되었고, 헌법 제정 회의는 해산되었다.

이와 같이 이해하기 어려운 과정과 결말이 시사하는 바는, 기력을 잃고 정신적으로도 지친 일단의 헌법 제정 회의 대표들이 확신에 기초해서가 아니라 거의 자포자기 상태에서 최종적으로 제출된 하나의 해결책에 그냥 동의해 버리고 말았다는 것이다. 이후 사태가 보여 주듯, 그들은 자신들이 채택한 해결책이 실제로 어떻게 작동하게 될지 거의 모르고 있었다.

분명하게 해명되지 못한 의문이 남아 있다. 왜 그들은 애초 선호했던 해결책, 즉 미국식 의회중심제라 할 수 있는 연방 의회에 의한 대통령 선출안을 끝내 채택하지 못했을까? 이에 대한 표준적인 설명은 대통령이 지나치게 의회에 구속당하는 것을 피하고자 했다는 것인데, 물론 어느 정도 타당한 말이다. 그리고 그들에게 다른 대안은 더 나쁘게 보였을지도 모른다.

그 대안 중에는 국민이 대통령을 선출하는 내용도 포함되어 있었는데, 이는 두 차례에 걸쳐 압도적으로 거부되었다. 그러나 이렇게 두 번씩이나 거부된 제안, 즉 국민이 대통령을 직접 선출하게 하자는 제안은 미국 혁명이 민주혁명으로 발전하는 단계에서 곧바로 채택되었다.

헌법 입안자들의 해결책은 왜 실패했는가? 민주주의의 가치를 신봉하는 시민들이 수용할 만한 헌법을 만드는 과정에서, 아마 대통령 선출 방법보다 더 완벽하게 실패한 부분도 없을 것이다. 앞에서 언급했듯이, 대통령 선거인들이 독립적으로 대통령 후보자들 중 최고의 인물을 판단할 것이라는 헌법 입안자들의 희망은 1800년 선거에서 무너지고 말았다. 그러나 다음 장에서 서술하겠지만, 그 후에도 더 많은 좌절들이 이어졌다. 1800년 선거가, 대통령 선거인단 제도가 민주주의 체제와 얼마나 상응하지 않는지를 드러낸 최초의 사례였다면, 2백 년 뒤인 2000년 대통령 선거는 헌법 입안자들이 만든 헌법과 정치적 평등이라는 민주적 이상 사이의 갈등을 전 세계에 극적으로 보여 준 사례라 하겠다.

아이러니한 일이지만, 헌법 입안자들이 버지니아 구상을 따라 의회중심제처럼 행정부 수장 선출을 입법부에 맡겼더라면, 대통령과 국민 간의 거리는 그들이 실제로 채택한 해결책보다 더 멀어졌을 것이다. 여기서 다시 한 번 1787년 당시 헌법 입안자들이 어쩔 수 없이 가졌던 한계 즉, 영국이나 민주주의로 향하고 있던 다른 나라들에서 나중에 발전시키게 된 그런 헌법 디자인을 미리 예견해 실현할 수는 없었다는 점은 분명히 해 두어야겠다.

계속되는 민주혁명은 대통령직에 훨씬 더 큰 변화를 가져왔다. 제퍼슨은 민주혁명의 흐름을 따르면서 능수능란하게 연방 의회를 다뤘지만, 인민 의사의 유일하고도 정당한 대표는 대통령이 아니라 연방 의회라는 일반적인 견해에 공개적으로 도전할 수는 없었다. 매디슨과 먼로,● 존 퀸시 애덤스●● 같은 후임자들 또한 마찬가지였다.

앤드류 잭슨에 와서야 인민 의사의 유일하고 정당한 대표가 의회라는 주장에 반하는 행동이 나타나기 시작했다. 연방 의회 다수파의

● **제임스 먼로**(James Monroe, 1758~1831) | 미국의 5대 대통령. 상원 의원(1790~1794), 버지니아 주지사, 국무장관(1811~1817) 등을 거쳐 1816년 연방당이 쇠퇴하는 가운데 대통령으로 선출되었다. 그는 존 퀸시 애덤스 국무장관 등 강력한 각료들의 뒷받침에 힘입어 플로리다 할양 (1819), 먼로 선언(1823) 등을 이뤄 냈다.

●● **존 퀸시 애덤스**(John Quincy Adams, 1767~1848) | 미국의 제6대 대통령. 제2대 대통령 존 애덤스의 장남. 1803년 연방당 소속으로 상원 의원이 되었으나 민주공화당 제퍼슨 대통령의 정책에 찬성한 것이 문제가 되어 사임한 바 있다.

결정에 반대해 자신의 거부권 행사를 정당화하면서, 잭슨은 적은 수의 인민이 선출한 대표(의원)가 아닌, 전체 인민이 선출한 유일한 전국적 대표인 자신만이 전체 인민을 대표할 수 있다고 주장했다. 그리하여 잭슨은, 내가 '위임 대통령의 신화'myth of the presidential mandate라고 부르는 것, 즉 인민 (혹은 유권자) 투표의 과반수를 획득함으로써 대통령은 선거 운동 기간 동안 공약했던 정책은 어떤 것이든 실행할 수 있는 '통치권의 위임'mandate을 받았다는 신화를 만들어 냈다.[25] 비록 그가 이와 같은 과감한 주장으로 극심한 공격을 받았고 모든 후임 대통령이 이를 지지한 것도 아니지만, 이후 그의 주장은 링컨Abraham Lincoln, 클리블랜드Grover Cleveland, 루스벨트Theodore Roosevelt, 윌슨 Woodrow Wilson과 같은 대통령들에 의해 다시금 제기되어 신뢰를 얻었고, 최종적으로 프랭클린 루스벨트Franklin D. Roosevelt에 의해 확고하게 자리 잡았다.

이런 주장은 야심찬 대통령들의 정치적 목적에 봉사하는 신화일 뿐이라고 할 수도 있겠지만, 우리가 그 주장의 타당성에 대해 어떻게 생각하든, 어쨌든 그것은 민주적 사고와 신념의 발전에 따라 대통령직의 위상이 변화함으로써 만들어진 결과인 것만은 분명하다. 그리고 이런 위상 변화는 모호하고 불확실한 것이기는 했지만 헌법 입안자들이 생각했던 대통령의 위상과도 다른 것이었다.

독자 여러분들도 같은 생각이라고 말할지 모르겠다. 그러나 만약

25_이에 대한 비판적 검토를 위해서는 내 논문 "The Myth of the Presidential Mandate," *Political Science Quarterly* 105, no. 3 (Fall 1990), pp. 355-72 참조.

여러분들이 대통령 선출 방법의 민주화를 지지한다면, 혹은 내가 선호하는 표현으로 대통령직의 의사疑似 민주화pseudo-democratization라는 말에 수긍한다면, 그건 사실상 민주적 요건에 부합하도록 헌정 체계를 바꾸어야 한다고 주장하는 것이 아닌가?

왜 다른 민주주의 국가들은 의회중심제를 채택하고 있는가? 헌법 입안자들이 의회중심제를 채택하지 않은 이유가 한 가지 더 있다. 그들은 자신을 고무시킬 만한 그런 모델을 갖고 있지 못했다. 당시는 어떤 민주적 의회중심제도 발명되지 않은 상태였다. 헌법 입안자들이 알고 있었으며, 몇 가지 측면에서 높이 평가했던 영국의 헌정 체계는 폐기되거나 실패한 헌법으로 이미 역사의 창고로 향하던 중이었다. 비록 1787년 당시에는 누구도 분명히 알지 못했지만, 헌법 제정 회의가 개최되던 시기에도 영국 헌법은 급속한 변화를 겪고 있었다. 가장 중요한 점은 수상을 임명할 수 있는 국왕의 권한이 급속히 약화되었다는 사실이다. 이와 반대되는 가정, 즉 수상은 의회의 양원으로부터 투표를 통해 신임을 받아야 하며, 이런 신임을 받지 못하면 사임해야 한다는 가정이 힘을 얻고 있었다. 그러나 영국 헌법의 이와 같은 심대한 변화는 1832년에 이르러서야 분명해졌고, 이 시기는 당시 헌법 입안자들이 그 가능성을 예견하기에는 너무 먼 미래였다.

국왕과 관련된 문제도 있었다. 의례적 기능을 수행하며, 국가의 일체성을 상징하고, 수상을 임명함으로써 의회의 선택에 정당성을 부여하는 국가의 상징적 수반이 없는 상황에서 어떻게 의회중심제를 채택할 수 있었겠는가? 영국에서 의회중심제가 발전한 이후 스웨덴, 덴마크, 노르웨이의 국왕들은 적절한 시점에서 자기 나라가 의회중심제를 채택하도록 그 정당성을 제공하는 데 조력했고, 한참 뒤에는 일본과 스페인의 국왕 또한 마찬가지 역할을 담당했다. 그러나 1787년의 상황에서, 군주제를 채택한 나라에서 의회 민주주의가 충분히 발전할 것이라고 생각하기는 어려운 일이었다. 당시 미국인은 국왕, 심지어 의례적인 국왕조차 생각할 수 없었다. 그렇다면, 그들은 왜 의례적인 국왕을 대신하는 공식적인 국가수반과, 수상과 같은 행정 수반의 두 기능을 분리하지 않았을까? 그런 제도적 양식이 오늘날에는 당연한 것으로 보일지 모르겠지만 1787년의 헌법 입안자들에게는, 그들이 가장 잘 안다고 하는 영국에서 점차 발전하고 있던 제도보다 더 생소한 것이었다. 프랑스는 1875년 이후 그러니까 제3공화국이 시작된 후에야, 나중에 다른 많은 나라들이 민주화 과정에서 채택하게 되는 하나의 해결책, 즉 의회 혹은 국민들에 의해 선출되는, 국가의 공식 수반으로서의 대통령과, 실질적인 행정부 수반으로 의회가 선출하고 책임을 묻는 수상을 함께 두는 해결책을 마련했다. 그러나 오늘날 우리가 잘 알고 있는 이런 발명품은 헌법 입안자들에게는 너무 먼 이야기였고, 아마도 대륙횡단 철도만큼이나 상상하기 어려웠을 것이다.

따라서 헌법 입안자들은 그런 의도가 없었음에도 미국 혁명이 계속해서 민주적 추동력을 가짐에 따라 자신들이 고려했던 것과 완전히 다른 대통령직을 발전시키는 헌법 틀을 만들어 냈다. 얼마 후 미국 대통령은 헌법 입안자들이 거부하고 우려했던 바로 그 방식, 즉 국민투표를 통해 집권하게 되었으며, 국가수반으로서의 기능과 행정부 수반으로서의 기능이 결합됨으로써 국왕과 수상이 하나로 합쳐진 지위를 갖게 되었다.

나는 이렇게 만들어진 대통령직이 미국과 같은 현대 민주주의 국가에 적합한지에 대해 의심해 보지 않을 수 없다.

요컨대, 미국 헌정 체계는 오랜 역사를 가진 민주주의 국가들과 비교해 보편적이지 않은 사례일 뿐 아니라 유사 사례를 찾기 어려운 매우 독특한 것이다.

물론 독자들은 독특하다는 것이 꼭 나쁜 것은 아니라고 말할지도 모르겠다. 그 독특함 때문에 미국 헌정 체계가 더 나은 것 아니냐고 말할 수도 있을 것이다.

어떤 기준에서 더 나은 것일까? 그것은 더 민주적인가? 그것은 여러 면에서 더 나은 성과를 만들어 내고 있는가? 혹은 그렇지 않은가?

이런 질문에 답하기는 결코 쉽지 않으며, 확실한 답변은 아마 불가능할 것이다. 이 질문들을 다루기에 앞서, 헌법 입안자들의 작업이 남긴 비상식적 결과인 선거인단 제도에 대해 다시 한 번 살펴볼 필요가 있다.

4

대통령 선출의 문제

2000년 11월 7일 저녁, 미국에서 펼쳐진 한 편의 드라마는 수백만 명의 시선을 끌며 6주 만에 막을 내렸다. 이후 미국은 다시 한 번 주목받게 되는데, 그것은 신생 공화국의 행정 수반을 선출하는 데 적합한 방식을 모색하면서 헌법 입안자들이 만든, 한 가지 이상한 제도 때문이었다. 여기서 말하는 그 이상한 제도란 선거인단을 일컫는데, 그 제도로 인해 일반 유권자 투표에서 상대방보다 적은 표를 획득한 후보가 대통령으로 선출되는 사태가 발생한 것이다. 물론 이런 일이 처음 있었던 것은 아니며, 앞으로 일어나지 않으리란 보장도 없다.[1] 3장에서 살펴보았듯이, 헌법 입안자들은 공화국 행정 수반의 위상을 정하는 문제를 둘러싸고 상당한 곤란을 겪어야 했다. 공화국 행정 수반은 어떻게 선출되어야 하는가? 선거인단 제도에 대한 마지막 논쟁에서 제임스 윌슨은 이렇게 말해다. "이 의제는 의회를 크게 분열시키고, 의회 밖의 국민들까지 분열시킬 것입니다. 이것은 우리가 결정해야 할 사안들 중에서도 사실상 가장 어려운 문제입니다."[2] 그는 헌법

1_선거인단 제도에 대한 훨씬 풍부하고 탁월한 설명으로는 Lawrence Longley and Neal R. Peirce, *The Electoral College Primer* (New Haven: Yale University Press, 1999) 참조. 또한 Robert M. Hardaway, *The Electoral College and the Constitution: The Case for Preserving Federalism* (Westport, CT: Praeger, 1994) 참조.

2_*Records*, 2, p. 501.

제정 회의가 종결된 지 3개월이 지난 시점에서도 이를 생생히 기억하고 있었는데, 새 헌법을 비준하기 위해 모인 그의 동료 펜실베이니아 주 의원들에게도 같은 생각을 말했다. "여러분, 헌법 제정 회의는 새로운 헌법안의 여러 부분 가운데서도 특히 대통령 선출 방식과 관련해 가장 큰 어려움을 겪었습니다."[3]

어떤 해결책도 다른 대안보다 나아 보이지 않았다. 마지막 순간 그들이 최종적으로 마련한 제도는 성공에 대한 확신에서라기보다는 자포자기 상태에서 채택한 것이었다. 그렇다면 왜 헌법 제정 회의 대표들은 선거인단 제도를 승인했을까? 아마도 그들에게는 다른 대안이 없었기 때문이라는 것이 최선의 답일 것이다.

선거인단 제도는 어떻게 등장했는가?

우리는 앞서 헌법 제정 회의 대표들이 회의가 열렸던 여름 세 달 동안 가장 현실적인 대안들을 어떻게 고려했고 또 이를 어떻게 기각했는지를 살펴보았다. 당시 상황에 대해 우리가 아는 정보는 충분하지 않지만, 다음 몇 가지 사실을 덧붙일 수는 있다.

8월 6일 세목위원회는 의회가 대통령을 선출하는 것을 골자로 한 헌법 초안을 제출했다. 하지만 이 제안에 동의하는 사람은 아무도 없

3_"James Wilson's Final Summation and Rebuttal," December 11, 1787, in The Debate on the Constitution, Bernard Bailyn ed., 2 vols, vol. 1, p. 849.

었다. 헌법 제정 회의 활동을 마무리 짓고 폐회하라는 압력이 커짐에도 불구하고, 8월 24일에 들어서도 대표들은 설득력 있는 대안들을 모두 부결시켰다. 대통령은 "선거인단이 선출한다"는 제안조차 과반수 지지를 얻는 데 실패했다. 합의를 이뤄 내지 못한 상황에서 8월 마지막 날 헌법 제정 회의 대표들은 대통령 선출 문제를 11개 주의 대표들로 구성된 또 다른 위원회로 이송했다. 4일 후 이 위원회는 앞서 대표들이 거부했던 다음과 같은 해결책을 제안했다. "각 주는 주 입법부가 정한 방식에 따라, 연방 의회에 보낼 수 있는 상원 의원과 하원 의원 총수와 동일한 수의 선거인을 임명한다."[4]

분명 헌법 제정 회의 대표들은 지쳐 있었고 이 문제를 종결짓고 싶어 했다. 하지만 그들은 이 제안에 문제가 있다는 것을 알고 있었다. 위원회는 선거인단 투표가 동수로 나올 경우, 상원이 상위 득표자 다섯 명 중에서 대통령을 선출하도록 제안했다. 여기에는 많은 반대가 있었다. 다수의 대표들은 대통령 선거의 경우 둘 이상, 즉 셋, 넷, 다섯, 혹은 그 이상의 후보가 각축을 벌일 것이라고 생각했던 것 같다. 만약 그들의 추측대로라면, 대통령 선출은 대체로 혹은 정기적으로 대단히 강력하고 어느 정도는 귀족정에 가깝다고 할 수 있는 상원에 맡겨질 것이었다. 윌슨은 상원에 그런 권한을 부여하는 것을 강력히 반대하면서 이렇게 주장했다. "상원에 이 부가적 권력이 더해진다면 나는 이 나라가 정치적으로 귀족정으로 흐를 위험을 우려하지 않을

4_Records, 2, p. 497.

수 없습니다. 위험한 권력을 상원에 맡겨 버리는 것이 되기 때문입니다."[5] 다른 사람들도 이에 동의했고, 헌법 제정 회의 대표들은 상당한 표차로 이 권한을 좀 더 대중적인 하원에 부여하도록 결정했다.

이렇게 해서 선거인단 제도가 탄생한 것이다.

왜 선거인단 제도인가?

이제 우리가 앞서 제기했던 질문으로 돌아가 보자. 왜 헌법 입안자들은 이런 해결책을 선택했을까? 통상적인 답변은 이렇다. 그들은 다수 인민이 대통령을 선택하는 방식을 꺼렸으며 대통령 선출의 책임을, 현명하고 탁월하며 덕망 높은 시민들로 구성된 일정한 조직체에 맡기기를 원했다. 냉소적으로 보면 이런 사람들이란 결국 헌법 제정 회의 대표 자신들이라고 말할 수 있을지도 모른다. 이와 같은 견해는 해밀턴이 쓴 『연방주의자 논설』 68번에 잘 나타나 있는데, 그 내용은 다음과 같다. "대통령 선출은 대통령직에 적합한 자질을 분별할 수 있고, 논의에 호의적인 환경에서 그에 적합한 태도를 취하며, 자신의 선택을 뒷받침하는 동기와 근거를 신중하게 판단할 수 있는 가장 뛰어난 역량을 갖춘 사람들에 의해 이뤄져야 한다."[6] 물론 이런 주장은 실

5_*Records*, 2, p. 522.

6_*The Federalist* (New York: Modern Library, n.d.), p. 441. 6월 들어 뉴욕 주 대표단의 다른 구성원들은 헌법 제정 회의에서 철수했지만, 해밀턴은 계속 남아 있었다. 그러나

제로 나타난 선거인단의 현실과는 매우 동떨어진 것이었다. 해밀턴조차 한 가지 측면에서는 선거인단 제도의 역학 구조를 제대로 이해하지 못했던 것 같다. 그는 "각 주의 인민들이 …… 대통령 선거인단을 선출한다."고 가정했다.[7] 그러나 우리가 앞서 살펴본 바와 같이, 헌법이 실제 명시하고 있는 내용은 대통령 선거인단 선출 방식에 대한 결정권을 주 의회에 위임한다는 것이었다. 그리고 대다수 주는 그 책임을 인민에게 주지 않았다.

위원회가 왜 그런 제안을 했는지에 대한 가장 자세한 설명은 이 위원회의 구성원이자 아마도 그 내부에서 상당한 영향력을 행사했던 것으로 보이는 모리스의 정리를 통해 알아볼 수 있다. 그는 고려할 수 있는 여러 대안들에 대한 반대 논리들을 전체적으로 이렇게 열거했다.

> 의회: "의회가 대통령을 임명할 경우, 음모와 파벌의 위험이 따른다." "어
> 느 누구도 의회가 대통령을 임명하는 것에 만족하지 않을 것이다."
> "입법부로부터 독립적인 행정부의 구성은 필수 불가결한 것이다."
> 인민: "인민이 직접 대통령을 선출하는 것에 대해서도 많은 사람들은 우
> 려[즉, 두려워]했다."[8]
> 음모와 부패: "선거인단이 미국 전역에 걸쳐 동시에, 그리고 서로 멀리 떨

그는 이 논쟁에 거의 개입하지 않았으며, 그 결과에 대해서도 별다른 영향력을 행사하지 않았다.

7_Ibid., p. 443.

8_"우려"(anxious)를 두려움(in fear)으로 해석할 수 있다.

어진 거리에서 투표하기 때문에, 음모라는 거대한 해악을 피할 수 있다. 이들을 매수하는 것은 불가능할 것이다."[9]

위의 논리에는 해밀턴이 나중에 선거인단을 합리화했던 내용이 들어 있지 않았다. 몇몇 대표들의 마음속에 그 비슷한 내용이 있었는지는 모르겠지만 말이다.

실패

헌법의 다른 어떤 부분보다 먼저 선거인단과 관련된 조항이 그 설계상의 결함을 드러냈다. 헌법 제정 12년 만인 1800년 선거에서 이미 선거인단 제도는 두 가지 결점을 드러냈다. 그 가운데 하나는 헌법 입안자들이 대통령 선출과 부통령 선출을 적절히 구분하지 못했기 때문에 나타난 것으로, 당시로서는 매우 심각했지만 그나마 쉽게 바로잡을 수 있는 성질의 문제였다.[10] 1800년 5월 연방 의회 간부 회의에서 공화당원들은 대통령 후보로 토머스 제퍼슨을, 부통령 후보로 아론 버를 만장일치로 지명했다. 그러나 나중에 선거인단 투표에서 표는 모두 다섯 명의 후보자들로 갈렸다. 제퍼슨과 버는 각각 73표를

9_*Records*, 2, p. 500. "음모"에 대한 두려움은 초기 논의 전반에 걸쳐 빈번하게 표출되었다.
10_헌법 제2조는 "최고 득표자를 대통령으로 선출한다", "대통령을 선출한 후 최다수 득표를 한 사람을 부통령으로 선출한다."고 규정해 놓았다.

획득했고, 두 명의 연방당 후보들 중 현직 대통령인 존 애덤스는 65표, 찰스 코티스워스 핑크니Charles Cotesworth Pinckney는 64표를 얻었으며, 뉴욕 주 지사였던 존 제이는 1표를 얻었다. 헌법이 규정한 대로 교착 상태 해결은 하원으로 넘겨졌다. 그로부터 일주일에 걸쳐 36번을 투표한 후에야, 최종적으로 제퍼슨이 16개 주 가운데 10개 주의 표를 얻어 대통령에 당선됐다.

헌법 입안자들이 예견하지 못한, 상위 두 명 후보자의 동수 득표라는 상황이 분명하게 나타난 것인데,[11] 그 해결 방법 또한 분명한 것이었다. 결국 대통령과 부통령 후보 각각에 대해 따로 투표하도록 하는 수정 헌법 12조가 1804년의 선거 시기에 맞추어 신속하게 채택되었다.[12]

헌법 입안자들이 고안했던 선거인단 제도의 결점 가운데 그나마 이 문제는 쉽게 바로잡을 수 있었지만, 1800년 선거에서 분명하게 드러난 또 다른 문제는 그렇게 하지 못했고 지금까지도 여전히 남아 있다. 그것은 헌법 제정 회의 대표들이 기대했던 희망, 즉 선거인단 조

11_"어떻게 헌법 입안자들은 이렇게 기본적이면서도 크나큰 실수를 저지를 수 있었을까? 마찬가지의 당혹스러운 질문으로, 왜 헌법의 취약점을 그렇게 열심히 찾고자 했던 반대자들조차 선거인단 제도의 이런 결점은 한 번도 포착하지 못했을까? 답은 간단하다. 헌법 지지자나 반대자 모두 조직화된 전국적인 정당의 출현을 예견하지 못했기 때문이다." Richard J. Ellis, ed., *Founding the American Presidency* (Lanham, Md.: Rowman and Littlefield, 1999), p. 114.

12_또한 수정 헌법 12조는 선거인단 투표에서 어떤 대통령 후보도 과반수를 획득하지 못할 경우, 연방 하원 의회가 상위 세 명의 후보자들(최초 조항에 있는 5명이 아닌) 중 대통령을 선출하도록 명시하고 있다.

직이 대중 직접 선거가 야기할 것이라고 가정한 그런 부정적 해악을 갖지 않고, 자유로운 독립 기구로 이바지할 것이라는 희망을 그 해 선거가 산산이 무너뜨리고 말았다는 것이다. 정당정치 혹은 사람에 따라서는 파당 정치라고 하는 것이 개입함으로써 선거인단을 정당의 대리인으로 변환시켰고, 이런 선거인단의 역할은 예외적인 경우를 제외하면 이후에도 계속될 수밖에 없었다. 선거인단으로 복무하는 특권은, 헌법 입안자들이 가정했던 대로 독립적인 판단을 기꺼이 표현할 수 있는 탁월한 시민들에게 부여된 것이 아니라, 당시로서는 대개 소수에 불과했던 정당 당원들에게 돌아갔다. 요컨대 정당정치와 정당 충성심이 발전하면서 선거인단이라는 고심 끝에 만들어진 제도가 단지 표를 세는 수단에 불과하게 되었다는 것이다..

게다가 잠시 후에 살펴보겠지만, 빠른 속도로 전개된 미국 혁명의 민주화 국면 덕분에 헌법 입안자들이 노골적으로 거부했던 방식, 즉 인민이 (좀 더 정확히 말하면, 백인 남성 유권자들이) 대통령을 선출하게 되었다.

이렇게 해서 선거인단 제도의 귀족주의적 허울은 벗겨졌다.

민주주의를 어렵게 하는 내재적 결점

비록 일반 유권자들의 투표로 선거인단을 선출한다 해도, 세 가지 비민주적 요소는 여전히 선거인단 제도의 내재적 특징으로 남을 수밖에 없다.

대중 투표 대 선거인단 투표. 첫째, 대중 투표에서 가장 많은 표, 즉 단순다수나 심지어 절대다수의 표를 얻은 후보가 선거인단 투표에서는 과반수의 표를 얻지 못해 대통령에 당선되지 못할 수도 있다. 2000년 선거를 포함해 네 번의 대통령 선거는 이를 그대로 보여 주었다. 가장 유명한 사례는 1876년 선거로, 대중 투표에서 절대 다수의 표를 획득한 후보가 대통령에 당선되지 못하는 사태가 벌어졌다. 이와 같은 위기 상황은 민주당 후보였던 사무엘 틸던Samuel J. Tilden이 대중 투표에서 51%를 획득하고도, 선거인단 투표에서는 공화당 후보였던 루더포드 헤이스Rutherford B. Hayes에 대해 과반수의 표를 획득하지 못함으로써 시작되었다. 그 후 복잡한 정치적 기만과 사기가 전개되었는데,[13] 남부 민주당 의원들은 헤이스로부터 남부 지역에서 연방 군대를 철수하겠다는 약속을 받아 냈고, 그 대가로 자신들은 흑인의 권리를 존중하겠다고 약속했다(말할 필요도 없이, 그들은 이 약속을 지키지 않았다). 그 후 헤이스는 선거인단 투표에서 틸던의 184표보다 한 표 많은 185표를 획득했다. 한 설명에 따르면, "모두들 이를 묵인했다. 그리하여 내전으로 발전할 수도 있었던 위기 상황은 종결되었다."[14]

대중 직접 투표에서 상대방보다 적은 표를 얻은 후보가 대통령에 당선되었던 또 다른 세 차례 선거의 경우, 대중 직접 투표에서 과반수

13_이에 대한 고전적 설명은 C. Vann Woodward, *Reunion and Reaction: The Compromise of 1877 and the End of Reconstruction* (Boston: Little, brown, 1951) 참조.

14_Congressional Quarterly, *Presidential Elections Since 1789*, 2nd ed. (Washington, D.C.: Congressional Quarterly, 1979), p. 11.

를 획득한 후보가 없었다. 2000년 선거를 포함한 이들 선거에서 제3 정당 후보가 획득한 표로 인해 주요 정당 후보자들은 대중 직접 투표에서 과반수의 표를 획득하지 못했다.[15]

대중 직접 투표에서 과반수 지지 획득에 의한 대통령 선출. 사실 대중 직접 투표에서 과반수 미만의 표를 얻고도 대통령이 되는 것은 흔한 일이었다. 총 18차례의 선거에서, 대중 직접 투표에서 과반수를 획득하지 못한 후보가 대통령에 당선되었다(부록 2의 〈그림 1〉 참조). 따라서 전체적으로는 세 번에 한 번꼴로, 대통령이라는 미국 최고의 공직이 과반수 미만의 유권자들이 선택한 후보에게 돌아갔다. 2000년 선거와 같이 제3정당 후보가 일정 정도의 표를 얻어 접전을 벌이는 선거일 경우 그런 결과가 나타날 가능성은 매우 높다고 할 수 있다.

다수가 선호함에도 대통령에 당선되지 못하는 경우. 대중 직접 투표에서 어느 후보도 과반수 표를 얻지 못할 경우, 만약 (몇몇 선거제도에서 그런 것처럼) 투표자들의 두 번째 선호가 고려되거나 상위 두 후보 간의 결선투표가 이뤄진다면, 다른 결과가 나타날 수도 있다. 당선 무효 소송이 제기되었던 2000년 선거에서 유권자가 자신의 두 번째 선호를 표현할 수 있는 기회가 있었다면, 제3정당 후보였던 랄프 네이더 Ralph Nader가 얻은 표의 대다수는 고어 부통령에게 돌아갔을 것이며,

15_Ellis, p. 118.

고어 후보가 대통령에 당선되었을 것이다.

표의 불평등한 대표성. 선거인단 제도에는 또 다른 결점이 있다. 각 주는 해당 주의 "상원 의원과 하원 의원 총수와 동일한 수의 선거인을 임명할" 권한을 갖고 있기 때문에, 상원에서 나타나는 대표의 불평등이 다시 한 번 그 왜곡된 역할을 수행하게 된다. 비록 전체적으로 하원 의원 수를 포괄함으로써 그 효과가 다소간 희석된다 할지라도, 선거인단이 갖는 표의 불평등은 여전히 강하게 남아 있다. 예를 들어, 선거인단에서 와이오밍 주민의 표는 캘리포니아 주민의 표와 비교할 때 거의 4배의 가치를 갖는다. 가장 작은 10개 주에서 한 선거인당 주민의 수는 16만5천 명에서 30만 명을 약간 넘는 수준인 데 반해, 가장 큰 10개 주에서는 조지아 주의 경우 58만6천 명으로부터 캘리포니아 주의 경우 62만8천 명에 달한다. 가장 작은 10개의 주들은, 엄격하게 인구에 비례해서 할당되는 경우에 비해 두세 배나 더 많은 선거인단을 뽑고 있는 것이다(부록 2의 〈그림 2〉 참조).[16]

교정 가능한 결점: 승자 독식 제도

민주주의의 관점에서 볼 때 선거인단 제도에 내재된 결함들은 의

16_이 수치는 2000년 인구조사에 따라 하원 의석이 다시 배분될 경우 약간 변할 수도 있다.

도적으로 부가된 또 다른 조항과 뒤엉켜 있다. 최초의 선거에서 각 주들은 선거인단을 선출하는 다양한 방식을 실험했다. 극단적인 사례로 매사추세츠 주의 경우, "처음 열 번의 대통령 선거 동안 일곱 차례나 그때그때의 파당적 이해관계에 따라 선거인단 선출 방식을 바꿨다."[17] 크게 보아 선택할 수 있는 대안은 두 가지로, 주 의회가 선거인단을 선출하거나 아니면 주민들이 선출하는 것이었다. 주민들이 선거인단을 선출할 경우, 주의 각 선거구마다 한 명의 선거인을 선출하게 하는 방식과 주 전체의 승자가 그 주의 모든 선거인단을 차지하는 방식이 번갈아 시행되었다. 선거인단 선출 권한을 주 의회에 위임한 것은 분명 당시의 민주화 추세에 역행하는 것이었고, 따라서 이내 대중 직접 투표가 지배적인 위치를 차지하게 되었다. 1832년에 이르면 사우스캐롤라이나 주에서만 계속 주 의회가 선거인단을 선출했고, 이런 관행도 결국 남북 전쟁을 거친 후에는 사라졌다.[18] 그러나 두 가지 대중 직접 투표 방식 가운데 승자 독식 제도가 곧 지배적인 위치를 차지했는데, 그 까닭은 정치 지도자들이 주 선거인단의 모든 표를 하나의 명부에 모을 경우 선거인단에 대한 자신들의 영향력을 높일 수 있고, 이를 통해 대통령 선거에서도 자신들의 비중을 크게 만들 수 있다고 판단했기 때문이다.

승자 독식 제도는 일부 주에 전략적 이점을 주기는 했지만, 또한 적어도 세 가지 단점을 가지고 있다. 첫째, 이 제도는 두 개의 주요 정

17_Ellis, p. 118.

18_Ibid., p. 119.

당 후보들 가운데 한 명에게 선거인단의 전체 표가 돌아갈 것이 분명한 '안전' 주에서는 대통령 후보가 득표를 위해 경쟁할 유인을 감소시킨다. 결과적으로 후보들은 선거에서 어느 쪽을 지지할지 확신할 수 없는 '경합' 주에서만 치열하게 경쟁하게 되는 것이다. 둘째, 이 제도에서는 잠재적인 제3정당 후보들이 선거인단의 표를 얻는 것이 현실적으로 거의 불가능하기 때문에, 그들이 대통령 후보로 나설 유인이 크게 줄어든다. 마지막으로, 위의 두 가지 이유로 인해 선거인단 제도는 '안전' 주에 거주하는 많은 유권자의 투표 유인을 약화시킬 수 있다. 자신이 거주하는 주의 유권자 과반수가 사실상 대통령 선거인단의 전체 명부를 결정한다는 사실을 아는 상황에서, 누가 애써 투표에 참여하려 하겠느냐는 말이다.

헌법에 명시된 내용에 근거한 선거인단 제도의 문제점과는 달리, 승자 독식 문제는 그것이 만들어진 역사가 분명히 보여 주고 있듯이 주 의회 차원에서 해결할 수 있는 것이다.

선거인단 제도는 수정해야 하는가, 폐지해야 하는가?

선거인단 제도의 이런 결점들에 대해 어떤 처방을 내려야 할까? 그 전에 선거인단 제도의 개혁을 반대하는 의견에 대해 살펴보자. 앞서 언급한 바와 같이, 헌법에 명시된 선거인단 배분 방식은 인구가 적은 주의 유권자에게 상당한 이점을 제공하며, 그에 상응하여 규모가 큰 주에 거주하는 유권자의 영향력을 감소시킨다. 이와 같이 뚜렷한 대표의 불평등은, 좀 더 극단적인 상원의 사례와 마찬가지로, 작은 주는 큰 주로부터 보호될 필요와 권한이 있다는 근거로 옹호되곤 했다.

권한. 왜 작은 주의 유권자들은 자신의 이익을 위해 별도의 추가적인 보호를 받을 권한을 가져야 하는가? 3장에서 상원에 대해 제시했던 반대 의견은 선거인단 제도에도 그대로 해당되므로 같은 주장을 반복하고자 한다.

헌법 제정 회의 당시 제임스 윌슨의 발언: "우리가 만들고자 하는 정부가 누구를 위한 것인지 망각하고 있는 것은 아닙니까?", "이 정부는 인민을 위한 것입니까, 주states라고 일컬어지는 상상의 존재를 위한 것입니까?"

제임스 매디슨: "우리의 경험이 보여 주는 바는 …… 주의 크기가 크고 작기 때문에 서로 다른 이해관계를 갖는 것이 아니라 각 주가 갖고 있는 상이한 조건 때문에 서로 다른 이해관계를 갖는다는 것입니다."

권리장전이 제공하는 보호 조치들, 헌법에 명시된 연방제하의 권력분립, 그리고 기본권 보장을 위한 입법부와 사법부의 방대한 보호 조치들 외에, 작은 인구를 가진 주의 사람들은 대표의 불평등을 통해서라도 특별한 보호를 받아야 할 부가적인 권리나 이익을 갖고 있는가? 만약 그런 권리나 이익이 있다면, 구체적으로 그것은 무엇인가?

몇몇 개인이나 집단에 추가적으로 대표 자격을 부여하는 것을 정당화할 수 있는, 보편적으로 적용 가능한 원칙은 존재하는가? 존재한다면, 그것은 무엇인가?

만약 우리가 보편적인 원칙을 정식화하여 이를 공정하게 적용하려 한다면, 진정으로 보호받을 권리를 가진 사람들은 작은 주에 거주하는 사람들이 아니라, 최소한의 특권도 누리고 있지 못한 소수자들이어야 하지 않을까?

나는 위 질문에서 내가 제시한 반대 의견에 대한 납득할 만한 답변을 들어 본 적이 없다.

필요. 큰 주들로부터 작은 주를 특별히 보호해야 한다는 믿음의 이면에는 약한 동료들을 괴롭히는 거한의 이미지가 숨겨져 있는지도 모른다. 그러나 구체적인 쟁점은 앞에서도 언급했듯이 정당한 권리와 이익에 대한 문제로 귀결된다. 대통령이 인민의 직접 투표로 선출된다면, 작은 주에 거주하는 시민들의 정당한 권리와 이익은 무시되거나 악용될까? 그들이 불이익을 받을 것이라고 믿는 것은, 작은 주의 주민들에 대해서는 대통령 후보들이 득표를 위해 경쟁할 유인이 작으며, 그 결과 작은 주의 이익은 전국적인 정책 결정에서 무시될 것이라는 가정에 기반하고 있다.

그러나 나는 이런 가정이 잘못된 것이라고 생각한다. 모든 시민의 표가 동등한 비중으로 다루어지는 직접 선거제도에서 대통령 후보들은, 득표할 수 있는 곳이라면 어디에서든 지금보다 훨씬 더 적극적으로 표를 얻고자 노력할 것이다. 또한 그들은 선거가 치열하게 전개될 것이라고 예상할수록, 더욱 열성적으로 유권자의 표를 찾아 나설 것이다. 물론 회원 수가 많은 이익집단이 적은 이익집단보다 크게 고려될 것이라는 점은 사실이고, 선거인단 제도는 그런 생각에서 만들어졌다. 그러나 비슷한 규모의 상대적으로 작은 두 유권자 집단이 있다고 해 보자. 하나는 작은 주에 밀집해 있고 다른 하나는 큰 주에 퍼져 있다고 가정해 보자. 그리고 이들 두 집단 모두 한 후보의 전반적인 정책을 지지할 만한 이익과 요구를 가지고 있다고 생각해 보자. 다른 조건들이 대략 비슷한 상황이라면, 대중 직접 투표하에서 두 집단을 대상으로 표를 얻으려는 대통령 후보의 유인은 동일하다고 할 수 있고, 각 집단의 지리적 위치는 별반 상관이 없을 것이며, 오늘날과 같은 텔레비전 시대에는 더욱 그럴 것이다.

나는 대통령이 대중 직접 투표를 통해 선출될 경우, 작은 주에 거주하는 유권자들의 정당한 권리와 이익, 요구가 특권화되어야 한다거나 반대로 그들이 부당하게 피해를 입을 것이라고 결론짓는 것에 그어떤 합당한 근거도 없다고 생각한다.

그렇다면 우리는 무엇을 해야 하는가? 그리고 무엇을 할 수 있는가?[19]

선거인단 제도에 대해 우리는 무엇을 해야 하는가?

민주주의의 관점에서 가장 바람직한 변화는 헌법을 개정해 선거인단 제도를 대중 직접 투표를 통해 대통령을 선출하는 제도로 바꾸는 것이라 할 수 있다. 그리고 만약 대중 투표에서 50% 이상 득표한 후보가 없다면, 상위 두 후보 간 결선투표를 곧바로 실시하는 방안도

19_선거인단 제도의 개혁 가능성에 대한 좀 더 광범위한 검토는 Lawrence D. Longley and Alan G. Braun, *The Politics of Electoral College Reform*, foreword by U.S. Senator Birch Bayh, 2nd ed. (New Haven: Yale University Press, 1975) 참조.

고려할 수 있다.[20]

두 번째 대안은 선거인단 제도는 유지하되 헌법 개정을 통해 각 주 선거인단의 표를 해당 주의 대중 투표에서 후보자들이 획득한 표의 비율에 따라 배분하는 것이다.

마지막으로 헌법을 수정하지 않더라도 주 의회가 비등하는 여론의 요구에 따라 위의 두 번째 대안을 선택할 수 있다. 그 경우 선거인단 제도는 앞서 우리가 살펴본 바와 같이 초기 대통령 선거에서 많은 주들이 채택했던 방식, 즉 선거구별로 선거인단에 참여할 대표를 뽑는 제도로 돌아갈 수도 있을 것이다.

20_2차 선거에 대한 요구는 즉각적인 결선투표제(Instant Run-off), 대안 투표제(Alternative Vote: AV) 혹은 선호 투표제(Preferential Voting)로 불리는 다양한 선거제도를 통해 충족될 수도 있다. "대안 투표제의 경우, 유권자들은 가장 선호하는 후보를 '1'로, 두 번째를 '2'로, 세 번째를 '3'으로 표시하는 방식을 통해 자신들의 선호 순서에 따라 후보자 순위를 결정한다. 절대 다수의 득표(50% 이상)에 성공한 후보는 그 즉시 당선이 인정된다. 그러나 절대 다수를 획득한 후보가 없을 경우, 대안 투표제에서는 가장 적은 표를 얻은 후보가 계산에서 배제되며, 그 후보 다음의 선호는 투표용지에 표시된 순서대로 나머지 후보들에게 배분된다. 이 과정은 절대 다수를 확보하는 후보가 나올 때까지 반복되며, 그 시점에서 후보의 당선이 공표된다." Andrew Reynolds and Ben Reilly, *The International IDEA Handbook of Electoral System Design* (Stockholm: International IDEA, 1997), p. 38. 이 제도는 오스트레일리아에서 소선거구제하의 국회의원 선출을 위해 사용되고 있다. 이와 유사한 선거제도로 아일랜드에서는 1922년 이래 단기이양식 투표제(Single Transferable Vote: STV)를 통해 국회의원을 선출하고 있다. 그러나 미국의 대통령 선거나 오스트레일리아의 국회의원 선거와 달리, 아일랜드에서는 한 선거구에서 3~5명의 국회의원이 선출된다. 단기이양식 투표제는 정당의 득표와 의석 간에 높은 비례성을 만들어 낸다(Ibid., p. 85ff).

우리는 무엇을 할 수 있는가?

여론조사에 따르면, 과반수의 미국인들은 선거인단 제도의 개혁을 지지하고 있다.[21] 1989년 선거인단 제도를 폐지하고 그 대신 국민들의 직접 투표로 대통령을 선출하도록 하는 헌법 개정안은 하원 의회에서 338 대 70, 즉 83%의 찬성이라는 압도적인 지지로 통과되었다.[22]

21_1968년 갤럽 여론조사는 응답자들에게 이렇게 질문했다. "당신은 선거인단 제도를 폐지하고 국민 전체의 총투표로 대통령을 선출하는 수정 헌법에 찬성합니까, 반대합니까?" 이에 대해 응답자 중 81%가 찬성했고, 12%는 반대했으며, 7%는 대답하지 않았다. Longley and Braun, 154. 1992년 여론조사에서 응답자들은 다음과 같은 질문을 받았다. "페로(Ross Perot)가 후보로 나선다면, 어떤 대통령 후보도 승리하기에 충분한 득표를 하지 못할 가능성이 있습니다. 이런 일이 발생할 경우, 헌법은 하원 의회에 차기 대통령을 선출할 권한이 있다고 명시하고 있습니다. 당신은 이것이 대통령을 선출하는 공정한 방식이라고 생각하십니까, 아니면 헌법을 수정해야 한다고 생각하십니까?" 31%의 응답자만이 그것이 공정한 방식이라고 답했으며, 61%의 응답자는 헌법을 수정해야 한다고 답했다(1992년 7월 〈시비에스 뉴스〉CBS News와 『뉴욕타임스』가 전국 성인 1,346명을 대상으로 실시한 전화 여론조사). 1992년 또 다른 여론조사는 선거인단 과반수의 표를 획득한 후보가 없을 경우, 하원이 어떻게 대통령을 선출해야 하는가에 대해 미국인들이 전혀 합의를 이뤄 내지 못하고 있음을 보여 주었다. 응답자들은 그들에게 제시된 선택지를 따라 분산되는 모습을 보였다. 하원의 대통령 선출 방식에 대한 여론조사 결과는 다음과 같다.

전국적으로 가장 많은 득표를 한 후보 29%
당신의 주에서 과반수 표를 획득한 후보 16%
당신의 의회 선거구에서 과반수 표를 획득한 후보 14%
가장 좋은 대통령이 될 수 있는 후보 33%
모름, 무응답 7%
(1995년 8월 전국 성인 1,006명 대상으로 한 갤럽의 전화 여론조사)

22_longley and Braun, p. 154.

그러나 개혁이 아무리 바람직하고 대중의 요구에 부합한다 할지라도, 그와 별개로 선거인단 제도를 과연 개선할 수 있는가 하는 문제에 대해서는 회의적일 수밖에 없다. 아주 현실적인 관점에서 말하자면 우리가 할 수 있는 일은 거의 없다. 한 계산에 따르면, 선거인단 제도를 수정하거나 폐지하기 위해 7백 개 이상의 제안이 하원에 제출되었다고 한다. 그러나 어느 것 하나도 그 목적을 달성하지 못했다. 독자들이 짐작할 수 있는 바와 같이, 선거인단 제도를 변경하는 헌법 개정안을 폐기의 무덤 골짜기로 몰고 가는 것은 이미 언급했던 것처럼 불평등한 대표의 보루라 할 수 있는 상원이다. 1989년 83%의 찬성으로 하원을 통과한 대통령 직접 선거 제안은 1년 뒤 상원 의회에 이송되었을 때 의사 진행 방해●에 의해, 즉 의안 투표를 원하지 않는 사람들이 끊임없이 발언함으로써 무산되고 말았다. 상원 의회의 규정상, 논쟁을 끝내고 투표에 들어가기 위해서는 상원 의원 60명, 즉 전체 의원 60%의 지지가 필요하다. 논쟁을 끝내도록 하는 동의안은 100표 중 54표를 얻어 실제 과반수를 획득했지만, 상원 규정이 요구하는 60%의 지지를 확보하는 데는 실패했다.[23] 그리고 만약 제안된 수정

23_Shlomo Slonin, "The Electoral College at Philadelphia: The Evolution of an Ad Hoc Congress for the Selection of a President," *Journal of American History* 73 (June 1986), pp. 35-58; Ellis, p. 110에서 재인용.

● **의사 진행 방해**(filibuster) | 상원 본 회의에서는 토의 시간이 제한되지 않으며 법안 내용과 무관한 발언도 허용된다. 이에 따라 법안을 반대하는 의원들이 끝없이 발언을 계속함으로써 법안 심의의 진전을 막는 사례가 발생하곤 한다. 1957년에는 흑인 민권 법안과 연관하여 상원 의원들이 무려 82일간 무제한 발언을 악용한 적이 있고, 스트롬 써몬(Strom Thurmond) 의원은 혼자서 24시간 동안

안이 투표에 부쳐졌다 하더라도, 헌법 수정에 필요한 재적 의원 3분의 2(상원 의원 67명) 이상의 지지를 확보하지는 못했을 것이다.

따라서 헌법을 수정하기 위해서는 상원 의원 3분의 2의 지지를 확보해야 한다는 필요조건은 작은 주의 상원 의원들에게 거부권을 부여하고, 그런 조건에서 상원 의원들은 대통령에 대해 자기 주의 영향력이 축소되는 것을 우려하는 다른 동료 의원들과 공조할 수 있는 것이다.[24]

선거인단 제도의 문제점에 대한 세 가지 해결책의 바람직한 정도는 그 실현 가능성과는 반비례하는 것 같다. 헌법 입안자들이 혼란 속에서 우왕좌왕하며 마지막 순간에 임기응변적으로 결정한 것이었지만, 결과적으로 우리가 미국 헌정 체계에서 이와 같은 오점을 제거하기는 어려운 것처럼 보인다.

행정부 수반을 국민들의 직접 선택으로부터 단절시키고자 했던 헌법 입안자들의 시도는 민주공화정에 적합한 헌정 체계를 마련하지 못한 그들의 실패 가운데 가장 두드러진 사례이다. 선거인단 제도의 운명은 이런 실패의 세 측면을 보여 준다.

첫째, 거의 처음부터 선거인단 제도는 헌법 입안자들이 의도했던 대로 작동하지 못했다. 말하자면, 그것은 민주 세력의 부상과 함께 곧바로 전복되었다.

둘째, 좀 더 민주화된 선거인단조차 비민주적인 결과를 만들어 낼

성경 등을 읽으면서 무제한 발언을 계속해 기록을 세운 바도 있다.

24_Longley and Braun, p. 169.

수 있는 특성을 가지고 있으며, 때때로 그런 결과가 나타났다.

셋째, 헌법 입안자들에 의해 제정된 헌법을 수정하는 데 필요한 까다로운 조건 때문에, 미국 시민들 다수가 헌법 개정을 지지한다 해도 실제로 헌법을 개정하기는 극히 어렵다.

5

ROBERT A. DAHL | HOW DEMOCRATIC IS THE AMERICAN CONSTITUTION?

미국 헌정 체계는
얼마나 좋은 성과를
만들어 내고 있는가?

서론에서 제기했던 문제를 다시 한 번 생각해 보도록 하자. 우리 미국인들은 왜 미국 헌법을 지지해야 하는가? 이렇게 답하는 사람도 있을 것이다. 미국 헌법은 실현 가능한 다른 대안들보다 더 낫기 때문이라고.[1]

만약 미국 헌정 체계가 앞에서 확인한 그 독특한 요소들로 인해 다른 민주주의 국가들의 헌정 체계보다 더 좋은 성과를 만들어 내고 있다면, 우리는 미국 헌법에 대해 긍지와 신뢰를 가져도 좋을 것이다. 혹은 미국 헌법의 그 독특함이 중요하지 않은 것들이라면, 그냥 무시해도 좋을 것이다. 그러나 미국 헌법이 다른 민주주의 국가들의 헌법보다 더 나쁜 성과를 가져오고 있다면, 그에 대해 실현 가능한 변화를 생각해 봐야 하지 않을까?

헌정 체계의 성과를 비교하는 것은, 그에 관해 질문을 제기하기는 쉽지만, 그런 질문에 믿을 만한 답을 제시하기는 매우 어려운 연구 주제이다. 사실 한 세대 전만 해도 여러 나라의 다양한 분야에서 나타나

1_5장에서는 내가 쓴 다음 논문의 내용을 자유롭게 활용했다. "Thinking About Democratic Constitutions: Conclusions from Democratic Experience," in Ian Shapiro and Russell Harding eds., *NOMOS XXXVIII, Political Order* (New York: New York University Press, 1996).

는 결과들, 이를테면 문맹, 교육 수준, 건강 상태, 수명, 정치적·시민적 권리, 소득수준과 분포 등에 관한 자료를 얻기 어려웠다. 그러나 오늘날에는 나라별로 서로 다른 제도가 각 분야에서 어떤 성과를 만들어 내는지를 보여 주는 좋은 지표들이 많다. 그럼에도 한 나라의 헌법 제도가 이들 각 분야의 성과에 어떤 영향을 미치는지를 확인하기란 쉬운 일이 아니다. 사회과학에서 흔히 쓰는 용어로 말하자면, 상관관계가 인과 관계를 증명해 줄 수는 없다는 말이다. 미국의 소득 불평등도가 22개 선진 민주주의 국가들 대다수보다 더 나쁘다면, 그것을 두고 미국 헌정 체계의 독특함이 낳은 결과라고 말할 수 있을까?

이와 같은 문제는 답하기 어렵고 헌법 제정을 정밀과학처럼 생각할 수는 없겠지만, 오늘날 우리는 서로 다른 헌정 체계에 관해 헌법 입안자들이 기대할 수 있었던 것보다, 그리고 정말이지 역사상 다른 어떤 세대가 모을 수 있었던 것보다 더 많은 지식을 마음껏 활용할 수 있게 되었다. 앞으로 우리가 마음먹기에 따라서는 이보다 훨씬 더 나은 지식도 얻을 수 있을 것이다.

그래서 나는 불확실성의 소지를 충분히 인정하면서도, 민주주의가 확고하게 자리 잡은 다른 나라들과 비교해 미국의 헌법 제도가 얼마나 좋은 성과를 만들어 내는지 평가해 보고자 한다. 이를 위해 선택한 평가 기준은 다섯 가지다. 즉 다음 각각의 항목에 대해 미국 헌법 제도가 얼마나 큰 영향을 미치는지 살펴보려는 것이다.

① 민주주의 체제의 유지
② 민주적 기본권의 보호
③ 시민들 사이의 민주적 공정성 보장

④ 민주적 합의의 장려

⑤ 문제 해결에 유능한 민주 정부 구성

민주주의 체제의 안정성 유지

서로 다른 헌법 체계는 한 나라가 기본적인 민주주의 제도를 유지하는 데, 즉 그 나라가 민주주의 국가로 계속 남아 있는 데 얼마나 큰 영향을 미칠까? 이 질문은 최근 들어 폭넓게 연구된 바 있는 방대한 주제 영역과 직결되는 것이기도 하다.

민주주의를 위해서는 다행이지만 현재 논의를 위해서는 불행하게도, 우리가 선택한 22개 민주주의 국가들의 경험으로는 민주주의의 안정성에 관한 질문에 답하는 데 필요한 증거를 얻을 수 없다. 내가 미국과 비교하기에 적합한 사례로 이 나라들을 선택한 이유는, 오늘날 전 세계에서 이들만이 반세기 혹은 그 이상 동안 기본적인 민주주의 제도를 변함없이 유지해 왔기 때문이다. 그런데 이들 가운데 어떤 나라에서도 반세기 (혹은 그 이상) 동안 민주주의 제도가 무너진 적이 없다는 바로 그 이유 때문에, 민주주의 체제의 안정성 유지에서 이들 나라의 성과를 비교하기 어렵다. 예를 들어, 적정 수준에서 서로 매우 다른 종류의 다이어트를 하고 있는 22명의 사람들이 모두 건강하게 지내고 있다면, 우리는 그런 다이어트가 그들의 건강에 미치는 효과에 대해 어떤 결론도 끌어낼 수 없다. 22개국의 경험 또한 마찬가지다. 이들 나라 모두는 민주주의 체제를 똑같이 잘 유지하고 있다.

그럼에도 다이어트에 관한 가상의 연구에서 결코 시시하지 않은 결론 하나는 끌어낼 수 있는데, 그것은 건강을 유지시켜 주는 적절한 다이어트의 종류가 꽤나 많다는 것이다. 같은 방식으로 22개 나라들의 경험에서도 최소한 한 가지 중요한 결론을 도출할 수 있는데, 그것은 헌법 제도상의 차이가 이들 나라에서 기본적인 민주주의 제도를 지속시키는 데 별다른 영향을 미치지 않는다는 것이다. 즉 이들 나라는 모두 안정된 민주주의 국가로 존속해 왔기 때문에, 그들이 드러내는 다소간 넓은 헌법상의 변이는 민주주의를 유지하는 데 중요하지 않다고 말할 수 있다는 것이다.[2]

이처럼 놀라운 결론을 어떻게 설명할 수 있을까? 세 가지 일반적인 명제를 제시해 보도록 하겠다.

첫째, 만약 어떤 나라가 민주주의에 매우 좋은 조건을 갖추고 있다면, 22개 나라들 사이에 존재하는 바와 같은 헌법상의 차이는 기본적인 민주주의 제도의 안정성에 영향을 주지 않을 것이다. 다이어트와 건강의 비유를 다시 꺼내 말하자면, 다른 모든 점에서 건강한 삶을 살고 있는 일단의 사람들에게 적절한 다이어트 방법상의 차이는 그리 중요하지 않다는 뜻이다. 민주주의 안정에 유리한 조건을 열거하는 것이 지금 논의의 초점은 아니지만, 거기에는 군부와 경찰에 대한 선

2_기본적인 민주주의 제도의 유지와 의회제 '정부'(parliamentary 'governments')의 교체 또는 안정성을 혼동해서는 안 될 것이다. 22개 민주주의 국가들의 경험에 비춰볼 때, 의회중심제는 내각 교체가 상대적으로 잦은 이탈리아에서부터 내각 안정성이 매우 높은 노르웨이와 영국에 이르기까지, 내각 연합 또는 '정부' 지속성에서 상당한 편차를 보여 준다. 그러나 이탈리아에서조차도 물러나는 내각의 인사들과 정당들이 거의 그대로 새 정부를 구성하곤 했다.

출직 지도자의 효과적 통제, 민주주의에 대한 신념을 뒷받침하는 정치 문화, 원활하게 작동하는 경제 질서 등이 포함된다고 말할 수 있다.

이와 같은 조건들을 갖춘 나라에서는 다양한 헌정 체계하에서도 민주주의 제도를 유지할 가능성이 높다. 반대로 이런 조건들과 그 외 다른 호의적인 조건들을 갖추지 못한 나라에서는 어떤 헌정 체계도 민주주의를 지켜 낼 수 없다. 앞에서 언급했듯이, 22개 민주주의 국가들에서는 지난 반세기 동안 민주주의가 중단된 적이 없었다. 그러나 그 이전 세기로 거슬러 올라가면, 반세기 이상 동안 (비록 시민권이 폭넓게 부여되었던 것은 아니지만) 기본적인 민주주의 제도가 자리 잡고 있던 나라들 중에서 헌정 체계가 내전의 발발을 막지 못해 미국 혁명이나 프랑스혁명보다 훨씬 더 많은 희생자를 낳은 나라를 발견하게 된다. 그 나라는 바로 미국이다. 국민 통합을 유지하는 데 필요한 조건들이 크게 부족했던 상황에서는 아마 어떤 헌법 제도도 분리 독립과 내전을 막을 수 없었을 것이다. 노예제를 지지하는 주의 시민과 그렇지 않은 주의 시민 사이에서 나타난 이익, 가치, 생활 방식상의 극단적인 양극화를 감안할 때, 나로서는 어떤 민주주의 헌법도 두 지역이 한 나라에서 평화롭게 계속 공존할 수 있게 만들지 못했을 것이라고 생각한다.

다른 한편, 22개 나라들과 달리 일부 조건은 민주주의에 호의적이지만, 호의적이지 않은 조건도 많은 어떤 나라가 있다고 가정해 보자. 이런 나라에서는 헌법의 특성이 중요하지 않을까? 불확실한 상황에서 헌정 체계는 균형추를 이쪽 또는 저쪽으로, 즉 민주주의의 유지 또는 붕괴로 나아가게 할 수도 있을 것이다. 그렇다면 경험적 증거는 이에 관해 무엇을 말해 줄까?

대통령제와 의회중심제가 민주주의의 안정에 미치는 효과는 상당한 논쟁을 불러일으켰던 주제이다. 아마도 미국의 안정성과 권위에 깊은 인상을 받았던 까닭에, 개발도상국들은 대개 어떤 형태로든 미국식 대통령제를 선택했던 것으로 보인다. 즉 슈가트와 케리가 지적했듯이, "대통령제와 관련해 주목할 만한 사실은 …… 그것이 상당 정도로 제3세계적 현상이라는 것이다."[3] 민주주의 체제의 붕괴 가능성 역시 마찬가지다. 그렇다면 이들 양자, 대통령제와 민주주의의 붕괴는 상호 연관된 것일까? 이에 대한 답은 여전히 논쟁 중에 있다. 몇몇 학자들은 민주주의의 유지와 관련된 조건이 뒤섞여 있는, 즉 어떤 측면에서는 유리하고 다른 측면에서는 불리한 나라들에서는 대통령제가 의회중심제보다 민주주의의 존속을 더 어렵게 한다고 결론지었다.[4] 반면 다른 학자들은 이렇게 주장했다. "제3세계에서는 의회중심제가 대통령제보다 더 잘 작동하지 않았다. 논쟁적으로 말하자면, 의회중심제가 더 나쁘게 작동했다."[5]

이와 같이 논쟁적인 문제를 계속 탐구하는 것은 이 책의 목적을 벗

3_Mathew Soberg Shugart and John M. Carey, *Presidents and Assemblies: Constitutional Design and Electoral Dynamics* (Cambridge: Cambridge University Press, 1992), p. 41.

4_이런 주장을 둘러싼 찬반양론은 다음 책에서 확인할 수 있다. Juan Linz and Arturo Valenzuela eds., *The Failure of Presidential Democracy: Comparative Perspectives*, vol. 1 (Baltimore: Johns Hopkins University Press, 1994).

5_Shugart and Carey, p. 42.

어나므로, 여기서는 이에 관한 결론 대신 간단한 조언 네 가지만 제시하고 넘어가겠다. 첫째, 미국의 복잡한 헌정 체계는 다른 나라로 수출하기에 적절하지 않다. 둘째, 미국이 신생 민주주의 국가들의 결정에 직접적인 영향을 미칠 수 있는 경우에도 그들에게 미국 헌법을 강요해서는 안 된다. 셋째, 아마도 최선의 유일한 헌정 체계는 존재하지 않을 것이다. 마지막으로, 민주적인 헌법은 그 나라의 문화, 전통, 필요, 실현 가능성에 맞춰 만들어져야 할 것이다.

기본권 보호

헌법과 민주주의의 안정성 간의 상관관계를 입증하는 증거가 부족하다면, 민주적 권리 보호에 대한 증거는 어떨까? 민주주의 국가들의 헌정 체계는 다수파와 소수파 모두의 권리, 기회, 의무를 얼마나 잘 보호하고 있을까?

여기서 우리는 다시 방법론상의 문제로 돌아가게 된다. 다음 장에서 좀 더 상세히 설명하겠지만, 민주주의와 그것을 뒷받침하는 기본적인 제도들은 언론·출판의 자유와 같은 기본권을 전제로 한다. 우리가 22개국 모두를 민주주의로 분류할 수 있는 근거도 이들 나라가 다른 무엇보다 민주주의에 기본이 되는 권리와 자유를 충분히 보장하고 있기 때문이다. 22개 나라를 선택할 때 안정 또는 붕괴를 기준으로 했듯이, 우리는 기본적인 정치적 권리가 계속해서 크게 침해받고 있는 나라들도 배제했다.

22개국 모두가 민주주의의 기본 요건을 넘어서는 수준에서 정치적 권리를 보장한다 하더라도, 이들 간에 작으나마 편차를 발견할 수 없는 것은 아니다. 그러나 중요한 점은 폭넓게 정의된 헌정 체계와 권리·자유 보호 수준 간에 어떤 뚜렷한 상관관계도 확인할 수 없다는 사실이다. 1973년부터 매년 세계 각국이 누리는 자유의 정도를 평가해 온 비영리 독립 단체 프리덤 하우스●는 22개 나라들의 정치적 권리 수준에 대해 동일한 점수를 부여했다. 시민적 자유에서는 7개 나라, 즉 벨기에, 코스타리카, 프랑스, 독일, 이스라엘, 이탈리아, 영국이 최고 점수보다 낮은 점수를 받았다.[6] 그러나 이들 7개국이 왜 다른 15개 나라들보다 낮은 점수를 받았는지 알아보기 위해 이들 나라의 헌법적 특징을 다시 살펴봐도, 거기서 답을 찾을 수는 없을 것이다. 연방제, 확고한 양원제, 상원 대표의 불평등성, 사법부의 강력한 법률 심사권, 선거제도와 정당 체계, 의회중심제 또는 대통령제, 이들 중 어떤 것도 적절한 설명을 제공해 주지 못한다. 예를 들어, 언론 매체의 자유를 생각해 보자. 프리덤 하우스 평가에서 만점에 가까운 점수로 1위를 차지한 나라는 노르웨이이다. 이 나라는 의회중심제, 단원제, 비례대표제, 다당제, 연합 정부에 더해 의회 제정 법률에 대한 사법부

6_Aili Piano and Arch Puddington, "The 2000 Freedom House Survey," *Journal of Democracy* 12 (January 2001), pp. 87-92.

● **프리덤 하우스**(Freedom House) | 민주주의, 정치적 자유, 인권에 관한 조사와 지지 활동을 수행하는 미국 기반 비영리 기구. 프랭클린 루스벨트 대통령의 부인 엘리너 루스벨트(Eleanor Roosevelt), 웬델 윌키스(Wendell Wilkies), 피오렐로 라 과르디아 등의 주도로 설립되었고, 매년 각국의 정치적 권리와 시민적 자유 보장 수준을 평가한 보고서를 출간하고 있다.

의 심사권을 인정하지 않는 비연방제 국가이다. 중간 정도의 순위로 미국 바로 아래에 있는 네덜란드 또한 의회중심제, 단원제, 비례대표제, 다당제, 연합 정부, 사법부의 법률 심사권이 없는 비연방제 국가이다. 그런데 왜 언론 매체의 자유 보장 수준에 차이가 나타나는가? 연방제 국가인 스위스, 호주, 미국, 독일을 비교해 봐도 마찬가지다. 연방제로는 이들 네 나라가 받은 점수의 차이를 설명할 수 없다.[7]

우리가 끌어낼 수 있는 가장 적절한 결론은 민주주의에 호의적인 조건이 대체로 잘 갖춰진 성숙한 민주주의 국가들에서 나타나는 권리·자유 보장 수준의 차이는 헌정 체계 때문이라고 말할 수 없다는 것이다. 그렇다면 그 차이는 어디에서 비롯되는 것일까?

나로서는 그 답이 그 나라의 역사, 정치 문화, 민주주의 존속을 위협하는 내부적·전략적 요인들에 대한 인식의 차이에 있다고 생각한다. 만약 이런 생각이 타당하다면, 결국 민주주의 국가들에서 자유의 보장은 그 나라의 헌정 체계에 달려 있는 것이 아니다. 그것은 오직 일반 시민과 그들에 부응하는 정치계·법조계·문화계 엘리트가 공유하는 신념과 문화에 달려 있는 것이다.

7_Freedom House, *Press Freedom Survey: Press Freedom World Wide* (January 1, 1999).

민주적 공정성

서로 다른 시민들을 공정하게 대우하는 문제에서 미국의 헌정 체계는 여타 성숙한 민주주의 국가들에 비해 얼마나 좋은 성과를 내고 있는가? 우리 모두가 알다시피, 공정성이나 정의의 문제는 고대 이래로 최고의 지성들이 끊임없이 논쟁을 벌인 주제의 원천이었다. 정말이지 정의에 대한 관점의 차이는 인간성 속에 내재되어 있는 것처럼 보인다. 그러나 나는 이처럼 항구적인 논쟁들을 우회해 지금 우리가 다루는 문제와 직접적으로 관련된 공정성의 한 측면에 초점을 맞춰 보고자 한다.

여기서 헌정 체계라는 용어를 폭넓은 의미로 사용해 선거제도를 포함시킨다면, 우리는 여러 대안들을 편의상 두 가지로 간단히 나눠 볼 수 있다. 하나는 비례대표제proportional system라 부르는 것인데, 이 제도하에서는 한 정당의 후보들이 얻은 표의 비율과 그 정당이 갖는 의석 비율이 대체로 일치하게 된다. 다른 하나는 다수 대표제major-itarian system라 부르는 것인데,[8] 이 제도하에서는 특정 선거구에서 가장 많은 표를 얻은 후보가 그 선거구에 할당된 단 하나의 의석을 차지하고 다른 후보들은 의석을 얻지 못하게 된다. 비례대표제에서는 득표율 5%와 같이 일정한 최소 조건threshold을 넘는 모든 소수파 정당들이 의회에서 대표될 수 있다. 다수 대표제에서는 한 정당의 후보들

8_여기서는 다음 책의 용어를 따랐다. G. Bingham Powell, Jr., *Elections as Instruments of Democracy* (New Haven: Yale University Press, 2000).

이 모든 선거구에서 단순 다수(상대적 다수)의 표를 얻을 경우, 그 정당이 의회 의석 모두를 차지하게 된다. 이처럼 극단적인 결과는 이론상으로나 가능한 것이지만, 다수 대표제에서 가장 많은 표를 받은 정당은 대체로 그 득표율보다 더 많은 의석을 얻고, 두 번째로 큰 정당은 득표율보다 적은 의석을 획득한다. 그리고 흔히 제3정당으로 불리는 작은 정당들이 의석을 얻는 경우는 매우 드물다.

3장에서 언급했듯이, 비례대표제는 다당제와 연합 정부를, 1위 대표제(다수 대표제)는 양대 정당을 만들어 낼 가능성이 높다. 그리고 양대 정당을 가진 의회중심제에서는 그 전형적인 사례인 영국과 같이 수상과 내각이 다수 의석을 얻은 정당에서 배출될 가능성이 높다.

비례대표제와 다수 대표제 가운데 어떤 제도가 더 바람직한가를 둘러싼 논쟁에서,[9] 전자가 후자보다 더 시민들에 대해 공정하다는 점에는 사실상 누구도 의문을 제기하지 않는다. 게다가, 비례대표제가 다수 지배의 원칙이 전혀 작동하지 못하도록 하는 것도 아니다. 예를 들어, 입법부에서 선출직 대표들은 대개 다수결 원칙에 따라 의안을 결정한다. 그런데 대체로 집권 연합governing coalition에는 소수파 정당 대표가 포함되므로, 비례대표제하의 연합 정부는 다수 대표제보다 포괄적인 성격을 띨 가능성이 높다. 따라서 비례대표제는 다수 대표제에 비해 모든 사람에게 동등한 대표권, 즉 동등한 발언권을 제공하는

9_이 주제에 대해 방대한 자료 검토를 토대로 탁월한 분석을 제시한 연구는 G. Bingham Powell, Jr., *Elections as Instruments of Democracy* (New Haven: Yale University Press, 2000) 참조.

데 더 가까이 다가가게 된다.

다수 대표제 옹호자들은 비례대표제가 더 공정하다는 데 동의하면서도, 다수 대표제에는 그 불공정성을 불식시킬 만한 두 가지 장점이 있다고 주장한다. 그 가운데 하나는, 비례대표제가 다수 대표제하의 정부보다 더 불안정하고 따라서 더 **무능한** 정부를 만드는 경향이 있다는 것이다. 비례대표제를 채택한 많은 성숙한 민주주의 국가들의 경험은 그들의 정부가 더 무능하다는 주장을 입증해 주고 있을까? 이 문제에 관한 증거는 잠시 후에 살펴볼 것이다. 그 전에 비례대표제하의 정부가 전반적으로 다수 대표제하의 정부보다 무능하지 않다는 사실을 발견했다고 가정해 보자. 그렇다면 우리는 어떤 근거에서 비례대표제를 거부할 수 있을까?

비례대표제에서 전형적으로 나타나는 다당제보다 양대 정당을 갖는 것이 정부로 하여금 유권자에게 더 **책임**● 있도록 만든다면, 당연히 우리는 비례대표제에 반대할 수 있다. 여기서 가정은 이런 것이다. 다수 대표제하의 양대 정당은 유권자들에게 좀 더 단순하고 분명한 대안을 제시해 주므로, 유권자들이 투표를 통해 정부가 더 책임 있게 작동하도록 하는 데 도움을 준다. 결과적으로 유권자는 선거 운동과 투표 기간 동안, 정부가 최근 들어 채택한 정책이나 결정에 대한 책임을 물을 수 있다. 게다가, 비례대표제에서 유권자들은 다수의 정당과 다양한 집권 연합이 나타날 가능성 때문에, 자신의 표가 실제로 어떤

● **책임성**(accountability) | 선출직 대표는 자신에게 위임된 권력을 행사하고 의무를 이행하는 데서 이루어진 행위 결과에 대해 주권자인 시민에게 설명하고 책임을 져야 한다는 민주주의의 원리.

의미를 갖게 될 것인가를 예측하기 어려울지 모른다. 다당제 의회에서 다수파 연합을 구성하는 일은 교묘한 술수일 수도 있다. 어떤 정당이 집권 연합에 들어가고자 한다면, 그 자리를 얻기 위해 어떤 타협을 해야만 할까? 집권 연합은 최종적으로 어떤 정책에 합의하고 실행하게 될까? 그에 반해, 다수 대표제에서 유권자들은 대체로 두 가지 현실적인 선택지만 갖게 되므로, 양대 정당 중 어느 하나가 집권할 때 그 정부가 어떤 방향으로 나아갈지 더 확실히 예측할 수 있다.[10]

이런 논리는 다수 대표제를 지지하는 강력한 근거가 된다. 그러나 상당한 호소력을 가짐에도 불구하고, 다수 대표제가 제시하는 비전이 쉽게 현실화되기는 어렵다. 첫째, 파웰G. Bingham Powell이 지적한 바와 같이, 다수 대표제를 채택한 소수의 나라들에서 "하나의 정당 또는 정당들의 선거 연합preelection coalition조차도 투표자 과반수의 지지를 획득한 경우는 매우 드물었다." 1969년부터 1994년까지 "다수 대표제의 특징이 뚜렷한" 6개 나라가 치른 45차례 선거에서 "한 정당 또는 정당들의 선거 연합이 확실하게 투표자 과반수의 지지를 얻은 경우는 1975년 오스트레일리아와 1981년 프랑스 사례뿐이다." 요컨대, 미국 대통령 선거와 마찬가지로 다수 대표제는 유권자 과반수의 선택을 반영한 정부를 만들기 어렵다는 것이다. 둘째, 다수 대표제에서 나타나는 득표수·의석수 간의 불일치로 인해 종종 득표율에서는 2위에 머문 정당이 과반수 의석을 차지하는 사태가 벌어지기도 한다. 이럴 경

10_Ibid., 4장과 6장을 참조.

우 유권자들 사이에서 소수파인 정당이 의회 내에서는 다수파 정당이 된다. 셋째, 다수 대표제에서조차 "실제로 순수한 양당 정치는 매우 드문 현상이며, 양당 정치가 나타날 때에도 그렇게 확고한 경우는 많지 않다." 바꿔 말해, 영국의 자유민주당과 같은 제3정당의 존재는 양대 정당 중 하나가 과반수 의석은 갖더라도 과반수 득표는 하지 못하게 만들 수 있다는 것이다.[11]

합의의 장려

비례대표제가 다수 대표제보다 공정하다 할지라도, 많은 미국인들은 공정성을 위해 치러야 할 대가가 너무 크다고 말할 수 있다. 그들은 다수의 정당들이 경쟁하는 나라는 분열적이고 논쟁적이며, 불안정하고 무능한 정부로 인해 어려움을 겪을 수밖에 없으리라 가정한다. 미국인들의 이와 같은 통념은 얼마나 타당할까?

이런 생각과는 정반대로, 비례대표제와 다수 대표제에 대한 비교 분석을 선도했던 연구자 라이파트Arend Lijphart는 비례대표제에 기반한 정치체제를 '합의제 정부'consensus governments로 명명했다.[12] 이 명

11_Ibid., pp. 129, 130, 197.

12_Arend Lijphart, *Democracies: Patterns of Majoritarian and Consensus Govern-ment in Twenty-One Countries* (New Haven: Yale University Press, 1984); *Patterns of Democracy: Government Forms and Performance in Thirty-Six Countries* (New Haven: Yale University Press, 1999).

칭이 적절한 까닭은, 비례대표제가 (예를 들어, 이스라엘 사례처럼) 늘 심각한 정치·사회·문화·경제적 균열을 극복할 수는 없겠지만, 때로는 국내 평화를 유지하고, 경쟁자들에게 타협의 기회를 제공하며, 정부 정책뿐만 아니라 그 나라의 정치체제에도 유익하고 폭넓은 합의를 만드는 데 기여할 수 있다는 사실을 경험을 통해 보여 주었기 때문이다.

세 나라의 사례를 살펴보자. 네덜란드에서는 종교와 이데올로기의 차이로 인해 네 개 집단, 프로테스탄트, 가톨릭, 자유주의자, 사회주의자 간에 심각한 분열이 나타난 바 있다.[13] 이들 네 집단은 신문과 라디오에서부터 학교, 노조, 병원, 결혼식, 거주지 등에 이르기까지 자신들만의 제도로 상호 차단된 그들 나름의 확고한 하위문화를 형성했다. 20세기 초반 비례대표제가 도입된 후에도 이들 집단이 각자 서로 다른 정당을 지지했음은 물론이다. 19세기 후반부터 20세기 초반에 이르는 기간 동안 이들 하위문화 간의 균열은 교육, 참정권, 노동권 문제에서 심각한 갈등을 야기했다. 1910년에 이르러서는 그 논쟁이 지나치게 격화되어 네 집단의 지도자들이 나라의 미래마저 걱정해야 하는 상황이 되었다. 이런 우려 속에서 각 집단 지도자들은 1913~17년 동안 모두가 받아들일 만한 타협책을 마련했을 뿐만 아니라 네 집단을 대표하는 정당 모두가 내각에 참여하는 데 동의했다.

13_Hans Daalder, "The Netherlands: Opposition in a Segmented Society," in Robert A. Dahl ed., *Political Oppositions in Western Democracies* (New Haven: Yale University Press, 1966), pp. 188-236: Arend Lijphart, *The Politics of Accommodation : Pluralism and Democracy in the Netherlands*, 2nd rev. ed. (Berkeley: University of California Press, 1975), p. 104ff.

요컨대, 이렇게 해서 합의제 정부가 만들어진 것이다. 네 하위문화들 간의 균열이 변함없이 유지됨에도 불구하고, 최대한 포괄성을 갖춘 제도가 확고하게 자리 잡혀 반세기 동안 유지되고 있다. 지금은 인구 구성이 변하고 균열의 강도도 약화되어 모든 내각에 네 정당 모두를 반드시 포함시켜야 할 필요가 줄어들었다. 그럼에도 불구하고 지금까지도 네덜란드는 다수파에 의한 정부 운영보다 통합과 합의를 강조하고 있다.

다음으로 스위스를 살펴보자. 스위스는 독일어, 프랑스어, 이탈리아어, 그리고 매우 적은 수의 사람들이 쓰는 토속 로망슈어까지 네 개의 공용어를 사용하며, 19세기 중반까지 잔혹한 갈등의 원천이 되었던 기독교와 가톨릭이 양대 종교를 이루고, (상당수가 종교와 언어에서 내적으로 동질적인) 24개 정도의 주cantons로 구성되어 있다. 만약 누군가 이들 하위문화 사이에서 갈등이 발생할 가능성을 진지하게 검토한다면, 스위스는 발칸 반도와 마찬가지로 심각한 분쟁 속에서 계속 들끓으며 나라 전체가 곧 분열될 수밖에 없으리라고 결론 내릴 것이다. 그러나 스위스에서는 이 나라 국민들이 가진 실용주의, 공동체 의식, 애국심 덕분에 1959년 서로 다른 하위문화를 대표하는 네 개의 주요 정당 대표자들이 행정부, 즉 연방 내각federal council, *Bundesrat*에 참여하는 비례대표제가 만들어졌다.

만약 스위스와 네덜란드가 다수 대표제를 도입했다면, 서로 다른 하위문화들을 아우르는 폭넓은 합의에 바탕을 둔 정부를 만드는 일은 매우 어려웠을 뿐만 아니라 거의 전적으로 불가능했으리라 결론지어도 틀리지 않을 것이다.

스웨덴의 상황은 매우 달랐다. (적어도 최근 이민자들이 유입되기 전까지는) 매우 동질적인 민족으로 구성된 스웨덴은 뿌리 깊은 합의 정치의 전통을 오랫동안 유지해 왔다. 스웨덴 의회의 기원은 몇 세기 전으로 거슬러 올라가지만, 이 나라에서 민주화는 비교적 최근 들어 이루어졌다. 1917년에 이르러서야 수상을 선출하는 권력이 국왕으로부터 의회로 넘어갔고, 그런 의미에서 스웨덴 민주주의는 1917년에 시작되었다고 말할 수 있다. 다른 한편, 비례대표제는 이미 20세기 초반부터 의회 선거에서 실시되고 있었다. 그러나 비례대표제와 민주화 그 어느 것도 오랜 역사를 갖는 합의의 전통을 훼손하지 않았다. 스웨덴의 한 정치학자는 이렇게 말했다.

스웨덴의 정치 전통에서 …… '책임성'은 중요한 가치로서 거의 언급되지 않는다. 그 대신 체제의 정당성은 다른 전략에 의해 강화되고 있다. 야당과 권력을 공유하고, 통치 과정에 그들을 포함시킴으로써 정부는 시민 전체의 대표이자 결과적으로 모든 시민이 충성심을 가질 수 있는 존재로 간주된다. "합의에 도달하고", "공동의 정책을 마련하며", "인민의 의지를 포착하는" 것은 스웨덴 정치인들의 공언대로 그들 정치 행위의 원동력이 되어 왔다. 대표성representativeness은 이 나라 정치 문화의 중심 규범이다.[14]

미국인의 관점에서 이런 결과는 믿기 어려운 것일 수 있다. 네덜란드나 스위스와는 정반대로, 스웨덴 내각은 의회 과반 의석을 확보하지

14_Leif Leiwin, "Majoritarian and Consensus Democracy: The Swedish Experience," *Scandinavian Political Studies* 21, no. 3 (1988), pp. 195-206.

못한 정당이나 정당 연합에 의해 구성되는 경우가 많았다. 지난 세기에는 "소수파 정부가 단연코 가장 일반적인 현상이었다. 1920년부터 1994년까지 정부를 구성한 정당들의 의회 의석 비율은 평균 41.5%였다." 소수파 정부가 어떻게 정부로서 일을 처리할 수 있었는지, 혹은 어떻게 그렇게 오랫동안 집권할 수 있었는지 의아할지도 모르겠다. 그 답은 의회와 나라 전체의 두 차원 모두에서 폭넓은 합의를 이루기 위해, 소수파 정부조차 정부 외부의 야당 대표들과 계속 협의해 왔기 때문으로 보인다. 요컨대, 소수파 정부도 합의를 통해 통치한 것이다.

만약 네덜란드, 스위스, 스웨덴 사람들이 다수 대표제보다 비례대표제를 선호하는 이유가 궁금한 사람들이 있다면, 그 답은 매우 분명하다. 그들에게는 비례대표제가 훨씬 더 공정해 보일 뿐 아니라, 정부 정책에 대해 폭넓은 합의를 형성하고 유지하는 데도 도움을 주기 때문이다.

게다가 비례대표제는 정책뿐만 아니라 민주주의에 대한 합의도 강화할 수 있다. 그 이유는 비례대표제가 정치적 패자의 수를 줄여 주기 때문이다. 이 주장의 근거를 분명히 밝히기 위해 다소 과장된 설명을 제시해 보겠다. 다수 대표제하의 선거에서 유일한 승자는 다수파에 속한 시민들이다. 패배한 소수파에 속한 시민은 모두 패자가 된다. 그에 반해 합의제 정부를 갖는 비례대표제하에서는 모든 혹은 거의 모든 사람들이, 비록 바라는 모든 것을 성취할 수는 없지만, 기본적으로 자기 정부에 대해 만족할 만큼은 얻을 수 있다.

이런 판단이 그저 흥미로운 추론에 불과하다고 생각하는 독자들을 위해 몇 가지 설득력 있는 증거를 제시해 보겠다.[15]

1990년 유럽 11개 민주주의 국가의 시민들을 대상으로 한 설문 조사에서, 응답자들은 자국의 '민주주의가 작동하는 방식'에 얼마나 만족하는가라는 질문을 받았다. 또한 자기 나라에서 최근에 있었던 전국 단위의 선거에서 어떻게 투표했는가라는 질문에도 답했다. 이 설문 조사를 기획한 연구자들은 각국의 선거 결과를 살펴본 후 응답자들을 승자와 패자로 분류했다. 그 다음 가장 다수 대표제적인 영국부터 가장 합의제적인 네덜란드까지 11개국을 차례로 배열했다. 연구자들이 '확고한' 패턴을 발견했다고 밝힐 만큼 조사 결과는 매우 분명했다. 합의제적인 특성이 강한 나라일수록 패자도 거의 승자만큼 자국 민주주의가 작동하는 방식에 만족하고 있었다. 반면 다수제적 성격이 강한 나라일수록 패자들이 불만을 나타낼 가능성이 훨씬 더 높았다.

  이 결과를 다른 방식으로 설명하면 이렇다. 어떤 나라에서는 승자의 70%, 패자의 40%가 그 나라 민주주의의 작동 방식에 만족한다고 가정해 보자. 여기서 차이는 30%이다. 다른 나라에서는, 이를테면 승자의 70%와 패자의 65%가 만족하고 그때의 차이는 5%밖에 안 된다. 앞서 언급한 유럽 11개 민주주의 국가에 관한 연구에서 민주주의의 작동 방식에 대한 승자와 패자 간 만족도의 차이는, 영국과 같은

15_ Christopher J. Anderson and Christine A. Guillory, "Political Institutions and Satisfaction with Democracy: A Cross-National Analysis of Consensus and Majoritarian Systems," *American Political Science Review* 91, (March 1997), pp. 66-81.

가장 다수제적인 나라에서는 대략 25% 수준을 보인 반면 네덜란드와 같은 가장 합의제적인 나라에서는 5%도 안 되는, 무시해도 좋을 만큼의 수준으로 떨어졌다.[16] 더군다나 이 결과는 경제 수준, 사회경제적 지위, 정치적 이해관계와 같은 요인들의 영향력을 고려할 때에도 그대로 유지된다.[17]

요컨대, 당신이 다수제 나라에 살고 당신이 지지하는 정당이 제2당 또는 그보다 못하다면, 당신은 당신 나라의 민주주의가 작동하는 방식에 만족하지 못할 가능성이 높다. 그에 반해 좀 더 합의제적인 민주주의 국가에 살면서 당신이 지지하는 정당이 제2당 또는 제3당 심지어 제4당인 경우에도, 자신의 입장이 여전히 정부에 대표될 수 있다는 사실을 알기 때문에 당신은 당신 나라의 민주주의 작동 방식에 만족할 가능성이 높다는 말이다.

어떤 사람들은 이렇게 말할 수도 있겠다. 여기까지는 모두 좋다. 그렇지만 합의제가 유능한 정부, 즉 시민들이 우려하는 문제들을 해결할 수 있는 정부도 만들어 낼 수 있을까? 다수제 정부가 더 효과적으로 업무를 수행하지 않을까? 특히, 미국의 헌정 체계는 여러 합의제 정부만큼이나 유능하며, 시민들이 원하는 일을 처리하는 데는 아마도 훨씬 더 뛰어나지 않을까? 이 문제는 잠시 후에 살펴보자.

하지만 그 전에 미국 헌정 체계의 드러나지 않은 특징에 주목해 주길 바란다. **미국 헌정 체계가 다수제가 아니라는 것 말이다.**

16_Ibid., 〈그림 4〉, p. 77.

17_Ibid., p. 78.

미국식 혼성 체계

다수제의 장점으로 논의되는 것이 무엇이든, 다수제의 비전을 미국 정부 제도에 적용하는 것은 불가능하다. 미국의 제도는 비례대표제도 아니지만 다수 대표제라 할 수도 없다. 합리적 판단에 따른 것이었든, 당시로서는 결과를 예측할 수 없었던, 능력의 한계 때문이든, 혹은 둘 다이든, 제임스 매디슨과 그의 동료 대표들은 비례대표제의 요소와 다수 대표제의 요소가 혼재된 헌정 체계를 만들어 냈다.

세 차원의 다수파. 미국에서는 양대 정당이 다른 어떤 선진 민주주의 국가보다 더 완벽하게 정치 영역을 지배하고 있다. 그러나 한 정당이 대통령직뿐만 아니라 상하 양원 모두에서 다수를 점한 경우에도, 서로 다른 세 차원의 대중적 다수파가 작동한다. 즉 이들 세 차원의 다수파 각각의 구성은 일치하지 않으며, 각각의 대표자들이 늘 견해를 같이 하는 것도 아니다. 이런 특징을 두고 꼭 나쁘다고 말할 수는 없겠지만, 미국 헌정 체계의 다른 측면들과 결합할 때 그것은 바람직하지 못한 결과를 만들어 낸다.

분점 정부. 먼저 한 정당이 세 대표 기구 모두에 대한 통제권을 확보하지 못한 상황을 생각해 볼 수 있다. 정말이지 지난 반세기 동안한 정당이 대통령직과 상·하 양원 모두를 장악한 경우는 드물었다. 메이휴David Mayhew가 『분점 정부』Divided We Govern에서 언급했듯이, "제2차 세계대전 이래, 미국 연방 정부에 대한 민주·공화 양당의 분점 통치는 거의 일상화된 것처럼 보인다."[18] 1946~2000년 사이 평균 10년에 6년 이상은 양당이 세 기구를 나누어 관할했다. 미국 헌법은 분점 정부를 허용할 뿐 아니라 막을 수도 없다. 헌법은 정기적인 선거 외에 다른 어떤 방법도 제시하지 않으며, 선거는 기존의 분점 정부를 재생산하거나 새로운 분점 정부를 만들어 낼 뿐이다.

분점 정부는 중요한 문제인가? 다른 때보다도 분점 정부 시기에, 입법을 필요로 하는 국가 정책에 세 대표 기구가 동의하기 더 어려운 것일까? 요컨대, 이 시기에 교착 상태가 더 쉽게 나타날까? 이에 대한 증거는 확답을 주지 못하고 있다. 1946~1990년 시기를 다룬 기념비적 연구에서, 메이휴는 "중요 법안의 통과 여부와 분점 정부 여부 사이에 어떤 신뢰할 만한 상관관계도" 발견하지 못했다.[19] 그러나 1947년부터 1994년까지의 기간을 다룬 다른 연구는 행정부와 의회를 동일 정당이 통제하는 단점 정부unified government 시기에 중요 법안이 통과될 가능성이 더 높다는 결론을 내렸다. 분점 정부와 단점 정부 간 입법 역량의 차이는 양당 가운데 좀 더 적극적인 정부를 지향하는 민주당이 상하 양원 의회와 행정부 모두를 장악했을 때 특히 두드러진 것으로 나타났다.[20]

18_David R. Mayhew, *Divided We Govern: Party Control, Lawmaking, and Investigations, 1946-1990* (New Haven: Yale University Press, 1991), p. 1.

19_Ibid., p. 76.

20_John J. Coleman, "Unified Government, Divided Government, and Party Responsiveness," *American Political Science Review* 93 (December 1999), pp. 821-36.

대통령제: 합의제인가, 다수제인가, 둘 다 아닌가, 둘 다인가. 이와 같이 복잡한 정치제도의 구조, 그 정점에 대통령직이 자리 잡고 있다. 그리고 이 직위는 여타 선진 민주주의 국가들, 아니 내가 아는 한 다른 어떤 민주주의 국가들에서도 발견하기 어려운 것이다.

대통령직을 합의제와 다수제의 두 범주 가운데 하나 속에 끼워 넣기는 어려우며, 사실상 불가능하다고 말해도 좋을 것이다. 그 이유 가운데 하나는 미국 대통령이 서로 다른 역할을 동시에 맡고 있기 때문이다. 여기서 가장 주목할 만한 사실은 다른 선진 민주주의 국가들에서는 수상과 의전상 국가 원수의 역할이 분리되어 있는 반면, 미국에서는 헌법뿐만 아니라 대중의 기대와 생각에서도 그 두 역할이 결합되어 있다는 것이다. 미국인들은 대통령이 행정 수반인 동시에 고귀하고 위엄 있는, 미국식의 선출된 군주이자 도덕적 표상으로 봉직하기를 기대한다.

대통령의 역할은 처음부터 복합적이었다. 건국 초기, 대통령에 대한 언론의 혹평이 오늘의 관점에서 보더라도 받아들이기 힘들 만큼 심한 경우가 종종 있었지만, 대통령들은 그 직위의 위엄을 유지하기 위해 공식 행사를 제외하고는 대중 앞에 나서서 연설하지 않았고, 대중 연설을 할 때에도 대중적 수사를 사용하거나 자기 정책을 논의하는 경우가 거의 없었다. 적어도 이런 측면에서만큼은 대통령은 정치인이라기보다 군주나 의전상의 국가 원수처럼 행동했다. 실제로 1830년대까지 대통령 후보가 선거 운동 과정에서 연설을 한 경우는 없었고, 1912년 윌슨*이 1백 년간의 금기를 깰 때까지 어떤 대통령도 "자신을 위해 선거 유세를 한" 적이 없었다.[21]

그러나 이미 앤드류 잭슨 때부터 미국 대통령들은 자신들만이 대통령 선거에서 승리함으로써 전체 국민 또는 적어도 다수 국민을 대표할 수 있다는 과감한 주장을 펼치기 시작했다. 몇몇은 심지어 대통령에 당선된 것이 곧 자신들이 내건 정책 공약의 실행을 '위임'mandate 받았음을 의미한다고 주장하기도 했다. 이와 같은 주장이 받아들여지는 만큼, 대통령의 정책은 인민주권의 정당성을 갖는 것으로 포장되며 대중들이 받아들일 가능성 또한 높아졌다. 새로 선출된 대통령들이 위임 통치를 자주 주장했음에도 불구하고, 그 주장을 뒷받침하는 가정들을 면밀히 살펴보면 볼수록, 그들 간의 연결 고리들은 점점 더 취약해짐을 알 수 있다.[22] 유권자들이 대통령 선거에서 어떻게 투표했는지를 보여 주는 것에 불과한 선거 결과로부터 투표자들의 견해를 추론해 내기 위해서는 매우 큰 비약이 필요하다. 대중의 입장과 기대를 이해하는 데 있어 체계적인 여론조사가 훨씬 효과적이지만, 그것은 선거 결과에만 의존해 대통령이 위임 통치를 주장했던 시대로부터 한 세기가 지나서야 실시되기 시작했다. 심지어 1940년대 들어 체계적인 여론조사가 시작된 후에도 대통령과 그 추종자들은(그리고 전문

21_Jeffrey K. Tulis, *The Rhetorical Presidency* (Princeton: Princeton University Press, 1987), 87ff. Gil Troy, "Candidates Take the Stump, Then and Now," letter, *New York Times*, January 17, 1988.

22_나는 다음 논문에서 이 문제를 상세히 검토했다. "The Myth of the Presidential Mandate," *Political Science Quarterly* 105 (Fall 1990), pp. 355-72.

● 우드로 윌슨(Woodrow Wilson, 1856~1924) | 미국의 28대 대통령(1913~21). 정치학과 교수로 프린스턴 대학 학장을 역임했고, 뉴저지 주지사로 당선되면서 본격적인 정치 활동을 시작했다. 1912년 선거에서 공화당의 분열로 대통령에 당선되었다.

가들 또한), 대통령의 정책과 유권자의 선호가 일치하는지를 증명하기 어려운 선거 결과만을 토대로, 근거가 약한 위임 통치 주장을 자주 펼치곤 했다. 1940년대 이후 대통령의 정책과 유권자 선호의 일치 여부는 선거 결과상의 작은 차이보다 여론조사 결과를 주의 깊게 검토함으로써 확인할 수 있다.

특정 정책을 채택하려는 노력과 동시에 '미국 국민'을 대표한다는 대통령의 주장은 여러 역할이 결합된, 미국 대통령직의 특징을 보여준다. 또한 그로 인해 미국 대통령직은 단순히 다수제로도 합의제로도 규정할 수 없게 되는 것이다.

미국인들은 이와 같은 역할의 중첩을 대체로 수용하는 것처럼 보인다. 우리 미국인들은 대통령이 수완 좋은 현실 정치인politician인 동시에 탁월한 국가 지도자statesman이기를 바라는 것 같다. 우리 미국인들은 대통령이 일상적인 정치의 현실 세계와 정치를 초월한 상상의 세계에서 동시에 살아가기를 바란다. 대다수 미국인들은 대통령이 자신의 직무를 성공적으로 수행하기 위해서는, 공약과 정책을 실현하는 데 필요한 의석과 지지를 얻기 위해 의원들을 구슬리고 꼬드기고 매수하고 위협하고 굴복시키는 강력하고 적극적인 파당주의자, 정당 지도자, 협상가, 해결사여야 한다는 사실을 알고 있다.

그러나 우리 미국인들은 대통령이 우리 모두의 도덕적 귀감이 되기를 바라며, 우리들 같은 평범한 사람들에게서는 기대할 수 없는 지성과 지식, 이해력과 동정심, 인격을 갖춘 진정한 인물로 떠올릴 수 있는 상징적 존재가 되기를 원한다. 그러나 누구도 그처럼 높은 기준을 충족시킬 수는 없기에, 우리는 종종 임기 중의 대통령은 맹렬히 비난해 놓고는, 나중에 그를 회고할 때는 높이 평가하곤 한다. 즉 현직

대통령은 실수투성이의 우스꽝스런 사람으로 그리다가도 그가 백악
관이나 이 세상을 떠난 후에는 결점이나 오점은 덮어 두면서 고결하
고 모범적인 인물로 그를 이상화하는 것이다.

대통령에 대한 이 같은 양면적 평가는 미국 문화 속에 깊이 스며들
어 있다. 아이일 때 우리는 미국 대통령의 위대함을 존경해야 한다고
배우고,[23] 어른일 때는 신화적인 전임자들의 위대함을 따라가지 못한
다며 현직 대통령을 비웃는다. 우리는 완벽함을 기대하며 대통령 후
보를 선택한다. 그러나 실제로 선택할 수 있는 대안은 현실 정치가 요
구하는 그 모든 도덕적 모호함을 가진, 결함 있는 인간들뿐이다. 요컨
대 미국 대통령에게 기대되는 여러 역할들이 동시에 수행될 수 없다
는 사실은 현직 대통령뿐만 아니라, 더 중요하게는 미국 유권자들에
게도 큰 곤란을 안겨 준다.

책임성. 미국 유권자들에게는 정부로 하여금 자신의 행동에 책임
지도록 하는 것이 훨씬 힘든 일일 수 있다. 정부 활동에 대한 책임은
누가 져야 할까? 투표소에서 우리는 정부 정책의 성공과 실패에 대한
책임을 누구에게 물어야 할까? 대통령일까? 하원일까? 상원일까? 선

---

[23] Fred I. Greenstein, "The Benevolent Leader: Children's Images of Political
Authority," *American Political Science Review* 54 (December 1960), pp. 934-43.
대통령에 대한 미국 어린이들의 생각은 영국과 프랑스 어린이들이 자기 나라 행정 수반
을 생각하는 것과 다른 것으로 나타났다. "Children and Politics in Britain, France,
and the United States: Six Examples," Fred I. Greenstein and Sidney Tarrow,
Youth and Society 2 (1970), pp. 111-28.

출되지 않은 연방 대법관들일까? 그도 아니면, 미국이 연방제임을 감안하여, 중앙 정부만큼이나 복잡한 주 정부에 책임을 물어야 할까?

이는 정치를 연구하는 데 평생을 바친 사람들조차 답하기 어려운 지극히 까다로운 질문이다. 그 이유 가운데 하나로 나는 미국의 정치 체제가 선진 민주주의 국가들 가운데 가장 불투명하고, 복잡하고, 혼란스럽고, 이해하기 어렵기 때문이라고 생각한다.

이제 우리는 다수 대표제도 비례대표제도 아닌 미국식 혼성 체계가 양쪽의 장점이 아닌 단점만 가질 수도 있음을 알게 되었다. 미국의 헌정 체계는 비례대표제에서 기대되는 공정성도 보장하지 못하면서 다수 대표제에서 기대되는 분명한 책임성도 제공하지 못하는 것이다.

유능한 민주 정부

누군가는 이렇게 말할 수도 있겠다. 비록 미국식 혼성 체계가 다른 나라와 비교할 때 어느 정도 결점이 있을 수 있지만, 그럼에도 미국 정부는 시민들이 우려하는 문제를 처리하는 데 다른 나라 정부들만큼 유능하지 않은가라고 말이다.

이 질문에 답하기 전에, 우리는 다시 한 번 심각한 방법론상의 몇 가지 문제들과 대면할 수밖에 없다. 우리가 비교 대상으로 상정한 22개 민주국가들은 여러 가지 면에서 매우 다르기 때문에, 헌정 체계의 차이에서 비롯되는 효과를 구분해 내기란 여간 어려운 일이 아니다. 나라의 크기를 예로 들어 보자. 미국 인구는 노르웨이의 6배, 덴마크의 50배, 스위스의 37배, 스웨덴의 30배, 그리고 플로리다 주 탐파

Tampa 인구보다 약간 작은 아이슬란드의 1천 배에 달한다.

인구 규모가 민주정치에 미치는 효과를 측정하기는 지극히 어렵지만, 그것을 무시하기도 어렵다.[24]

다양성도 고려해 보자. 일반적으로, 다양성은 나라의 크기와 함께 증가하는 경향을 보인다.[25] 그러나 미국이 정말 스위스나 이웃 나라 캐나다보다 다양하다고 말할 수 있을까?

상대적 풍요라는 변수를 추가해 보자. 노르웨이와 코스타리카의 인구는 각각 약 450만 명과 370만 명으로 상대적으로 규모가 작지만, 노르웨이의 1인당 GNP는 코스타리카의 14배이다.[26]

위에서 언급한 크기, 다양성, 상대적 풍요의 차이들은 각 나라의 정치와 공공 정책에 얼마나 큰 영향을 미칠까? 나라별 변이가 가져다 주는 어려움에도 불구하고, 우리는 비교 자료를 통해 미국의 실적과 여타 선진 민주주의 국가들의 실적을 비교함으로써 일정한 평가를 내릴 수 있다. 수감률, 빈곤율(부자에 대한 빈민의 비율), 경제 성장률, 사회복지비 지출, 에너지 효율성, 해외 원조 등과 같은 영역에서 순위를

24_터프트(Edward Tufte)와 나는 *Size and Democracy* (Stanford: Stanford University Press, 1975)에서 이 주제를 다룬 바 있다. 그러나 안타깝게도 이 주제는 충분한 후속 연구를 통해 발전하지 못했다.

25_Dahl and Tufte, *Size and Democracy*, p. 95ff.

26_구매력 평가(Purchasing Power Parity)를 기준으로 할 경우, 그 차이는 네 배 이하로 줄어든다. U.S. Census Bureau, *Statistical Abstract of the United States, The National Data Book*, 1999 (Washington, D.C.: U.S. Government Printing Office, 1999), p. 841, 〈표 1362〉.

매겼을 때, 미국의 실적은 그다지 인상적이지 않다(〈부록 2〉, 〈표 5〉 참조). 미국의 순위가 가장 높은 두 분야는 결코 자랑할 만한 것이 아니다. 수감률 분야에서 미국은 단연 1위이며, 빈곤율 역시 다른 모든 나라들보다 높다. 실적을 세 등급으로 나누었을 때 미국이 3등급 내지 3등급 내 하위권에 속한 분야는 투표율, 국가 복지 수준, 에너지 효율성, 의회 내 여성 대표성이다. 게다가 경제 성장률에서 보여 준 좋은 실적에도 불구하고, 사회복지비 지출에서는 한참 뒤떨어진 최하위이다. 마지막으로 해외 원조의 경우도 마찬가지다. 많은 미국인들은 미국이 다른 나라에 대한 경제 지원에 지나치게 관대하다고 생각하지만, 실상 미국은 19개 민주주의 국가들 중 최하위권에 속해 있다.

라이파트는 36개국을 합의제 유형과 다수제 유형으로 나눠 비교한 후 이런 결론을 내렸다. "다수제 민주주의는 거시 경제 관리와 폭력의 통제에서 합의제 민주주의보다 좋은 실적을 보여 주지 못했다. 실제로는 이 분야에서 합의제 민주주의가 근소한 차이로 실적이 더 나았다. 민주주의의 질과 민주적 대표성에서는 합의제 민주주의가 다수제 민주주의보다 확실히 뛰어난 실적을 보여 주었고, 내가 공공 정책 지향의 관대함이라 부르는 것에서도 마찬가지였다."[27]

라이파트의 결론을 부연하자면, 미국식 혼성 체계가 전형적인 합의제 나라나 전형적인 다수제 나라보다 우월한 실적을 보여 주었다고 할 만한 설득력 있는 증거는 어디에도 없다. 오히려 다른 민주주의 국

27_Lijphart (1999), 앞의 책, pp. 301-2.

가들과 비교할 때, 미국의 실적은 모든 사정을 감안하더라도 기껏해야 평범한 수준에 불과하다.

이와 같은 미국의 실적은 미국의 헌정 체계와 얼마나 관련이 있을까? 그 상관성의 정도를 밝히는 일은 대단히 어려우며, 아마 불가능할 것이다. 이 과제는 다른 사람에게 넘겨주는 편이 좋겠다.[28]

그러나 기본권의 보호, 공정한 대표, 그리고 더 많은 합의와 같은 민주적 목표를 좀 더 잘 실현하기 위해 만든 헌정 체계가 민주주의 체제 그 자체의 안정은 물론이거니와 정부의 유능함을 반드시 희생시키는 것이 아님은 꽤나 분명한 것 같다.

그렇다면 현재 미국 헌법에 대해 가능한 대안들을 진지하고 책임 있게 검토할 만한 충분한 이유가 있다고 할 수 있지 않을까? 혹은 적어도 이제는, 비록 많이 늦었지만 헌법을 신성한 원전으로 받아들이지 않고, 민주적 목표를 실현하기 위한 하나의 수단으로 생각해야 하지 않을까?

28_린쯔(Juan Linz)와 스테판(Alfred Stepan)은 미국의 연방제가 특권적 소수에게 연방 정책 결정에 거부권을 행사할 수 있는 보다 많은 공간을 제공함으로써, 사회복지 정책에서 OECD 국가들 중 가장 나쁜 실적을 보여 주게 되었다는 주장을 뒷받침하는 인상적인 증거들을 제시했다. 이런 연구 결과를 담은 짧은 예비 원고는 다음과 같다. "Inequality Inducing and Inequality Reducing Federalism: With Special Reference to the 'Classic Outlier'the USA," prepared for the XVIII World Congress of the International Political Science Association, August 1-5, 2000, Quebec City, Canada.

6

좀 더 민주적인
헌법을 위하여

지금까지 "우리는 왜 헌법을 지지해야 하는가?"라는 질문을 살펴 보았다. 이제 질문을 약간 바꿔 보자. 우리가 기꺼이 복종하고자 하는 헌법은 어떤 것이어야만 할까?

물론 여기서 내가 논의하려는 것은 미국 헌법이지만, 현재의 미국 헌법에 시야를 고정하지 않고, 오랫동안 진지한 논의를 거친 후에 우리의 근본적인 정치적 목표, 지향, 가치에 걸맞은 최선의 디자인이라고 결론 내리게 될 그런 헌법도 함께 생각해 볼 수 있다.

국가적 상징으로서의 헌법

이 책을 통해 미국 헌법을 옹호하지 않는 의견을 피력하면서 내가 헌법이라는 국가적 상징에 돌을 던지고 있다는 비난에 직면할 수도 있음을 잘 알고 있다. 최근 한 역사학자는 "건국의 아버지 시대 이래로 국경일의 정치적 수사 속에는 헌법에 대한 신성한 분위기가 뚜렷하게 존재해 왔으며," 양차 대전 사이 헌법에 대한 존중은 "종교적 숭배에 가까운 지위를 획득했다."고 말했다.[1] 이와 같은 헌법 숭배의 태도는 지금도 계속되고 있다. 1997년 미국의 성인 1천 명을 대상으로 한 전화 여론조사에서 응답자의 71%는 헌법에 자부심을 느낀다는 진술에 강한 동의를 표시했고, 20%는 약간 동의한다고 답했다.[2] 1999

년 여론조사에서 응답자의 85%는 미국 헌법이 "지난 세기에 미국이 성공할 수 있었던" 주요 이유였다고 답했다.[3]

여기서 종교적 혹은 정치적 신념을 강화하는 상징의 가치나 국민적 단결을 촉진하는 신화와 의식儀式의 효용을 무시하려는 것은 아니다. 그러나 관습적인 믿음에 막연히 순응하는 신념이란 민주주의는 고사하고 민족의식에 대해서조차 그저 허약한 기반일 뿐이다. 따라서 나는 헌법을 지지해야 하는 근거로 다른 대안을 제시해 보려고 한다.

민주 시민에게 유일하고도 정당한 헌법이란 민주적 목적에 기여할 수 있도록 제정된 헌법이라고 나는 생각한다. 이런 관점에서, 미국 헌법은 합리적 동의에 기초하여 채택했고 유지되고 있는 법률과 정부 정책하에서, 정치적으로 평등한 시민들이 스스로를 통치할 수 있도록 하는 최선의 디자인이어야 한다.

물론 이는 그다지 새로운 생각이 아니다. 헌법의 정당성은 2백여 년 전 세상에 알려진 도덕적·정치적 판단으로부터 도출되는데, 그 판단의 기준은 다음과 같다.

모든 인간은 평등하게 창조되었으며, 그들은 생명, 자유, 행복을 추구함

1_Michael Schudson, *The Good Citizen: A History of American Civic Life* (Cambridge, Mass.: Harvard University Press, 1998), p. 202.

2_Constitutional Knowledge Survey, National Constitutional Center, September, 1997, question 2.

3_Gallup Organization, 1999.

에 있어 창조주로부터 양도할 수 없는 권리를 부여받았다. 이런 권리를 보장하기 위해 피치자들의 동의하에 그들의 정당한 권력을 위임받은 정부가 **인민들** 사이에서 구성된다. 어떤 형태의 정부든 이런 목적을 훼손할 때, 그 정부를 교체하거나 폐지하고 새로운 정부를 구성하는 것, 그리고 자신의 안전과 행복을 가장 잘 성취할 수 있는 원칙에 따라 자신의 권력을 재조직하는 것은 인민의 권리이다. ●

그러나 이에 대해 즉각적으로 두 가지 질문이 제기될 수 있겠다. 첫째, 정치적 평등은 현실적인 목표인가? 둘째, 그것은 정말 바람직한 목표인가?[4]

정치적 평등은 현실적인 목표인가?

어떤 사람들은 내가 방금 인용했던 고귀한 문구가 명백히 잘못된 것이라고 주장하면서 무시할 수도 있을 것이다. 그들에 따르면, 평등과 관련해 자명한 사실은 인간 존재가 평등하지 않다는 것이다. 유전

4_이하의 절에서는 나의 다음 논문을 자유롭게 이용했다. "The Future of Political Equality," in Keith Dowding, James Hughes, and Helen Margetts, eds., *Challenges to Democracy* (Hampshire, U.K.: Palgrave, 2001).

● 이 글은 미국 독립 선언문의 일부로, 여기서 달은 'men'을 각각 'human being'과 'people'로 수정했다.

이나 출신, 행운, 업적 혹은 그 외 어떤 것에 따른 결과든, 우리는 교육 수준, 문화적 재능, 사회적 역량, 의사소통 기술, 지능, 운동 능력, 소득, 재산, 국적 등에서 평등하지 않다. 평등에 대한 이와 같은 반대는 어디서나 쉽게 확인할 수 있지만, 그들의 주장은 위에서 인용한 글의 논점을 완전히 잘못 파악하고 있다. 미국 독립 선언문을 작성하고 채택했던 사람들은 그런 기본적인 문제를 거의 고려할 필요가 없었다. 그들은 세상의 순리를 너무나 잘 알고 있었고, 사람들의 일상적인 경험과 명백히 모순되는 주장을 제기하려 했던 것도 아니다. 오히려 그들은 독립 선언문이 사실의 진술이 아니라 도덕적 진술로 이해되기를 바랐던 것이다. 즉, 그들은 어떤 정치체제를 판단함에 있어 인간 평등은 정당하고도 올바른 도덕적, 심지어 종교적 기준의 하나임을 주장했던 것이다.

그러나 그런 이상적 기준이 인간이 도달할 수 있는 범위를 넘어서는 비현실적인 것일 수도 있다. 그렇다면 정치적 평등은 인간이 성취할 수 없는 것이고, 따라서 그저 잊고 지내야 하는 것일까?

여기서 정치적 평등, 나아가 보편적인 인간 평등을 가로막는 수많은 완강한 장애물을 다시 한 번 상기할 필요는 없을 것이다.[5] 남성과 여성에 대한 대우의 차이에서 확인할 수 있는 기본적이고도 오랜 장애물을 한 번 생각해 보자. 내가 앞서 인용했던, 평등에 대한 익숙한

---

[5]_미국인들이 평등한 시민권을 보장받지 못했던 이유에 대한 포괄적인 설명은 스미스 (Rogers M. Smith)의 뛰어난 저작 *Civic Ideals: Conflicting Visions of Citizenship in U.S. History* (New Haven: Yale University Press, 1997)을 참조.

주장의 저자들, 그리고 1776년 7월 독립 선언문 채택에 찬성했던 제 2차 대륙회의의 대표자 55명은 모두 남성이었고, 그들 가운데 누구도 참정권과 그 외 수많은 정치 사회적 기본권을 여성에게까지 확대해야 한다고 생각하지 않았다. 당시 여성은 그 시대의 법률에 따라, 그리고 그 이후에도 한 세기 동안이나 아버지나 남편의 법적 소유물일 뿐이었다.

또한 독립 선언문을 지지한 훌륭한 사람들이라고 표현할 때, 거기에 노예와 아프리카 출신 자유민들은 포함되지 않았다. 그들은 자치 공화국으로서 독립을 주장했던 13개 식민지 거의 모두에서 상당수의 인구를 차지하고 있었음에도 그러했다. 독립 선언문 작성을 주도했던 토머스 제퍼슨은 수백 명의 노예를 소유하고 있었으며, 자신이 살아 있는 동안 어떤 노예도 해방시키지 않았다.[6] 미국의 노예제는 (링컨이 게티즈버그 연설에서 사용했던 시적 표현을 빌리자면) 이후 80년 하고도 7

6_제퍼슨은 자신이 죽을 때 다섯 명의 노예만 해방시켰는데, 아마도 그것은 제퍼슨이 이들에게 큰 마음의 빚을 졌기 때문일 것이다. Annette, Gordon-Reed, Thomas Jefferson and Sally Hemings, *An American Controversy* (Charlottesville: University of Virginia Press, 1997), 38. 제퍼슨이 이들을 해방시켰던 이유가 무엇인지는 명확히 알 수 없지만, 그들은 모두 그의 정부(情婦)였던 샐리 헤밍스(Sally Hemings)와 관련되어 있으며 아마 두 명은 그녀의 아들이었을 것이다. 이들의 아버지가 누구인지에 대한 문제는 여전히 논란 중에 있지만, 고든-리드(Gordon-Reed)는 제퍼슨의 자식임을 증명하는 강력한 정황 증거들을 제시했다. 이에 대해서는 그녀의 "Summary of the Evidence," p. 210 이하 부분과 부록 2의 "The Memoirs of Madison Hemings,"p. 245 이하 부분 참조. 비록 결정적인 증거는 아니지만 DNA 검사도 추가적인 정황 증거로 제시되고 있다. 이에 대해서는 Dinitia Smith and Nicholas Wade, "DNA Test Finds Evidence of Jefferson Child by Slave," *New York Times*, November 1, 1998 참조.

년 이상이 지나서야 군사력과 수정 헌법을 통해 법적으로 폐지되었다. 그 후에도 미국 남부에서 흑인이 정치에 참여할 수 있는 권리를 효과적으로 행사하기까지는 다시 1백여 년의 시간이 더 필요했다. 그 후 두 세대가 지난 지금까지도 미국의 백인과 흑인 모두는 여전히 노예제와 그 여파가 인간의 평등, 자유, 존엄, 존중에 남겨 놓은 깊은 상처를 안고 있다.

우리의 고귀한 독립 선언문은 유럽인들이 점령해 식민지로 삼았던 땅에서 수천 년 동안 살아왔던 원주민 역시 평등한 인간에 포함시키지 않았다. 우리 모두는 식민지 개척자들이 어떻게 미국 원주민의 가옥과 토지, 자유, 존엄, 인간성을 부정했는지를 잘 알고 있다. 그들의 후손은 수 세기 동안 그들이 받아 왔던 부당한 대우, 즉 동등한 인간으로서의 사회적 지위는 고사하고 법적·경제적·정치적 지위에 대한 기본적인 요구조차 (종종 폭력을 통해) 거부당함으로써 오늘날까지도 계속 고통을 겪고 있다. 이 장고한 고통의 기간은 최근까지도 계속 무시와 무관심의 대상으로 남아 있었다.

이 모든 것은 알렉시 드 토크빌과 같은 유럽 출신의 방문자들이 그 어떤 나라보다 평등에 대한 열정을 강렬하게 드러내고 있다고 (내가 생각하기에도 정확하게) 서술했던 이 나라에서 있었던 일이다.

그러나 인간 역사를 통틀어 평등은 실제 현실에서는 대체로 거부되어 왔음에도, 지난 몇 세기에 걸쳐 정치적 평등을 포함해 평등을 요구하는 힘들은 여러 제도와 관습, 실천을 통해 과거보다 훨씬 더 강력해졌다. 당시 평등의 진전을 향한 이런 역사적 운동들은 몇 가지 측면에서 전 세계적인 현상이었지만, 민주주의 국가들, 그중에서도 특히 영국, 프랑스, 미국, 스칸디나비아, 네덜란드 등에서 가장 두드러졌다.

토크빌은 『미국의 민주주의』 1권 서두에서 프랑스의 보통 사람들 사이에서 조건의 평등이 "11세기 이래 50년 간격으로" 꾸준히 신장되어 왔음을 지적했다. 또한 이런 혁명은 그 자신의 조국에서만 일어나고 있던 것이 아니었는데, 토크빌은 "우리가 눈을 돌리는 곳 어디서나, 전체 기독교 국가들을 가로질러 동일한 혁명이 계속되고 있음을 발견하게 될 것"이라고 썼다. 계속해서 그는 "조건의 평등이 점진적으로 발전해 가는 것은 …… 신성한 사실이며, 그것은 신의 섭리가 갖는 모든 특성을 갖추고 있다. 즉 그것은 보편적이고, 영속적이며, 모든 인간적 간섭에 의해 침해될 수 없는 것으로, 당연히 모든 사람과 사건들은 평등의 발전에 기여하게 된다."고 말했다.[7]

토크빌의 이 구절이 다소 과장된 표현이라고 지적할 수도 있겠다. 또한 몇 년 뒤 출판된 『미국의 민주주의』 2권에서 토크빌이 목격했던, 민주주의와 평등이 가져올 몇 가지 바람직하지 못한 결과로 인해 더 큰 곤란이 나타났다는 사실을 지적할 수도 있다. 그가 우려했던 문제들에 대해서는 잠시 후에 살펴보도록 하겠다. 그러나 그런 우려에도 불구하고, 토크빌은 민주주의와 평등의 지속적인 발전이 필연적이라는 사실을 결코 의심하지 않았다. 그가 살았던 시대로부터 오늘날까지 진행되어 온 변화를 되돌아본다면, 그 시대의 토크빌과 마찬가지로 오늘날의 우리들 또한 정치적 평등을 존중하고 발전시키려는 이상과 실천이 전 세계에 걸쳐 엄청나게 확산되었다는 사실에 몹시 놀

7_Alexis de Tocqueville, *Democracy in America,* Henry Reeve, trans., vol. 1, New York: Schocken Books, 1961, p. lxxxi.

랄 것이다. 정치적 평등 역시 전반적인 인간 평등의 이상과 실천이 확대되는 것과 나란히 확대·발전되어 온 것이다.

이제 막 막을 내린 지난 세기 동안 이루어진 민주적 관념·제도·실천의 놀랄 만한 확산을 정치적 평등과 관련해 생각해 보자. 1900년 당시 독립국으로 인정할 만한 나라는 48개국이었다. 이들 가운데 단지 8개국만이 대의제 민주주의의 기본적인 제도들을 갖추고 있었으며, 그중 뉴질랜드만 여성 참정권을 보장하고 있었다. 더군다나, 이들 8개국은 세계 인구의 10~12% 정도를 차지할 뿐이었다. 21세기 초엽인 오늘날에는 전체 190여 개 국가 가운데 대략 85개국이 보통선거권을 포함해 영국이나 서유럽, 미국과 비교할 만한 수준의 현대 대의제 민주주의의 정치제도와 실천을 보여 주고 있다. 이들 국가는 오늘날 세계 인구의 대략 절반을 차지하고 있다.[8]

영국에서는 노동계급과 여성이 선거권을 갖게 되었고 이런 흐름은 더욱 확장되었다. 중간 계급, 중하층 계급, 노동계급 출신의 남성과 여성은 하원 의회와 그 산하 위원회뿐만 아니라 내각, 심지어 수상직까지 오를 수 있게 되었다. 그리고 상원의 세습 귀족은 결국 과거의 지위를 상실했다. 미국에서도 여성에게 선거권이 부여되었고, 흑인의

8_이러한 평가와 관련해서는 다음 연구를 참조. Adrian Karatnycky, "The 1999 Freedom House Survey: A Century of Progress," *Journal of Democracy* 11, no.1 (January 2000), pp. 187-200; Robert A. Dahl, *Democracy and Its Critics* (New Haven: Yale University Press, 1989): Table 17.2, p. 240; Tatu Vanhanen, *The Emergence of Democracy: A Comparative Study of 119 States, 1850~1979* (Helsinki: Finnish Academy of Sciences and Letters, 1984), Table 22, p. 120.

투표권을 보장하는 1964년의 민권 법안*이 법률로 통과되었다. 이 법은 미국에서 실제 시행되고 있으며, 흑인들은 미국 정치의 중요한 세력으로 자리 잡았다. 수많은 미국 원주민이 자신의 비참한 생활에서 벗어나 좀 더 나은 삶을 영위하게 되었다고 말할 수 있으면 좋으련만, 인간에 대해 부당한 처사를 저질렀던 그 슬픈 유산은 아직 남아 있다.

비록 평등을 향한 장정에서 나타났던 끊임없는 실패와 계속되는 장애들을 인정할 수밖에 없다손 치더라도, 이를 근거로 평등에 대한 신념이 그저 불평등을 만들어 내는 강력한 세력과 맞서는 데 무기력한 주장일 뿐이라고 간주한다면 우리가 지난 두 세기에 걸쳐 성취해 낸 인간 평등의 거대한 성과를 설명하지 못할 것이다.

어떻게 정치적 평등을 확대시킬 수 있을까?

수많은 장애물에 직면해서 어떻게 좀 더 많은 평등, 아니 정확히

● **민권 법안**(Civil Rights Act) | 1957년 7월 미국 의회는 대통령에게 흑인 투표권의 실시에 관한 폭넓은 권한을 부여했다. 1964년 7월 미국 의회는 케네디 대통령이 1962년 2월 의회에 제출한 ① 흑인 선거권의 방해 금지, ② 공민권위원회 임기 연장, ③ 인종차별 철폐 과정에서의 학교에 대한 연방 정부 원조 등을 내용으로 하는 인종차별 철폐 법안을 상원에서 가결시켰다. 이 밖에 1965년 8월 흑인 투표권 등록에 관한 차별 철폐를 주요 내용으로 하는 민권법이 통과되었고, 1968년 4월 흑인에 대한 주택 차별을 금지하는 민권법이 마틴 루터 킹의 암살 사건을 계기로 통과되었다. 그러나 이 민권법도 완전한 평등을 이루기에는 충분치 못했고, 실제로 인종 차별과 관련해 여전히 많은 문제들이 남아 있다.

말하자면 불평등을 줄여 갈 수 있을까? 간략한 요약만으로 평등을 향한 역사적 변화의 다양한 유형과 복잡성을 제대로 설명할 수는 없겠지만, 주로 정치적 평등을 염두에 두면서 가장 중요한 요인을 정리해 보자면 아마 다음과 같을 것이다.

특권층 엘리트들이 자신들이 가진 권리를 당연한 것으로 확신하며 우월한 권력과 지위에 정당성을 부여하는 견해를 강화하기 위해 엄청난 노력을 했음에도 불구하고(연방주의자들을 생각해 보라!), 많은 하층 집단은 우월 의식에 가득 찬 이들 특권 계급이 부여한 자신들의 열등한 지위가 실제로 정당한 것인지 의심한다. 제임스 스캇James Scott 은 역사, 구조, 그리고 엘리트들의 신념 체계를 통해 종속적 지위로 내몰린 사람들이 상층계급보다 지배 이데올로기에 훨씬 더 저항적이라는 사실을 매우 설득력 있게 보여 준다.[9] 하층 집단이 엘리트들의 이데올로기를 노골적 혹은 암묵적으로 부정한다는 것을 감안할 때, 일정한 조건이 변하게 되면 하층 집단은 이념이나 믿음, 세대, 구조, 자원, 혹은 그 무엇이든지 간에 불만을 표출할 수 있는 새로운 기회를 갖게 된다. 그리고 그런 기회가 주어졌을 때 분노와 원한, 불의에 대한 인식, 더 많은 기회에 대한 기대, 자신이 속한 집단에 대한 충성심

9_한 예로 스캇은 이렇게 말한다. "인도의 불가촉(不可觸) 천민들은 카스트 제도를 정당화하는 힌두교 교리를 부정 혹은 재해석하거나 무시한다는 것을 보여 주는 설득력 있는 증거들이 있다. 최하층인 지정(指定) 카스트는 브라만 계급에 비해 카르마(karma) 교리가 자신들의 현재 조건을 설명한다는 생각에 대해 훨씬 더 부정적이었다. 오히려 그들은 자신들의 처지를 가난과 불공정한 신화적 교리 탓으로 돌린다." *Domination and the Arts of Resistance* (New Haven: Yale University Press, 1990), p. 117.

혹은 여타 동기들이 작동하게 되면, 하층 집단의 일부 구성원은 사용 가능한 그 어떤 수단을 통해서든 변화를 향한 힘을 조직하기 시작한다. 지배 집단의 구성원 가운데 일부도 하층계급의 주장을 지지하기 시작한다. 특권층 내부에서도 이들 하층계급과 연합하는 사람들이 나타난다. 일부 특권층의 이와 같은 행동은 다양한 이유에서 비롯된다. 이를테면 도덕적 양심이나 동정심에서 비롯된 것일 수도 있다. 기회주의, 무질서에 대한 두려움, 불만의 확산에 따라 재산권이 위협받거나 체제의 정당성이 도전받는 것에 대한 우려 때문일 수도 있다. 심지어는 혁명의 현실적 혹은 잠재적 가능성을 고려한 것일 수도 있다.[10]

어쨌든 그리하여 거대한 변화가 발생하게 된다. 즉 참정권 확대, 기본권의 법적 보장, 당시까지 종속적 지위에 있던 집단의 지도자들이 참여하는 정치적 경쟁, 선거를 통한 공직자 선출, 법률과 정책에서의 변화 등이 그것이다. 미국의 경우, 민권 법안은 1957년과 1960년에, 특히 그중 가장 핵심적인 내용은 1964년에 통과되었으며 실제로

10_조셉 햄버거(Joseph Hamburger)는 제임스 밀(James Mill)이 폭력적 수단을 반대했음에도 불구하고, 참정권 확대를 위해 (그리고 궁극적으로는 1832년 개혁 법안 통과를 위해) 의도적으로 과두제의 구성원들 간에 혁명에 대한 두려움을 조장했다는 사실을 보여 주었다. "밀은 폭력 없이 근본적인 개혁을 성취하고자 했기 때문에, 과두 집단이 자기 이익을 고려하여 양보하도록 하는 수단을 고안해 내려고 했다. …… 오직 두 개의 대안만 존재했다. '[인민은] 지배자에게 물리력을 가하는 저항의 방법 혹은 그것에 대한 두려움으로 인해 지배자가 순종하게 되는 위협의 방법을 통해서만 정부로부터 어느 정도 양보를 얻어낼 수 있을 것이다.' 그러나 물리력의 사용은 피해야 하는 것이기에, 밀은 두 번째 대안에 희망을 걸면서 혁명은 위협으로 끝나야 한다고 제안했다. 그는 위협은 그것으로 족하며, 그것을 실행에 옮기는 것은 불필요하다고 생각했다." *James Mill and the Art of Revolution* (New Haven: Yale University Press, 1963), pp. 23-24.

실행되고 있다. 흑인들은 투표할 수 있는 기회를 획득했고, 무엇보다도 폭력적으로 그들에게 복종을 강요했던 경찰관들을 즉시 쫓아낼 수 있게 되었다. 인도에서도 상당수 지정指定 카스트[●]가 자신과 동일한 계급 출신이자 자신에 대한 차별을 줄이는 데 헌신하는 지도자와 정당에 투표하기 시작했다. 비록 평등을 향한 변화가 대개 점진적일지라도, 일련의 점진적인 변화는 머지않아 혁명적인 변화에 다다를 수도 있다.

따라서 인간 평등을 허용하지 않으려는 거대하고 완강한 장애에도 불구하고, 이상과 같은 과정을 통해 일정 정도의 정치적 평등과 민주주의를 획득해 왔던 것이다.

정치적 평등은 정당한 목표인가?

그러나 좀 더 높은 수준의 정치적 평등과 민주주의를 추구하는 것이 가능하다 하더라도, 이를 목표로 삼는 것은 바람직한가? 민주주의 국가의 헌법, 특히 미국 헌법을 이런 목표 달성의 수단으로 삼아야 할 만큼 그렇게 바람직한 것인가?

정치적 평등과 민주주의의 바람직함은 두 가지 근본적인 판단에

● **지정 카스트** | 인도의 불가촉천민을 부르는 공식 용어. 영국이 전근대적인 카스트 제도를 없애겠다는 의지로 하위 카스트를 묶어 '지정 카스트(Scheduled Caste)'라고 명명하면서 만들어진 말이다. 현재 약 9천만 명에 달하는 인구가 '지정 카스트'로 관리되고 있다.

바탕하고 있다. 하나는 도덕적인 것이며, 다른 하나는 실천적인 것이다.

도덕적 판단이란 모든 인간은 본질적으로 동등한 가치를 갖는다는 것, 즉 누구도 다른 사람들보다 본질적으로 더 우월하다고 할 수 없으며, 각 개인의 이익은 동등하게 고려되어야 한다는 것을 뜻한다.[11] 나는 이것을 본질적 평등에 대한 가정이라고 부르고자 한다.

그러나 우리가 이와 같은 도덕적 판단을 받아들인다 하더라도, 한 가지 대단히 곤란한 문제가 곧바로 나타나게 된다. 각 개인의 이익이 동등하게 고려되어야 한다고 할 때, 그들 각자의 진정한 이익이 무엇인지 결정하는 데 가장 적합한 자격을 갖춘 사람 내지 집단은 누구란 말인가? 분명 결정의 상황과 종류, 관련된 사람들에 따라 결론은 다를 것이다. 그러나 초점을 한 국가 내의 정부로 좁힌다면 우리가 생각할 수 있는 가장 안전하고도 신중한 가정은 이럴 것이다. 성인들 가운데 정부를 관장하는 완전하고도 최종적인 권위를 위임받을 만큼, 통치자로서의 자격을 가진 사람은 아무도 없다.[12]

물론 이런 가정을 좀 더 세련되게 만들거나 몇 가지 조건을 덧붙일

11_이와 관련하여 나는 *Democracy and Its Critics*, 84쪽 이하에서 좀 더 풍부한 설명을 제시했다. 이 책과 그 밖의 논문에서 나는 스탠리 벤(Stanley I. Benn)의 다음 논문을 인용했다. "Egalitarianism and the Equal Consideration of Interests," in J. R. Pennock and J. W. Chapman, *Equality* (Nomos IX)(New York: Atherton, 1967), pp. 61-78.

12_이 가정에 대한 좀 더 상세한 설명은 *Democracy and Its Critics*, p. 105 이하에 제시되어 있으며, 간략한 설명은 *On Democracy*(New Haven: Yale University Press, 1998), p. 74 이하에도 제시되어 있다.

수도 있겠지만, 이와 상당히 다른 주장이 옹호되기는 어려울 것이다. 상당수 사람들의 평등한 시민권이 부정되었던 역사적으로 중요한 사례들을 제시할 수도 있다. 예컨대 오늘날 노동계급과 여성, 소수 인종과 종족을 정치 참여로부터 배제한다고 해 보자. 그리고 그들을 통치하는 특권을 가진 사람들이 그들의 이익을 충분히 고려하고 보호할 것이라고 가정해 보자. 오늘날 이 가정을 진실로 믿을 사람이 누가 있겠는가?

정치적 평등은 자유를 위협하는가?

다른 것들과 마찬가지로, 정치적 평등 역시 다른 중요한 목표나 목적, 가치와 갈등을 일으킬 수 있으며, 이에 해를 끼칠 수도 있을 것이다. 만약 그렇다면 정치적 평등을 위한 노력은 다른 정당한 목표를 위해 제한되어야 하는 것은 아닐까?

흔히 평등은 자유 혹은 다른 기본적인 권리와 갈등한다고들 말한다. 토크빌 역시 그렇게 믿었던 것처럼 보인다.

그러나 그의 주장을 살펴보기에 앞서 지적하지 않을 수 없는 것이 있는데, 그것은 놀랍게도 양자의 관계에 대한 합리적 토론에서 가장 핵심적인 문제에 대한 어떠한 논의도 없이, 자유와 평등이 갈등적일 것이라는 주장이 빈번하게 제기되었다는 사실이다. 자유나 권리에 대해 토론할 때 우리가 대답하지 않으면 안 되는 것이 있는데, 그것은 누구를 위한 자유 혹은 권리인가 하는 문제이다. 우리가 자유나 권리에 대해 말할 때, 그것이 "어떤 자유나 권리인지"를 답하는 것만으로는 충분하지 않다. 그것은 단지 자유의 영역을 명시할 뿐이기 때문이다. 따라서 동시에 우리는 "누구를 위한 자유인가"라는 문제를 제기하지 않으면 안 된다.[13]

이런 문제를 염두에 두면서, 토크빌의 주장을 검토해 보자. 내가 올바르게 이해하고 있다면, 그의 입장은 대략 이런 것이다. 사람들 사이에서 조건의 평등은 민주주의를 가능하게 하며, 심지어는 불가피하게 만든다. 그러나 민주주의를 가능하게 하는 바로 그 조건의 평등은 자유를 위험에 빠뜨리기도 한다. 다음은 이런 내용을 담은 토크빌의 설명이다.

민주 정부의 핵심은 다수의 절대 주권이며, 민주국가에서는 그 누구도 이를 거부할 수 없기 때문에 다수는 필연적으로 소수를 억압할 권력을 갖게 된다. 절대 권력을 가진 개인이 그것을 오용하듯 다수의 경우도 마찬가지이다. 시민들이 가진 조건의 평등을 감안할 때, 우리는 민주국가에서 완전히 새로운 종류의 억압이 나타날 것임을 예상할 수 있다. 모든 시민이 평등하고 동등한 상황에서 최고의 권력을 가진 민주 정부는 다수의 의사에 따라 행동하면서, 누구도 회피할 수 없는 다소 복잡하고 미세하며 획

13_이에 대한 탁월한 분석으로는 아마티야 센(Amartya Sen)의 다음 책을 참조. *Inequality Reexamined* (Cambridge, Mass.: Harvard University Press, 1992). 센은 "틀림없이 자유 지상주의자들(Libertarians)은 인민이 자유를 가져야 한다는 점을 중요하게 생각할 것이다. 이 경우 누가, 얼마나 많이, 어떤 방식으로, 얼마나 평등하게 자유를 가져야 하는지에 대한 질문이 곧바로 제기될 것이다. 그러므로 평등의 문제는 곧 자유의 중요성을 강조하는 주장에 대한 보완물로 나타나게 되는 것"이라고 말했다(p. 22).

일적인 규칙들의 연결망으로 이루어진 사회를 창출해 낼 것이다. 따라서 궁극적으로 민주국가의 시민들은 한 무리의 부지런하고 소심한 동물의 처지로 떨어지게 되며, 그들의 정부는 양치기에 불과하게 된다.[14]

내가 토크빌의 주장을 적절하게 요약했다면, 이후의 사태 전개를 알고 있는 우리들로서는 그의 예측을 어떻게 이해해야 할까? 어쨌든 우리는 토크빌이 갖지 못했던, 두 세기 동안의 현대 민주주의 제도에 대한 경험을 알고 있다. 일부 독자는 토크빌의 이 구절이 대중 사회 mass society의 전조를 알리는 것으로 해석하는 반면, 다른 이들은 토크빌이 대중 민주주의mass democracy가 20세기 권위주의와 전체주의 체제의 씨앗이 될 것임을 예측했다고 평가하기도 한다. 그러나 이 구절을 민주국가의 발전 경로에 대한 예측으로 해석한다면, 우리는 토크빌이 완전히 틀렸다고 결론 내릴 수밖에 없다. 지난 두 세기 동안, 특히 얼마 전 막을 내린 지난 세기 동안의 민주주의 발전 과정을 검토해 볼 때, 우리는 민주주의의 발전 양상이 토크빌의 예상과는 정반대였다는 사실을 목격하게 된다. 오히려 우리는 민주 제도가 한 나라에 깊이 뿌리내릴수록 기본적인 정치적 권리와 자유, 기회 또한 그 나라에 깊이 뿌리내리게 된다는 사실을 목도해 왔다. 한 나라의 민주 정부가 성숙하면 할수록, 권위주의 정권이 들어설 가능성은 그만큼 사라지게 된다. 우리 모두가 잘 알고 있듯이, 민주주의는 독재로 귀결될 수도

14_이 구절은 *Democracy in America* 1권의 pp. 298, 304, 2권의 pp. 380-381에 있는 내용을 원문에 충실하게 재해석한 것이다.

있다. 그러나 민주주의의 붕괴는 성숙한 민주주의 국가에서는 극히 드물며, 신생 민주주의 국가에서도 심각한 위기나 혼란에 처했을 때에나 나타나는 일이다. 어떤 국가든 불가피하게 위기를 겪기 마련이다. 성숙한 민주주의 국가들조차 전쟁이나 경제 불황, 대규모 실업, 테러리즘 등 여러 난국에 직면했다. 그러나 이들 국가의 민주주의가 권위주의 체제로 대체되지는 않았다.

20세기 동안 민주주의가 비민주적 체제로 대체된 경우는 대략 70번 정도였다. 그러나 소수의 예외를 제외하면, 이와 같은 붕괴는 민주주의 제도를 도입한 지 한 세대도 지나지 않은 나라에서 발생했다. 실제로 민주주의 제도가 20년 이상 지속되었던 나라에서 민주주의가 전복된 분명한 사례는 1973년 우루과이가 유일하다. 같은 해 칠레도 민주주의가 전복되었지만 투표권이 제한되어 있어 우루과이만큼 분명한 사례는 아니며, 투표권 제한은 최근에야 철폐되었다. 바이마르 공화국은 나치가 권력을 획득하기 전까지 겨우 14년밖에 존속하지 못했다. 이 세 나라 모두에서 민주주의가 붕괴한 경로는 토크빌의 시나리오와 아무런 관련이 없다.

우리가 알고 있는 것처럼 토크빌의 시나리오는 좀 더 오랜 기간 동안 민주주의가 지속된 국가에서는 증명되지 못했다. 5장에서 지적했듯이 기본권의 보호와 관련해 이들 국가 사이에는 약간의 편차가 있다. 그러나 이들 모두는 민주주의에 필요한 최소한의 기준보다 훨씬 높은 수준에서 기본권을 보장하고 있다. 지난 반세기에 걸쳐 시민들의 기본권과 자유가 계속해서 약화되거나 불안정해졌는가? 진지하게 생각한다면, 이 질문에 대해 그렇다고 대답하기는 어려울 것이다. 나는 토크빌을 존경하지만, 이 문제에 관한 한 헌법 입안자들과 마찬가지로 그도 민주 정부의 미래를 예견할 수는 없었다고 생각한다.

정치적 평등은 결코 기본권과 자유에 대한 위협이 아니며, 오히려 민주주의 제도는 그 버팀목으로 권리와 자유를 필요로 한다. 그 이유를 살펴보기 위해, 다시 한 번 민주주의를, 정치적 목적을 위해 서로를 정치적으로 동등하게 대우할 의사가 있는 시민들을 위해 고안된 정치체제라고 가정해 보자. 적어도 이상적으로는 그렇다고 해 보자. 시민들은 각기 다른 측면에서 서로를 동등한 상대로 보지 않을지도 모른다. 실제로는 거의 분명히 그럴 것이다. 그러나 모든 시민이 직접적이든 간접적이든 선출된 대표를 통해 자신이 따라야 할 정책, 규율, 법률을 결정하는 데 참여할 수 있는 동등한 권리를 갖는다고 가정하려면, 그 나라의 정부는 몇 가지 기준을 충족시켜야만 한다.

그 기준을 나열해 보면 이렇다. 완전한 민주주의를 성취하기 위해 국가가 제공해야 하는 것에는 ① 효과적인 참여를 위한 권리, 자유, 기회, ② 투표의 평등, ③ 정책의 내용과 결과를 충분히 이해할 수 있는 능력, ④ 시민들이 정부 정책과 결정의 의제를 적절하게 통제할 수 있는 수단 등이 있다. 마지막으로 우리가 이해하고 있는 민주주의의 이상에 따라 충분히 민주적인 정치체제를 구현하기 위해 국가는 자기 관할권 내에 있는 모든 또는 적어도 대다수의 성인 거주민들에게 시민권을 보장해 주어야 한다.

물론, 내가 방금 제시한 이상적인 민주주의의 요건은 현실의 인간 사회에서 성취하기에 지나치게 벅찬 과제들이다. 현실 세계의 불완전한 조건에서 그것을 가능한 한 완벽하게 성취하기 위해서는 국가를 운용하는 일정한 정치제도가 필요할 것이다. 게다가 이런 제도들은 18세기 이래 넓은 영토를 포괄해 온 대규모의 국가를 운용하는 데도 적합해야 한다.

여기서 근대 민주국가의 기본적인 정치제도를 설명할 필요는 없을 것이다. 그러나 이상적인 민주주의와 마찬가지로 현실의 실천에서도 분명 민주 정부는, 시민들이 일단의 기본적인 권리, 자유, 기회를 갖는다는 전제 위에 서 있다. 이와 같은 권리, 자유, 기회에는 자유롭고 공정한 선거를 통해 대표를 선출할 권리, 대표 선출을 위한 선거에 입후보할 권리, 자유롭게 의사를 표현할 권리, 독립적인 정치조직을 조직하고 참여할 권리, 독립적인 정보를 취득할 권리, 그리고 대규모 민주주의에서 정치제도의 효과적인 운용을 위해 필요한 여타의 자유와 기회에 대한 권리 등이 포함된다.

따라서 이상적인 의미에서든 현실적인 의미에서든 정치제도로서의 민주주의는 필연적으로 권리, 자유, 기회의 체제일 수밖에 없다. 이것은 단지 정의상으로만 요구되는 것이 아니라, 현실 세계에서 민주적인 정부 체제가 존재하기 위해 필요한 것이다. 우리가 정치적 권리, 자유, 기회를 민주주의에 근본적인 것으로 간주한다면, 이론과 실천 모두에서 민주주의는 자유와 상충되지 않는다. 오히려 그와는 반대로 민주주의 제도들은 가장 근본적인 권리와 기회를 유지하기 위해 필요한 것들이다. 만약 한 국가에 이런 정치제도들 그리고 그것이 구현하고 있는 권리, 자유, 기회가 존재하지 않는다면, 그 만큼 그 국가는 민주적이지 않다고 하겠다. 바이마르 공화국, 우루과이, 칠레에서 그랬던 것처럼 민주주의 제도들이 사라진다면, 그것은 곧 민주주의가 사라지는 것이며, 민주주의가 사라진다면 기본권, 자유, 기회 또한 사라지는 것이다. 같은 의미에서 이들 국가에서 민주주의가 다시 복원되었을 때 기본권, 자유, 기회 또한 필연적으로 복원되었다. 이런 관계는 어떤 의미에서도 우연이 아니며 내적인 필연성을 갖는 것이다.

정치적 평등과 민주주의의 관계, 정치적 평등과 기본권, 자유, 기회의 관계는 훨씬 더 긴밀해지고 있다. 만일 한 나라가 불가피한 위기를 거치면서도 자국의 민주주의 제도들을 유지하려 한다면 그 나라는, 좋은 시기이건 나쁜 시기이건 그 제도들을 지지할 수 있는 일단의 규범, 신념, 관행과 같이 세대를 통해 전승될 수 있는 민주주의 문화를 필요로 할 것이다. 물론 민주주의 문화가 뚜렷하게 정해져 있는 것은 아니다. 민주주의 문화는 단순히 민주주의 제도가 요구하는 기본권, 자유, 기회만을 뒷받침하는 것도 아니다. 민주주의 문화를 공유하는 사람들은 그보다 더 넓은 범위의 권리, 자유, 기회를 인정하고 지지할 것이다. 확실히 지난 세기의 역사는 다름 아닌 민주주의 국가에서 자유가 번성한다는 사실을 보여 주고 있다.

* * *

만약 우리가 모든 인간은 평등하게 창조되었고, 생명, 자유, 행복 추구를 비롯한 양도할 수 없는 권리를 가지며, 정부는 그런 권리를 보장하기 위해 피치자의 동의로 그 정당한 권력을 부여받아 수립된 것이라는 신념을 갖고 있다면, 우리는 정치적 평등이라는 목표를 지지해야 할 것이다.

정치적 평등은 민주적인 정치제도를 필요로 한다. 자유와 정치적 평등이 상호 갈등한다는 가정은 다음과 같은 이유에서 허상이다. 첫째, 민주주의 정치제도의 본질적인 부분은 일단의 기본권, 자유, 기회를 포함하고 있기 때문이다. 둘째, 민주주의와 그 정치제도를 존중하는 사람들은 민주주의와 정치적 평등의 범위를 넘어 기본권, 자유, 기회의 영역을 더욱더 확장시킬 것이기 때문이다.

민주주의와 정치적 평등을 존중하는 사람들 속에서 헌법의 목적은 시민들 간의 정치적 평등을 강화하는 정치제도, 그리고 정치적 평등과 민주 정부가 존속하는 데 필수 불가결한 그 모든 권리, 자유, 기회가 유지될 수 있도록 기여하는 것이어야 한다.

7

좀 더 민주적인 헌법의 실현 가능성에 대한 고찰

1987년에 실시된 한 여론조사는 헌법 전반에 대한 미국인들의 지지가 확고함을 보여 주었는데, 그중 한 가지 문항에 대한 응답 결과는 주목할 만한 것이었다. "[헌법에 의해 확립된 정부 체계가] 모든 사람을 평등하게 대우하는 역할을 얼마나 잘 수행하고 있는가?"라는 질문에, 응답자의 51%가 그 역할을 제대로 수행하지 못하고 있다는 견해를 밝혔고, 8%는 답하지 않았으며, 나머지 41%는 역할을 잘 수행하고 있다고 답했다.[1]

만약 우리가 모든 사람을, 적어도 민주적 시민으로서의 역할에서만큼은, 평등하게 대우하는 데 좀 더 나은 정부 체계를 갖고자 한다면, 무엇을 해야 할까? 1장 서두에서 밝혔듯이, 이 책의 목적은 헌법 개정의 구체적인 대안을 제시하는 것이 아니라 미국 헌법에 대한 우리의 **생각**을 바꾸도록 하는 데 있다. 그렇다면 현실적인 관점에서 헌법을 개정하는 문제에 관해서는 어떻게 생각해 볼 수 있을까? 21세기 초반의 헌법 입안자들에게는 실제로 어떤 가능성이 열려 있을까? 그들은 그 가능성의 범위를 제한하는 한계를 어느 정도로 예상해야 할까?

1_1987년 5월 미국 성인 1,254명을 대상으로 〈시비에스 뉴스〉와 『뉴욕타임스』가 실시한 전화 여론조사의 53번 문항.

헌법의 제한된 역할

먼저 미래의 헌법 개혁자들이 현명한 사람들이라면, 그들은 헌법에 어떤 내용을 담든 그것이 실제로 성취할 수 있는 목표는 한정되어 있음을 인정해야 할 것이다. 예를 들어, 5장에서 지적했듯이 민주주의에 유리한 조건을 갖지 못한 나라에서는 어떤 헌법도 그 나라의 민주주의를 보장해 줄 수 없다. 따라서 좀 더 민주적인 질서를 성취하고자 한다면, 헌법을 개정하는 것보다 민주주의에 유리한 조건을 유지하고 향상시키는 일이 훨씬 더 많은 성과를 낳을 것이다.

1787년의 헌법 입안자들은 자신들의 한계를 잘 알고 있었다. 그들이 작성한 헌법에서 두드러지는 특징들 가운데 하나는 경이로울 만큼 분량이 간략하다는 점이다. 인쇄 방식에 따라 약간의 차이는 있지만, 헌법 원문은 15~20페이지 정도이며, 여기에 더해지는 수정 조항은 5~7페이지 정도이다. 성문헌법이 이렇게 짧을 수 있었던 까닭은 그것이 오로지 세 가지 사안, 즉 정부의 **구조와 권한**, 시민의 **권리**에만 초점을 두었기 때문이다.

헌법 내용의 대부분은 처음 두 가지 사안, 즉 정부의 구조와 그 구조에 부여된 권한을 다룬다. 세 번째 사안인 권리에 관한 내용은 주로 권리장전과 그 이후의 수정 조항에 포함되어 있다. 이들 권리 조항의 중요한 특징은 거의 전적으로 정부에 헌법적 제한을 부과하는 방식으로 권리를 보장한다는 데 있다. 헌법은 시민들이 자신의 권리를 행사하는 데 필요한 기회와 자원을 어느 정도 보유하고 있을 것임을 암묵적으로 가정하고 있는 것이다. 잠시 후에 이 가정을 다시 살펴볼 것이다.

헌법상의 정부 구조

먼저 헌법에 명시된 정부 구조에 대해 살펴보자. 현실적으로, 나는 미국 헌정 체계의 구조적 요소들 가운데 세 가지 또는 네 가지는 가까운 장래에 바뀔 가능성이 없다고 생각한다.

연방제. 첫 번째 요소는 연방제이다. 과거의 헌법 입안자들은 주를 폐지할 수 없다는 점을 잘 알고 있었다. 그들처럼 오늘날의 헌법 개혁자들도 주가 연방 정부의 기본 단위로 중요한 권한을 가진 채 존속할 것임을 가정해야 하며, 나 또한 주의 존속이 정당하다고 생각한다. 지난 두 세기 동안 그래 왔듯이, 연방 정부와 주 정부가 어떻게 권한을 공유할 것인가의 문제는 앞으로도 계속 끊임없는 논쟁의 대상이 될 것이다. 그러나 나는 오늘날의 헌법 입안자들이 현존하는 주를 해체할 것이라거나 그래야 한다고 생각하지 않는다.

대통령제. 헌법 개혁의 두 번째 한계는 대통령제이다. 수정 조항이나 관행의 변화를 통해 대통령제를 조금씩이나마 변화시킬 수는 있겠지만, 대다수 미국인들이 의회중심제를 매력적인 대안으로 받아들일 가능성은 매우 낮다고 생각한다. 미국인들은 대통령제의 신화적 측면에 너무나 깊이 빠져 있기에, (내가 바라지도 가능하지도 않은) 헌정 체계의 중단 같은 사태가 일어나지 않는 한 그 제도의 변화를 진지하게 고려하지 않을 것이다. 좋든 싫든 우리 미국인들은 대통령제와 함께할 수밖에 없다.

대표의 불평등성. 안타깝게도 헌법 개혁자들이 바꿀 수 없으리라 생각하는 또 다른 특징은, 인구와 관계없이 각 주마다 두 명의 상원 의원을 배당한 데서 비롯된 심각한 대표의 불평등성이다. 다시 한 번 여러분에게 헌법 1조 3절을 상기시켜 보겠다. "합중국 상원은 주별 2명의 상원 의원들로 구성되며, 그들은 6년 임기로 각자 1표의 투표권을 가진다." 이 조항을 변경하기 위한 헌법 수정은 두 가지 엄청난 장해물에 직면하게 된다. 하나는 상원의 구성을 변경하는 수정 헌법이 채택될 가능성을 매우 낮게 만드는 것이다. 다른 하나는 그것을 사실상 불가능하게 만드는 것이다. 첫째, 알다시피 미국 헌법 5조에 따르면, 헌법 수정은 상하 양원 각각의 3분의 2가 찬성하거나 전체 주 의회들 중 3분의 2가 지지하는 회의를 통해서만 제안될 수 있다. 그리고 그렇게 제안된 수정안은 전체 주의 4분의 3에 해당하는 주 입법부나 주 헌법 회의의 비준을 통해서만 헌법으로 채택될 수 있다. 그리고 인구가 가장 적은 최소 13개 주들이 상원에서 자신의 영향력을 줄이는 수정안을 채택하는 데 거부권을 행사할 것이다. 가능성은 희박하지만 만약 그런 수정안이 이 어마어마한 장벽을 뛰어넘는다 해도, 도저히 극복할 수 없는 두 번째 장해물이 있다. 미국 헌법 5조는 이런 문장으로 끝난다. "어떤 주도 자신의 동의 없이 상원에서의 동등한 참정권을 박탈당하지 않는다."

사실상 이 마지막 문장으로 인해 상원에서 시민 대표의 불평등성을 줄이기 위해 헌법을 개정할 수 있는 모든 가능성은 사라지고 마는 것이다. 따라서 우리는 다른 어떤 민주주의 국가에서 존재하는 것보다 훨씬 심각한 상원 대표의 불평등성을 무한정 짊어질 수밖에 없는 운명에 처해 있는 것처럼 보인다.

만약 변화가 불가능한 이 세 요소들, 즉 연방제, 대통령제, 상원 대표의 불평등성에 대한 내 판단이 옳다면, 이들 요소는 오늘날의 헌법 개혁자들이 성취할 수 있는 것에서도 제외되어야 할 것이다.

선거인단. 이를테면 선거인단 제도를 바꾸기 위해 우리는 무엇을 할 수 있을까? 4장에서 나는 상원 대표의 불평등성이 선거인단 제도에서도 다소 약화되기는 하지만 여전히 재생산된다는 점을 보여 주었다. 그런데 상원에서 대표의 불평등성은 헌법을 수정해 선거인단 제도를 대중 직접 선출 제도로 대체할 가능성을 제약하는 데서도 영향력을 발휘한다. 앞에서 내가 밝혔듯이, 결과적으로 선거인단 제도가 갖고 있는 대표의 불평등성 문제에 대한 세 가지 해결책의 바람직함의 정도는 그들의 실현 가능성과 반비례하게 되는 것이다.

합의제? 다수제? 혹은 그 어느 것도 아닌 것? 앞에서 나는 다수제의 대안으로 합의제에 대해 일정한 호감을 밝힌 바 있다. 거기에 더해 이렇게 주장했다. 미국은 합의제도 다수제도 아니다. 미국의 정치체제는 양자의 장점이 아닌 단점만 가진 일종의 혼성 체제이다.

나는 우리 정치 지도자들이 상당한 시간을 들여 꽉 막힌 교착 상태를 피하며 체제를 작동 가능하게 만든 것은 그들의 탁월한 정치 역량을 보여 주는 증거이며, 언론 매체나 일반 시민은 이를 과소평가하는 경향이 있다고 생각한다. 또한 나는 불가피한 권모술수, 부득이한 막후 타협, 그리고 제도권 정치인들의 동료 감싸기와 공적 수사修辭 간의 어쩔 수 없는 괴리가 정치체제를 불투명하게 만들고 공적 덕성에 대한 일반적 인식과도 배치되게 함으로써, 미국의 정치제도에 대한 사회적 이해와 시민의 신뢰 모두를 약화시킨다고 주장한 바 있다.

만약 우리가 현재의 대통령제나 상원 대표의 심각한 불평등성을 바꿀 수 없다면, 진지하게 고려할 수 있고 또 그래야 하는 다른 헌법 대안을 만들기도 매우 어려울 것이다. 특히 나는 현재의 미국식 혼성 체제를 더 많은 합의 혹은 더 강력한 다수주의로 나아가도록 바꿀 수 있는지를 전혀 확신할 수 없다.

어떤 대안도 그에 적합한 정치 문화가 없다면 의미가 없다. 합의를 이끌어 내는 정치 문화가 미약한 나라에서 합의제적 제도를 도입한다면, 그것은 심각한 위험을 가져올 것이다. 미국 내전 이전에 남부의 주들이 그랬던 것처럼, 합의제에 적합한 정치 문화가 없는 조건에서 합의제를 의도하며 만든 헌법 제도는 소수파가 자신의 특권을 위협하는 어떤 변화에 대해서든 거부권을 행사할 수 있게 해 주었다. 또한 미국 내전 이후 남부의 주들이, 아프리카계 미국인들의 권리를 보호하기 위한 다른 지역 사람들의 노력을 포기하게 만들었던 것처럼, 지역 대표의 불평등성을 통해 특권화된 소수파는 거부권을 무기로 삼아 위협함으로써 다수파로부터 양보를 끌어낼 수도 있다.

나는 미국의 정치 문화에서는 스웨덴, 스위스, 네덜란드 등과 달리 합의제적 헌법이 그 장점을 발휘하기 어렵다고 생각한다.

엄격한 다수제에서 또한, 다수파 지도자들이 다수파로서의 권한을 행사하기 전에 더 많은 합의를 추구할 충분한 유인을 갖지 못한다는 문제가 있다. 앞에서 논의했던 자유와 정치적 평등 간의 관계를 여기서 다시 이야기하지는 않겠다. 다만 다수파 지도자들이 소수파의 민주적 권리를 최대한 존중하려 할 때조차도, 그들에게는 다수결로 법률이나 정책을 통과시키는 데 필요한 것보다 더 많은 지지와 합의를 끌어내는 대안을 추구할 이유가 거의 없다는 것이다.

내가 생각하는 이상적 해결책은 이런 것이다. 정치 지도자들이 어떤 법률이나 정책을 채택하기 전에 가능한 한 폭넓은 합의를 이루도록 강력한 유인을 제공하면서도 필요한 경우 다수결에 따라, 물론 그럴 때도 늘 민주적 기본권을 보장하는 한도 내에서, 결정이 이뤄지도록 하는 정치체제이다. 어떤 다수파도 미래의 다수파가 내릴 결정을 미리 막을 도덕적·헌법적 권리는 없다.

여기서 다시 한 번, 상원 대표의 심각한 불평등성으로 인해 지역적 소수파가 그들의 동료 시민 다수가 선출한 대표의 결정을 막게 되는 한, 이 이상적인 해결책은 실현되기 어렵다고 말해야겠다. 거부권을 가진 상원의 소수파 의원들은 합의를 이루고자 하는 노력을 마치 강요나 협박 같은 것으로 치부할 수 있다.

비록 다수의 지배를 가로막는 이 장벽을 제거하기는 불가능하지만, 특권화된 소수파의 권력을 더욱 강화하는 상원 규정은 좀 더 쉽게 바꿀 수 있고, 나로서는 꼭 그래야 한다고 생각한다. 예컨대, 소수의 상원 의원들이 다른 정책을 지지하는 대가로 의회와 대통령으로부터 자신들이 바라는 정책을 얻어낼 수 없었다면, 비생산적이고 쓸모없는 대對쿠바 정책이 그렇게 오랫동안 지속되지는 않았을 것이다.

이렇게 해서 우리는 그다지 유쾌하지 않은 결론에 도달하게 된다. 1787년의 헌법 입안자들은 합의제도 다수제도 아닌, 양자의 장점은 없고 단점만 보유한 혼성 체제로 오늘날의 헌법 개혁자들을 구속하고 있다.

숨겨진 비용과 불확실성. 오랜 시간에 걸쳐 확립된 정치 문화를 다른 새로운 헌법 구조, 이를테면 좀 더 합의제적이거나 좀 더 다수제적인 것에 맞는 문화로 바꾸는 데서 겪게 되는 어려움은 또 다른 문제를 낳는다. 대폭적인 헌법 개정은 상당 규모의 숨겨진 비용과 커다란 불확실성을 동반한다. 숨겨진 비용은 정치 엘리트들이 공유하고 있으며 대중문화 속에 뿌리내린 익숙한 습관, 관행, 믿음, 이해를 포기해야 함에 따라 발생한다. 적합한 정치 문화를 창조하는 것은 1787년의 헌법 입안자들도 그랬듯이 오늘날 헌법 입안자들의 능력을 크게 벗어나는 일이다. 게다가 대안적인 헌정 구조가 가져올 결과에 대한 우리의 지식이 그 옛날의 헌법 입안자들보다 훨씬 낫다 해도, 현재의 민주적 헌법으로 두 세기를 보낸 지금 시점에서, 대폭 개정된 헌법이 어떤 결과를 만들어 낼지를 예측하는 데는 상당 정도 불확실성을 피할 수 없다.

권한

주와 연방 정부, 그리고 연방 정부의 주요 기구인 대통령, 상원, 하원이 가진 헌법상의 권한은 오늘날 우리의 민주적 요구와 가치에 부합하는 것일까? 이 중대한 질문에 답하는 것은 지금 내 능력을 훨씬 뛰어넘는 일이기에, 여기서는 이 질문의 의미와 중요성에 주의를 기울여야 한다는 말만 남기도록 하겠다.

권리

권한과 마찬가지로 권리도 방대한 내용을 갖는 주제이므로, 민주국가의 헌법이라는 맥락에서 기본권을 평가하는 데 유용하다고 생각하는 한 가지 견해만 간략히 정리하고 넘어가겠다.

권리가 의무를 수반한다는 것은 법조계의 상식이다. 즉 어떤 권리가 효과적으로 행사되기 위해서는, 정부 관리나 다른 사람들이 그 권리를 침해하려는 사람들에 대항해 그것을 보호할 의무를 갖는다는 것이다. 좀 덜 알려져 있지만 이로부터 나오는 또 다른 가정은, 권리는 기회도 수반한다는 것이다. 예를 들어, 당신이 실제로 투표할 기회를 갖지 못한다면, 투표할 권리는 무의미한 것이 된다. 표현의 자유 또한 마찬가지이다. 당신이 자유롭게 말할 기회를 가질 수 없다면, 자유롭게 말할 권리가 무슨 의미가 있겠는가?

이제 우리 논의에 권리, 의무, 기회 다음의 네 번째 요소로 자원을 살펴보자.[2] 예를 들어, 정부 관리가 대다수 시민들의 거주지에서 멀리 떨어진 곳에 투표소를 설치하고 아침 1시간 동안만 투표할 수 있도록 개방했다고 가정해 보자. 이럴 경우 수많은 시민들은 투표에 필요한 기회와 자원 모두를 잃어버리게 된다. 그들은 분개할 것이고, 여러분과 나 또한 그럴 것이다.

2_Amrtya Sen, *Inequality Reexamined*, pp. 36-37 and passim 참조. Ronald Dworkin, "What Is Equlity? Part 2: Equality of Resources," *Philosophy and Public Affairs* 10 (1981).

자원에 관한 내 생각을 좀 더 분명하게 밝히기 위해, 다음과 같은 허구적 상황을 상상해 보자.

우리 모두는 뉴잉글랜드의 어느 마을에 사는 시민들이며, 이곳에서는 전통적인 마을 회의가 흔히 개최되곤 한다. 어느 날 마을 회의가 열렸고, 늘 그렇듯 참가 자격을 갖춘 시민들 가운데 그다지 많지 않은 수의 사람들, 이를테면 4백~5백 명이 회의에 참석했다.

개회를 선언한 후 사회자는 이런 내용을 공표했다.

"오늘 저녁의 논의를 위해 우리는 다음과 같은 규칙을 정했습니다. 안건이 적절하게 상정되고 그에 대한 재청이 나온 후에는, 공정한 규칙하에서 여기 있는 모든 사람들에게 자유로운 발언을 보장하기 위해 원하는 사람이면 누구나 안건에 대해 말할 수 있도록 하겠습니다. 그러나 가능한 한 많은 사람들이 발언할 수 있도록 발언자는 2분 이상 말해서는 안 됩니다."

지금까지는 더할 나위 없이 공정하다고 말할 수 있다. 그런데 우리의 사회자는 계속해서 이렇게 말했다.

"의견을 말하고자 한 모든 사람들이 2분간의 발언을 끝낸 후에도, 여러분은 자유롭게 더 많은 이야기를 할 수 있습니다. 하지만 여기에는 한 가지 조건이 있습니다. 추가 발언은 발언 시간 1분당 최고 경매가를 부른 사람들에게만 허락될 것입니다."

곧바로 회의장이 소란스러워지고 발끈한 시민들은 사회자와 마을 운영위원들을 회의장 밖 아마도 마을 밖까지 내쫓아 버릴 것이다.

그러나 이 상황은 저 유명한 버클리 대 발레오 재판*에서 연방 대법원이 내린 판결과 사실상 다를 바 없다. 연방 대법원 판사들은 7 대 1로 연방 공직에 출마하는 후보자들이나 그 지지자들이 지출하는 선거 자금에 제한을 둔 연방 선거 운동법Federal Election Campaign Act이 수정 헌법 1조에 명시된 표현의 자유를 침해한다고 판결했는데,[3] 그 후 우리는 이 판결이 낳은 섬뜩한 결과를 지켜보게 되었다.

무엇이 잘못되었을까? 연방 대법원 판사들은 선거 자금의 기부와 지출의 문제를 민주주의 체제의 맥락에서 보지 못했다. 바꿔 말해, 앞에서 내가 논의했던 정치적 평등의 원리로부터 그 체제의 정당성이 나온다는 사실을 간과했던 것이다. 민주주의에서 시민들이 자신이 보유한 기본권, 즉 투표, 표현, 출판, 항의, 결사 등의 권리를 행사하기 위해서는, 그런 기회를 활용해 권리를 행사하는 데 필요한 최소한의 자원을 가져야만 한다.

민주적 권리를 행사하는 데 적합한 자원의 규모를 정하는 것은 쉽게 답을 찾을 수 있는 문제가 아니다. 헌법적 처방으로 이 문제를 해결할 수도 없다. 그러나 이 나라의 최고 법원이 헌법 해석을 통해 시민들이 누려야 할 만족할 만한 수준의 정치적 평등을 가로막는 강고한 장벽을 놓는다면, 그 헌법은 확실히 심각한 결함을 안고 있는 것이다.

3_Burkley V. Valeo, 424 U.S. 1(1976).

● **버클리 대 발레오**(Buckley v. Valeo) **판례** | 1974년에 개정된 연방 선거 운동법이 선거 운동 비용에 상한선을 설정한 것을 두고 1976년 연방대법원이 위헌 결정을 내린 판결을 가리킨다. 선거 운동 비용 제한을 위헌으로 해석한 이 판결은 금권 선거를 사실상 합법화하는 결과를 가져왔다.

연방 대법원의 민주적 역할

앞에서 나는 이 나라 최고의 법률학자들과 헌법학자들이 오랫동안 논쟁을 벌여 왔고 지금도 여전히 논쟁 중인 문제를 언급한 바 있다. 법조계에서는 이 문제를 이따금씩 '다수파 견제의 어려움'counter-majoritarian difficulty이라고 부르기도 한다.

나는 이 어려움을 이렇게 설명해 보겠다. 선거를 통해 시민들에게 책임지는 사람들이라고 해서 선출직 관리들에게만 법률과 정책의 결정 권한을 맡겨 둘 수는 없다. 그렇다고 핵심적인 공공 정책을 사실상 결정하는 권한을 사법부에게 줄 수도 없다. 이 딜레마로 인해 우리는 어려운 선택과 대면하게 된다. 많은 미국인들이 이런 선택을 피하려 할 것이다. 그러나 민주주의를 기준으로 미국 헌법을 평가하고 그것의 정당성에 관해 논의하려면, 지금까지 주로 법률학자들이 다뤄 온 이 문제도 공적 논쟁과 토론에 부쳐야 할 것이다.

나는 법률과 행정 조치의 합헌 여부를 검토할 권한을 가진 대법원이 민주주의 국가에서 중요한 위상을 차지한다고 생각한다. 한 예로 연방제에서 주 당국이 자신들에게 부여된 적절한 권한을 넘어설 경우, 대법원은 그에 대한 판결을 해 주어야 한다. 그러나 대법원은 민주적인 정치체제의 존립에 필요한 기본권, 즉 표현, 집회, 투표, 결사 등의 권리를 심각하게 침해하는 연방 법률과 행정명령을 무효화하는 권한도 가져야 한다.[4]

법원이 이와 같은 민주적 기본권의 영역 내에서 활동할 때, 그런 활동의 정당성 및 민주적 정부 체계에서 그들이 갖는 위상을 문제 삼기는 어려울 것이다. 그러나 법원이 그 자체로도 충분히 방대한 민주

적 기본권의 영역을 넘어갈수록, 그들의 권한은 점점 의심스러워진
다. 그렇게 되면 법원은 선출되지 않은 입법부가 되기 때문이다. 헌법
을 해석한다는, 혹은 헌법 입안자들의 모호하고도 이해할 수 없는 의
도를 파악한다는 (훨씬 더 문제가 되는) 명목하에 대법원은 선출직 대표
의 역할까지 맡아 중요한 법률과 정책을 결정하고 있는 것이다.

민주적 기본권의 영역에서조차 법원의 결정은 논쟁을 불러일으킬
것이다. 그리고 민주적 권리에 대한 우리의 이해는 확실히 계속 발전
해 나갈 것이므로, 이런 논쟁의 가능성은 더욱더 커질 것이다.

의미 있는 변화는 가능한가?

지금까지 고찰한 바에 비춰 볼 때, 나는 미국 헌법을 좀 더 민주적
인 방향으로 개정하는 것에 대해 신중하면서도 회의적인 태도를 취할
수밖에 없다. 이 장에서 살펴본 대로 민주주의의 관점에서 바람직한
변화는 아주 먼 미래에서조차 가망이 없어 보인다. 이런 내 판단은 주
관적일 수밖에 없겠지만, 미국 정치를 잘 아는 대다수의 사람들도 내
의견에 동의하리라 생각한다.

극단적인 **상원 대표의 불평등성**을 줄일 수 있는 가능성은 사실상 없

4_이렇게 간략히 밝힌 나의 견해와 일치하는 주장을 상세히 다룬 연구로는 John Hart Ely,
Democracy and Distrust: A Theory of Judicial Review (Cambridge, Mass: Harvard
University Press, 1980) 참조.

다. 우리 헌정 체계를 좀 더 분명하게 합의제적으로 또는 좀 더 확실하게 다수제적으로 바꿀 가능성 또한 매우 낮다. 연방 대법원으로 하여금 (종종 매우 파당적인) 공공 정책의 입법 활동을 자제하도록 하면서, 위헌 법률 심사권을 엄격하게 기본권 보호와 연방제 관련 사안에만 적용하도록 할 가능성도 크지 않다. 미국 대통령이 행정부 수반과 군주로서의 역할을 동시에 담당하는 것 또한 바뀔 것 같지 않다. 마지막으로 대통령 선거인단 제도를 민주적으로 변화시키는 문제에서는, 대안의 바람직함과 실현 가능성이 반비례하므로 가장 바람직한 대안의 실현 가능성이 가장 낮은 것으로 보인다. 적어도 몇몇 주에서 대중 투표에서 획득한 표의 비율에 따라 주 선거인단을 할당할 가능성도 있다. 하지만 주 선거인단의 수를 주의 인구 비례에 맞추도록 하는 헌법 개정안이 채택될 가능성은 매우 낮다. 그리고 상원에서의 대표의 불평등성으로 인해 일반 유권자가 직접 대통령을 선출하도록 헌법을 개정하기란 사실상 불가능하다.

헌법을 신성한 상징물로 여기는 사람들이라면 분명 이런 결론에 안도감을 느낄 것이다. 나의 비관주의는 그들의 낙관주의에 대한 거울 이미지이다.

그러나 민주주의와 정치적 평등을 향한 미국인들의 노력은 간헐적이기는 해도 꾸준히 계속되어 왔고 앞으로도 그럴 것이다. 따라서 우리는 하나의 도전과 대면하게 된다. 지금까지 검토한 현재의 제약 하에서 우리는 어떻게 민주적인 과정, 권리, 자유, 기회, 자원을 좀 더 많이 성취할 수 있을까?

두 가지 매우 일반적인 전략을 제시해 보겠다.

첫째, 미국 헌법과 그것의 결점에 대한 비판적 평가를 활성화하고 널리 확산시켜야 하는데, 사실 진작 그렇게 해야 했다. 지금까지는 국가적 상징물로서의 헌법을 뛰어넘는 대중적 논의가 사실상 전무했다. 법학, 정치학, 역사학 분야의 연구자들 사이에서 헌법에 관한 심도 있는 분석이 이뤄질 때조차, 미국 헌법 전반을 민주주의의 기준이나 여타 선진 민주주의 국가들의 헌정 체계에 비춰 평가한 적은 거의 없었다.

여기서 나는 다소간의 낙관주의에 기대어, 이 논의가 학계로부터 시작해 좀 더 넓게 언론 매체와 지식인들 사이로 퍼지고, 몇 년 후에는 그보다 더 많은 일반 시민들로까지 꾸준히 확산될 수 있으리라 생각한다. 그 결과가 어떻게 나타날지는 알 수 없다. 하지만 그 과정에서 민주국가의 헌법과 민주적 이상 간의 관계에 대한 이해가 깊어질 것이며, 구체적으로 그런 관점에서 현재 미국 헌법의 결점과 그 개정 가능성에 대한 이해도 확대될 것이다.

그러나 동시에 우리에게는 현재 미국 헌법의 한계 내에서도 더 많은 **정치적 평등**을 성취하기 위한 두 번째 전략이 필요하다. 이 전략의 주요 목표는 지금과 같은 **정치적 자원**의 심대한 불평등을 줄이는 데 있다. 물론 이 책에서 내가 지적한 미국 헌법의 특징들은 이런 전략의 성공을 어렵게 하는 장애물들이다. 왜냐하면 막대한 자원을 가진 사람들은 자신들의 특권적 지위를 줄이려는 모든 시도에 대한 강력한 방어물로, 즉 변화를 막는 기제로 현재의 헌법을 활용할 수 있기 때문이다.

이런 전략들이 얼마나 성공할지 나로서는 예측할 수 없다. 그러나 대다수 미국인들은 민주 정부가 그 모든 결점에도 불구하고 결국 다른 어떤 대안보다 낫다는 믿음을 가지고 있으며, 이런 믿음은 억누를 수 없는 인간 평등의 근본 원리를 통해 정당화된다. 따라서 이런 원리가 함의하는 것에 대한 우리의 이해는 앞으로도 계속 발전할 것이다. 그리고 이 나라의 민주정치 체제와 헌법에 대해 그 원리가 갖는 함의 또한 발전해 나갈 것이다.

또 다른 고찰: 불문헌법을 개정하는 문제

미국 헌법에서 가장 비민주적인 요소들 가운데 일부는 사실상 수정이 불가능한 조항에 의해 헌법 속에 고정되어 있다. 그래서 나는 앞 장 말미에서 바람직한 방향으로 헌법이 개정될 가능성에 대해 '신중하면서도 회의적인 태도'measured pessimism를 취했다.

어쩌면 내가 지나치게 회의적이었을지도 모르겠다. 미국의 성문헌법을 좀 더 민주적으로 변경하는 일은 정치적으로 불가능할 것이다. 그러나 미국의 불문헌법은 그보다 훨씬 더 쉽게 바꿀 수 있다.

미국의 성문헌법과 불문헌법

미국 헌법을 공식적인 성문헌법과 비공식적인 불문헌법으로 구분하는 것이 일부 독자들에게는 당혹스러울 수 있음을 나도 잘 알고 있다. 영국인들은 영국 헌법이라고 부를 만한 단일 문서에 기록되지 않은 불문헌법을 가지고 수 세기 동안 살아 왔다.[1] 그런 영국 사람들과

1_아마도 이 주제를 다룬 가장 유명한 책은 월터 배젓(Walter Bagehot)의 『영국 헌법』(*The English Constitution*, 1867)일 것이다. 이 책에서 배젓은 영국 헌법의 주요 특징을 자신 있게 서술하면서도 그것이 단일 문서로 기록되지 않은 헌법임은 언급조차 하지 않았다.

달리, 미국인들은 성문헌법에 명시된 것은 아니지만 미국 정부 체계의 핵심적인 부분들로 간주되는 전통적인 정치 관행·제도·절차에 우리가 익숙해져 있음을 깨닫지 못하는 것 같다.

물론 성문헌법도 수정 가능하며 실제로 수정한 적도 있다. 헌법 원본의 일부로 봐도 좋은 수정 헌법 1~10조 외에, 미국인들은 1798년부터 1992년까지 17차례에 걸쳐 헌법을 수정했다. 그러나 이들 중 단 세 개만이 지리적 소수파를 이 나라 역사 대부분의 기간, 즉 내전 이전 70년과 1876년 남부 재건 종결 후의 90년 동안 거의 확실히 축출했을 만한 영향을 미쳤다. 미국 내전 이후 10년 동안의 기간은 승리한 북부가 패배한 남부에게 부과한 수정 헌법 13, 14, 15조를 실행할 수 있었던 짧은 기회의 시기였다. 나머지 14개의 수정 헌법에 대해서는 작은 주들이 크게 반발한 적이 없었다.

연방 상원 구성의 주들 간 평등 = 시민 대표 구성의 불평등

이 책의 초판이 출간된 후 완료되었던 2000년 인구조사를 통해 우리는 헌법 수정을 거부할 수 있는 지리적 소수파의 규모가 얼마나 작은지 확인할 수 있다.

이미 여러 번 말했듯이, 헌법 수정에는 연방 상원 의원 3분의 2 이상의 지지가 필요하다. 따라서 전체 주의 3분의 1에서 2명씩 선출된 상원 의원들의 표에 한 표를 더하면 헌법 수정을 막을 수 있다. 50개 주에서 선출한 1백 명의 의원들로 구성되는 현재의 상원에서는 의원 34명만 반대하면 헌법 수정을 막을 수 있다. 설령 상원에서 헌법 수정에 필요한 만큼의 지지표를 얻더라도, 그 다음에는 전체 주 4분의 3의 주 의회(또는 지금은 활용되지 않는 대안인 주 헌법 회의)가 수정안을 비준해야만 한다. 바꿔 말해, 전체 주의 4분의 1에 한 주를 더한 13개 주가 반대하면 헌법 수정을 저지할 수 있다는 것이다.

2000년 인구 조사를 활용하면 헌법 수정을 막는 데 필요한 상원 의원들이 대표하는 최소 인구수를 쉽게 계산할 수 있는데,

34명의 상원 의원을 선출하는 가장 작은 17개 주의 인구는 2,049만 5,878명으로 이는 전체 미국 인구의 7.28%이다.

헌법 수정안이 기적적으로 상원을 통과하더라도 그것은 다음과 같은 규모의 사람들을 대표하는 주 의회에 의해 저지될 수 있다.

가장 작은 13개 주 의회가 대표하는 인구는 1,090만4,865명으로 이는 전체 미국 인구의 3.87%이다.

이와 같은 지리적 소수파의 힘은 헌법 수정을 막을 수 있는 헌법적 권한에만 있는 것이 아니다. 적어도 원칙적으로 상원이 법안을 통과시키는 데는

의원 51명의 지지표가 필요한데, 그들을 선출하는 가장 작은 26개 주의 인구는 5,002만5,674명으로 전체 미국 인구의 17.92%이다.

앞에서 언급했던 바와 같이 매디슨과 그의 동료들은 상원 구성의

주들 간 평등에 대해 격렬히 반대했는데, 1878년 당시에도 매디슨의 출신 주이자 가장 큰 주인 버지니아는 이미 가장 작은 델라웨어보다 인구가 12배나 많았다. 만약 2000년에 나타나는 그 차이의 어머어마함, 즉 가장 큰 주인 캘리포니아가 가장 작은 주인 와이오밍보다 인구가 거의 70배나 많아질 것임을 예측했다면, 그들이 얼마나 실망했을지 한번 상상해 보라. 만약 매디슨이 지금 살아 있다면, 확신컨대 그는 대통령 선거인단 제도를 폐지하는 헌법 수정안을 지지하거나 적어도 그 구성에서 나타나는 대표의 불평등을 줄이는 수정안을 지지했을 것이다. 하지만 그와 같은 수정안은 아주 작은 규모의 지리적 소수파가 헌법 수정을 막기 위해 연방 상원과 주 의회에서 행사하는 거부권을 넘어설 수 없다는 사실을 그 또한 곧 깨닫게 될 것이다.

대표 구성의 불평등은 정말 중요한 문제인가?

위와 같은 주장을 쉽게 받아들이지 않는 사람은 이렇게 질문할 수도 있겠다. 불평등에 관한 위의 공식이 정말 그렇게 중요한 문제인가라고 말이다. 우선 이 대표 구성의 불평등은, 내 생각으로는 민주 정부의 토대로서 그것에 정당성을 부여하며 모든 결점에도 불구하고 그것을 다른 어떤 실현 가능한 비민주적 대안보다 우월하게 만드는 원칙을 명백히 침해한다. 그 원칙이란 다음과 같은 것이다.

- 시민들 간의 정치적 평등
- 모든 사람의 선의는 다른 사람의 선의와 본질적으로 동등하며, 정부가

어떤 결정을 내릴 때에는 모든 사람들 개개인의 선의와 이익을 동등하게 고려해야 한다는 도덕적 판단

- 한때 시민으로서의 권리를 인정받지 못했던 사람들(이를테면, 여성, 노동계급, 빈민, 무산자, 아프리카계 미국인과 미국 원주민)이 대우 받았던 방식에 관한 뚜렷한 역사적 증거로부터 도출할 수 있는 사려 깊은 판단. 이 방대한 증거로부터 끌어낼 수 있는 유일하게 합당한 결론은, 매우 드물게 나타나는 반대 사례를 제외할 때, 법의 보호를 받으면서 법에 종속되는 모든 성인은 정치적으로 평등한 존재이며, 민주적 통치 과정에 참가할 충분한 자격을 갖췄다고 인정해야 한다는 것이 나의 믿음이다 (Dahl, 1998: 62~76; Dahl, 1989, 83~97).[2]

그럼에도 여전히 어떤 사람은 이렇게 질문할 것이다. 불평등에 관한 그런 공식이 공공 정책에도 실질적인 영향을 미치느냐고 말이다. 물론 그렇다.

미국 역사 전반에 걸쳐 상원 구성의 주 간 평등이 법안 통과에 미친 영향을 다룬 포괄적인 연구는 거의 없다. 그러나 『상원 의원 수 늘이기: 주 간 평등 대표의 불평등한 결과』*Sizing Up the Senate: The Unequal Consequences of Equal Representation*라는 적절한 제목의 저작은 헌법 요건이 최근에 미친 영향을 탁월하게 분석하고 있다(Lee and Oppenheimer 1999).

2_이런 방식으로 인용한 문헌들의 전체 목록은 '8장 참고 문헌'이라는 제목으로 이 장 말미에 정리해 놓았다.

여기서 우리는 인구가 많은 주에 사는 미국 시민에 비해 적은 주에 사는 미국 시민이 자동적으로 누리게 되는 세 가지 종류의 정치적 이점을 배우게 된다.[3]

- 첫째, 이미 내가 강조했듯이, 상원 구성에서 작은 주 시민의 한 표는 큰 주 시민의 한 표보다 더 큰 영향력을 행사한다.
- 둘째, 헌법이 규정한 이 정치적 불평등은 더욱 악화되는데, 그 이유는 인구 규모가 작은 주의 시민들일수록 자기 주 상원 의원에게 훨씬 더 쉽게 접근할 수 있기 때문이다.
- 셋째, 작은 주에서 선출된 상원 의원은 상원 그 자체 내에서의 활동뿐 아니라 심지어 상원에서의 리더십 확보와 행사에서도 더 많은 시간을 할애할 수 있기 때문에 이 정치적 불평등은 훨씬 더 악화된다.

연방 재정 지출에서 그 결과는 놀랄 만한 것이다. 다른 관련 요인들을 통제했을 때 승자는 분명 작은 주에 거주하는 시민이다. 예를 들어, 연방 재정 지출에서 와이오밍 주에 할당되는 연간 금액은 주민 1인당 대략 209달러인 반면 캘리포니아 주는 132달러 정도이다(Lee and Oppenheimer, 173~76). 연방 재정 지출에서 와이오밍에 사는 시민이 캘리포니아에서 비슷한 환경에 있는 시민보다 1.5배 더 많은 금액을 지원받는 것을 정당화할 수 있는 보편적 원칙은 무엇이란 말인가?

3_이들 세 명제에 관한 증거는 이 책의 3~7장에서 확인할 수 있다.

가중 다수supermajorities 결정의 문제: 정당한 원리로 뒷받침되는 경우와 그렇지 않은 경우

헌법이나 법률 개정에서 단순 과반수보다 더 많은 지지, 즉 가중 다수의 지지를 요구하는, 그래서 소수파에게 거부권을 허용해 주는 경우는 민주 정부의 근본 원리인 다수 지배를 부정하는 것처럼 보인다. 민주주의에서는 다수의 지지로만 결정이 이뤄져야 하는가? 가중 다수결은 민주주의의 기본 원리를 통해서는 결코 정당화될 수 없는 것일까?

이것은 매우 심오하고 난해해서 간단히 답할 수 없는 질문들이다. 민주주의 체제에서 언제 다수 결정이 적합하고 언제 가중 다수 결정이 적합한지는 민주주의 이론가와 철학자를 포함한 여러 사람들이 오랫동안 논의해 온 문제이다. 여기서 그 복잡한 논의에 대해 책임 있는 견해를 제시하는 것은 내 한계를 크게 뛰어넘는 일이므로, 다섯 가지 명제만 제시하고자 한다. 이들 명제는 이 책의 독자들 대다수가 그렇듯이 민주주의에 대한 신념과 함께 민주주의를 유지하고 발전시키기를 바라는 사람들이 의미 있는 대화를 나누는 데 필요한 가정이라고 생각한다.

1. 가중 다수에 의한 결정, 즉 소수파의 거부권이 인정되는 경우는 그 자체로 정당화될 수 있는 명시적 원칙에 의해 정당화되어야 한다. 그래서 다시 한 번 이렇게 질문할 수 있다. 상원 구성에서 나타나는 시민 대표의 불평등은 어떤 원칙으로 정당화할 수 있는가? 나로서는 이와 같은 대표의 불평등을 옹호하려는 사람은 그로부터 비롯된 정치적 평등의 극단

적인 침해에 대해 누구나 수긍할 만한 근거를 가진 보편적 원리를 제시
하고 그 원리를 방어해야 한다고 생각한다.

2. 민주적인 근거를 바탕으로, 특정한 소수파의 거부권을 부정하는 경우
에도, 그 논리의 연장선상에서 다수파가 바라는 것은 무엇이든 할 수
있다고 가정할 수는 없다. 다수파라 하더라도 그들에게, 민주주의 그
자체의 존속과 작동에 핵심적인 권리와 자유와 기회 그리고 표현과 결
사의 자유, 자유롭고 공정하고 적절하게 빈번한 선거 등의 자유와 권
리를 침해할 도덕적인 자격이 주어진 것은 아니다. 앞에서 내가 주장
했던 바와 같이(171~173), 민주적인 원리와 절차를 침해하는 다수파
의 행동을 바로 그 원리와 절차를 활용해 정당화하는 것은 논리적인
자기모순이다. 다수파에게 민주주의를 파괴할 능력이 있다고 말하는
것이 다수파에게 민주주의를 파괴할 도덕적 자격이 있다고 말하는 것
은 아니다.

3. 지리적 소수파의 이익은 두 가지 방식으로 보호받을 수 있다. 우선 지
리적 소수파의 구성원들이 민주국가의 시민으로서 보유한 근본 권리
는 권리장전 및 그 이후 수정 헌법에 포함된 조항들의 입법적·사법적
집행을 통해 보호받을 수 있다. 여기에 더해 뚜렷하게 지역적인 사안
에 대한 결정 권한 또한 법률과 현존 헌법에 내장된 연방주의 원칙을
통해 보호받을 수 있다.

4. 다수파가 민주주의를 파괴할 수 있을 때조차도, 그 가능성은 대체로 크
게 과장된 것이다. 핵심적인 민주주의 제도 모두가 한 세대 이상 동안
확고하게 자리 잡은 나라에서, 다수파가 민주적인 절차를 통해 비민주
적인 체제로 전환한 사례를 나는 알지 못한다. 이따금씩 1933년 바이
마르 공화국의 붕괴가 그런 사례로 언급되지만, 나치당은 자유롭고 공

정한 선거에서 다수표를 받은 적이 한 번도 없다.[4] 그리고 어쨌든 바이마르 공화국의 존속 기간은 15년도 되지 못했다.

5. 어떤 사법 체계로도 굳게 뭉친 다수파가, 심지어 굳게 뭉친 소수파가 민주주의를 파괴하는 것을 막을 수는 없을 것이다. 그럼에도 처음 두 명제에 따르면 민주적인 헌법은 핵심적인 민주주의 제도에 명백히 해가 되는 법률과 정책을 거부할 수 있는 권한을 독립적인 사법부에 부여할 것이라고 나는 생각한다.

많은 미국인들은 이 사실을 잘 모르겠지만, 사법부의 거부권과 같은 조항이 미국의 성문헌법에 명시되어 있는 것은 아니다. 그럼에도 헌법에 배치되는 것으로 판단되는 법률과 정책을 무효화할 수 있는 연방 대법원의 권한은 1803년 처음 행사된 이래 미국 불문헌법의 일부로 폭넓게 수용되어 왔다.

그리고 그로 인해 항구적인 문제가 만들어졌다. 성문헌법이 명료한 안내문이 되는 경우도 드문 데다가 '헌법 입안자들의 의도'는 많은 경우 단정 짓기 어렵거나 알 수 없거나 모호하기에, 대법원은 자신의 권한으로 대법관 다수의 정치적 이데올로기가 반영된 것에 불과한 정책을 자주 부과하곤 했다(Dahl 1958; Rosenberg 2001; Sandler and

---

4_마지막으로 선거의 자유가 보장되었던 1932년의 7월 선거에서 나치당(NSDAP)의 득표율은 37%에 불과했고, 11월 선거에서는 그보다 적은 33%밖에 얻지 못했다[Dolf Sternberger and Bernhard Vogel, *Die Wahl Der Parlamenta* (Berlin: Walter De Gruyter, 1969), vol. 1, table A 11, p. 358].

Schoenbrod 2003).

그럼에도 나로서는 미국 불문헌법의 이 부분이 바뀔 가능성은 매우 낮다고 생각한다. 예상컨대 연방 대법원은 1803년 이후 그래 왔던 것처럼 앞으로도 계속 선출되지 않은 정책 결정 기구로 존속할 것이다.

불문헌법 개정하기

성문헌법을 고쳐 그것에 남아 있는 비민주적 특성을 제거할 가능성도 낮고, 연방 대법원의 정책 결정 역할과 같은 불문헌법의 요소를 민주화할 가능성도 밝지 않다면, 불문헌법의 다른 부분을 개정해 좀 더 민주적으로 만들 수 있는 가능성은 어떨까?

우리가 바꿀 수 있고 나로서는 반드시 바뀌야 한다고 생각하는 미국 불문헌법의 한 가지 요소는 바로 선거제도이다(79~85). 물론 선거제도 개혁이 우리가 다뤄야 하는 유일한 민주적 혁신도 아니고 아마 가장 중요한 혁신도 아닐 것이다. 그러나 우리가 진지하게 고려하고 논의할 필요가 있는 매우 중요한 가능성의 사례임에 분명하다. 다행스럽게도 최근 출간된 몇몇 저작들은 그에 관한 논의를 더욱 폭넓게 전개할 수 있는 탁월한 기반이 되어 주었다(Thompson 2002; Hill 2002; Amy 2003).

그래서 나는 현재 미국 선거제도의 결점을 간략히 정리하고 훨씬 더 민주적이며 실현 가능한 몇 가지 대안들을 요약하는 것으로 이 장을 마치고자 한다.

승자 독식 선거제도

앞에서 언급했듯이(80~81), 승자 독식 선거의 가장 분명한 결과는 한 정당의 후보들이 얻는 표의 비율과 그 정당이 입법부에서 차지하는 의석 비율 간의 불비례성이며, 그것은 종종 매우 극단적인 차이를 보여 주기도 한다.

승자 독식 제도를 옹호하는 사람들은 그 불비례성이 장점이라고 주장하곤 한다. 즉 승자 독식 제도는 선거에서 승리한 정당의 입법부 의석을 늘려 줌으로써 다수파 정부가 자기 정책을 좀 더 효과적으로 실행할 수 있게 해 준다는 것이다. 사실 다음 두 가지 요건이 충족되는 선거라면 승자 독식 제도가 만족할 만한 것이라고 말할 수 있다. 하나는 유권자들이 경제 상황과 같은 하나의 정책 유형을 중심으로 분화되는 것이고, 다른 하나는 그들의 태도가 단일 차원을 따라 이를테면 좌측, 중간, 우측으로 분포되면서 중간 근처의 견해를 가진 유권자가 가장 많은 것이다. 이와 같은 상황이 안정적으로 유지된다면, 승자 독식 선거는 경쟁적 양당 체계로 귀결되며 여기서 거의 모든 유권자가 자신의 견해에 가장 가까운 정책을 내세우는 정당을 지지할 것이다. 이처럼 매우 이상적인 조건에서는 선거에서 승리한 정당이 패배한 정당보다 시민 다수의 견해를 더 잘 대표하며, 자신이 얻은 과잉 대표 의석을 통해 유권자 다수가 지지를 표명한 정책을 확실히 실행할 수 있다.

그러나 문제는 이런 상황이 매우 드물다는 데 있다. 오늘날 정부가 시민들에게 영향을 미치는 분야는 세금, 교육, 환경, 사회 보장, 해외 정책, 군사 정책, 건강, 직업, 낙태, 인권, 주택, 이민, 그 외 기타 등등 대단히 다양하고 많다. 따라서 유권자들의 견해를 단일 차원에 알맞게 배치하기는 어렵다. 이럴 경우 승자 독식 제도는 다음과 같은 근거에서 매우 불만족스런 결과를 만들어 낸다.

- 과반수 지지표를 얻지 못한 후보가 공직을 획득할 수 있다. 이론적으로 세 명의 후보가 출마한 선거에서는 한 후보가 34%의 지지만 얻고도 공직을 획득할 수 있고, 네 명의 후보가 출마한 선거에서는 26%의 득표만으로도 공직을 획득할 수 있다. 이런 극단적인 결과가 나타날 가능성은 낮지만, 과반수 지지표를 얻지 못하고서도 공직을 획득하는 것이 결코 드문 일은 아니다.
- 선거 승자의 득표율이 50% 미만에 그쳤다면, 다수의 유권자는 분명 2등에 머문 후보를 선호했을 것이다. 따라서 유권자들의 두 번째 선호가 고려되었다면, 첫 번째 선택의 1등이 아닌 2등 후보가 승자가 될 수 있고 몇몇 경우에는 그 득표 차도 꽤나 클 것이다.
- 어느 한 후보에게 압도적으로 유리한 것으로 생각되는 주州나 선거구에서는 다른 후보를 지지하는 유권자의 투표 유인이 크게 줄어든다. 당신의 표가 선거 결과에 어떤 영향도 미치지 못한다는 사실을 알고 있을 때, 투표는 당신에게 무슨 소용이 있겠는가?
- 양대 정당 중 어느 편도 자신을 대표하지 않는다고 생각하는 시민들은 정치와 선거를 완전히 포기해 버릴 수 있다. 극단적인 경우 그들은 민주주의 그 자체로부터 소외될 수 있다.
- 앞에서 언급한 바와 같이(139~141), 승자 독식 제도는 대체로 비례대표제보다 더 많은 패자를 만들어 낸다. 이론적으로 승자 독식 선거제도 하에서는 절반에 육박하는 유권자들이 패자가 될 수 있다. 비례대표제

에서 그 '패자들'은 자신의 정당 대표가 연합 정부에 참여해 그들의 견해가 고려됨에 따라 통치 과정에서 일정한 자기 몫을 가질 수 있다. 어쨌든 그들은 자신의 표가 선거 결과를 결정하는 데 공정한 평가를 받았다고 확신할 수 있다.

• 그 결과 비례대표제에서는 '패자들'이 그들이 사는 나라에서 민주주의가 작동하는 방식에 만족할 가능성이 더 높다(140~141).

게리맨더링

미국의 연방 하원과 대다수 주 의회, 시 의회가 그렇듯이, 입법부 대표를 선출하기 위해 선거구를 활용하면, 게리맨더링에 대한 유혹이 크게 증가한다. 특정 후보에 유리하도록 선거구 경계를 그리는 것은 미국에서 오래전부터 이루어져 온 일이었다. (게리맨더링이라는 용어가 처음 만들어진 시기는 1811년이었다. 당시 매사추세츠 주지사 엘브릿지 게리는 큰 뱀 모양의 선거구를 획정한 법안에 서명했는데, 한 신문 편집자가 이를 두고 곧바로 도롱뇽을 뜻하는 살러맨더가 아닌 게리맨더라고 공언했다.) 게리맨더링의 결과는, 특정 후보에게 호의적인 유권자는 포함하고 그렇지 않은 유권자는 배제할 목적으로 그려진 선거구에서 그 후보가 압도적으로 승리해 선출된다.

이렇듯 민망한 사실은 다음과 같은 정치 동학을 만들어 낸다.

• 선출된 정치인들은 당연히 그들 자신이나 자기 정당에 유리하게 선거구를 획정하는 데 강한 유인을 갖는다.

- 물론 그렇게 하기 위해 그들은 상대 정당의 선출된 정치인들과 빈틈없는 거래에 나서고 그럼으로써 결국 두 정당 모두 자기 후보에게 안전한 지역구 획정이 확실히 보장된다.
- 선거구 획정 과정을 통제하기 위해 선출된 정치인들은 독립적인 위원회가 아니라 자신들이 선거구의 경계를 그리는 일을 담당하고자 할 것이다. 2002년에는 독립적인 위원회를 설치한 주가 6개뿐이었다. 나머지 모든 주에서 주 입법부가 직접 나서든(36개 주), 최종적인 권한을 행사하든(8개 주), 마지막 단계에서 결정권을 행사한다(Thompson 173, 242).
- 결과적으로 10년마다 이뤄지는 인구조사 후에는, 2000년 조사 이후 누구나 지켜볼 수 있었던 바로 그 모습, 즉 대다수 주들의 입법부에서 벌어지는 보기 흉한 언쟁과 완력과 거래와 결탁에 따라 그들 주의 선거구 모양이 결정된다.
- 최종 결과는 안전한 선거구들이 만들어지면서 잠재적으로 경쟁적인 선거구의 수가 줄어든 것이다. 2000년 인구조사 이후 양당에 의해 선거구가 획정되면서 2002년 선거에서는 연방 하원 의석 중 35~40개만이 경쟁적이었다.[5] 게리맨더링은 그 외의 모든 의석, 즉 열에 아홉을 양당 중 어느 하나에게 안전한 선거구가 될 수 있게 보장해 주었다.

5_ "대다수 의회 선거구에서는 의미 있는 경쟁이 이뤄지지 않았다. 매우 자의적으로 획정된 연방 하원 선거구에서 네 명의 현직 의원만 비현직 도전자에게 패했다. 연방 하원 선거에서 당선자 평균 득표율은 40% 이상이었고, 선거구 5곳 중 4곳 이상은 1, 2위 간 격차가 20% 이상으로 매우 컸고, 선거구 10곳 중 9곳 이상은 그 격차가 10% 이상이었다. 1998~2002년간의 주 의회 선거에서 5명 가운데 2명의 당선자는 주요 정당 소속의 경쟁자 없이 선거에서 승리했다"(www.fairvote.org/e-news/20021114.htm).

그 결과 연방 하원조차 늘 그렇게 대표적이지 않을 수 있게 되었다.

승자 독식 제도의 대안

앞에서 지적했듯이, 영국과 캐나다 두 나라만 예외일 뿐 다른 모든 성숙한 민주주의 국가들은 승자 독식이 아닌 다른 선거제도를 활용하고 있다. 그런 제도 대안의 많은 종류를 여기서 상세히 설명하기는 어렵기 때문에, 미국인들이 좀 더 익숙하게 느낄 만한 몇 가지 대안만 간략히 살펴보고자 한다.[6]

어떤 후보도 50% 이상 득표하지 못할 경우, 가장 많은 표를 받은 두 후보를 두고 한 번 더 투표하는 **결선투표제**runoff(다른 용어로 2차 투표제second round)가 있다. 이 제도는 프랑스의 대통령과 의회 선거에서 활용되고 있다. 이 제도의 주된 결점은 시간과 노력과 돈을 한 번 더 필요하다는 것이다. 선거 자금에 대한 우려가 매우 큰 미국에서 이것은 특히 더 심각한 문제가 될 것이다.

하지만 그런 결점은 **선호 투표제**preferential voting(이따금씩 자동 결선투표제instant runoff로 불리기도 하는)를 통해 제거될 수 있다. 선호 투표에도 여러 종류가 있지만, 기본적으로 이 제도는 유권자가 자기 선호 순서에 따라 후보들에게 순위를 매기도록 허용 내지 요구하는 것이다.

6_좀 더 상세한 내용은 Reynolds and Reilly(1997), Hill(2002), Amy(2002), www.fair-vote.org 참조.

이 제도를 옹호하는 사람은 이렇게 설명한다. "처음 투표에서 어떤 후보도 50% 이상 득표하지 못하면, 가장 적은 표를 받은 후보가 제거되면서 그가 받은 표는 그 투표용지에 2등으로 기록된 후보에게 이전된다. 이러한 제거와 이전 과정은 50% 이상 득표한 후보가 나올 때까지 계속된다"(Thompson 71).

이와 같은 종류의 선거제도는 1901년 이후 오스트레일리아에서, 1922년 이후 아일랜드에서 활용되고 있다.

또 다른 대안은 비례대표제proportional representation, PR이다. 이 선거제도는 한 정당이 받은 표의 비율과 그 정당이 얻은 의석의 비율이 가능한 한 근접하도록 보장해 준다. 22개 선진 민주주의 국가들 중 과반수는 비례대표제를 활용하고 있다(부록 1, 표 3 참조).

비례대표제 + 소선거구제

비례대표제를 활용하는 많은 나라들에서는 유권자가 자신의 지역구를 대표하는 후보를 선출할 기회를 갖지 못한다. 아마도 대다수 미국인들은 이를 비례대표제의 결점으로 볼 것이다.

그러나 비례대표제도 지역구마다 한 명의 대표만 선출하는 소선거구제와 결합될 수 있다. 이 제도는 미국에서 다음과 같은 방식으로 작동할 수 있다. 이해를 돕기 위해 연방 하원 의석이 현재의 435석이 아닌 6백 석이라고 가정해 보자. 이들 의석 중 절반은 3백 개의 선거구에서 치러지는 선거를 통해 채워지는데, 이 선거는 현재와 같은 승자 독식 제도를 통해 선거구당 한 명의 대표만 선출할 것이다. 유권자들은 한 차례 더 투표하게 되는데, 그 투표는 자신이 선호하는 정당이 주 차원에서 지명한 후보들의 명부를 대상으로 한 것이다. 이 두 번째 투표는 각 정당의 득표 비율과 의석 비율을 근접하게 만드는 역할을 담당한다. 예를 들어, 한 정당이 하원 선거의 정당 명부 투표에서 40%의 득표율을 기록했음에도 지역구 선거에서 전체 하원 의석의 20%만 얻었다면, 나머지 20%의 의석은 정당 명부에 등록된 후보들에게 배분해 그 정당의 득표 비율과 하원 의석 비율이 맞춰지게 되는 것이다. 이런 방식으로 지지율 40%를 기록한 정당은 하원 의석의 약 40%를 얻을 것으로 기대할 수 있다.

이 제도는 지역구 선거의 장점과 비례대표제의 공정성을 결합했기 때문에, 몇몇 연구자들은 비례대표제와 다수 대표제보다 나은 최선의 제도라고 평가한다. 이 제도는 독일에서 1949년 연방 공화국 출범과 함께 활용되어 왔으며, 뉴질랜드에서도 1993년 이후 승자 독식 제도를 대체해 활용되고 있다. 이탈리아 의회 양원 모두의 선거에서도 이 제도가 활용되고 있다. 그러나 이탈리아에서는 선거제도에 대한 불만이 만성화되어 이 제도 또한 상당한 비판과 제도 변화 논의를 불러일으키고 있다.

경계를 위한 조언, 희망을 위한 조언

우리가 너무 많은 것을 기대하지 않도록 경계하자는 의미에서 약간의 조언을 덧붙여야겠다. 첫째, 매우 많은 아니 거의 대부분의 정치적 대안들이 그렇듯이, 내가 최선이라고 판단한 선거제도조차 완전무결할 수는 없을 것이다. 둘째, 다른 정치제도와 마찬가지로, 어떤 나라에서는 잘 작동하는 선거제도가 다른 나라에서는 그렇게 만족스럽지 않을 수 있다. 셋째, 따라서 선거제도는 특정한 나라, 지금 우리가 고려 중인 사례를 말한다면 미국의 조건에 맞게 설계해야 한다.[7]

그리고 희망을 위한 약간의 조언도 덧붙이고자 한다.

약 한 세기 전 탁월한 연방 대법관이었던 루이스 브랜다이스Louis Brandeis는 주州가 변화의 가능성을 쉽게 확인해 볼 수 있는 실험장이라고 주장한 바 있다. 가장 중요한 수정 헌법 중 일부, 예를 들어 노예제 폐지, 상원 의원 직접 선거, 여성 투표권 부여와 같이 가장 중요한 수정 헌법 중 일부는 먼저 주 차원에서 실시되어 인정받았고, 이를 통해 전국적으로 강력한 지지 세력이 만들어져 궁극적으로 승리할 수 있었다. 물론 가능성에 대한 실험은 주보다 더 작은 지역 단위에서도 이뤄질 수 있다.

앞에서 말했듯이 미국의 승자 독식 선거제도는 우리가 대면해야 하는 비민주적 유산들 중 하나일 뿐이다. 미국 불문헌법의 다른 비민주적 특징들 또한 곧 개정해야 할 요소들이다.

7_헌법학자들 또한 대통령 선거인단의 승자 독식 선출이 야기하는 비민주적 결과를 헌법 수정 없이 교정할 수 있음을 보여 주었다. 즉 가장 큰 11개 주들, 그러니까 현재 전체 선거인단의 과반수 표를 보유한 주들의 의회 모두가 자기 주 선거인단 대표로 하여금 대중 투표에서 과반수 지지를 얻은 후보를 지지하도록 의무화하는 법안을 통과시키면 되는 것이다(Amar and Amar 2001; Bennett 2002). 이 방안과 선호 투표제 혹은 자동 결선 투표제를 결합하면, 대중 투표상의 과반수 지지는 대통령 당선의 필수 조건이 될 것이다 (Amar and Ama 2002).

대다수 미국인들은 민주주의 제도에 필요한 기본적인 권리가 시민들 간에 공정하게 배분되어야 한다는 데 동의할 것이다. 여기에 더해 앞 장에서 내가 지적했듯이, 민주주의 원리는 그런 권리에 따라 행동할 기회와 그런 기회를 활용하는 데 필요한 정치적 자원의 공정한 배분도 요구한다. 그러나 시민들이 정치 활동과 선거 운동에 참여하거나 정책에 영향을 미치고자 할 때 필요한 정치적 자원의 엄청난 불평등을 줄이는 방법을 우리는 이제야 탐구하기 시작했다. 이를테면, 선거 자금 문제는 최근 어렵게 싸워 얻은 변화에도 불구하고 여전히 기본적인 민주적 기준조차 충족하지 못한 완벽한 실패작으로 남아 있는 것이다.

* * *

미국인들이 폭넓게 간직하고 있는 믿음과는 반대로, 우리가 이 세상에 내놓을 만한 위대하고 오래가는 '기증품'은 우리의 헌법이 아니다. 오랜 기간 동안 민주주의를 성공적으로 실행해 왔고 다음 세기에도 계속 그럴 가능성이 높은 나라들은 미국 헌법을 거의 모방하지 않았으며 실제로는 대체로 거부했다. 하지만 미국인들은 헌법보다 훨씬 더 위대한 '기증품' 두 개를 내놓을 수 있다.

하나는 미국인들이 가능성을 직접 증명한 것으로, 상대적으로 자유롭고 독립적인 사람들이 설계하고 비준하고 이따금씩 수정해 온, 민주 공화국의 정치 구조를 규정한 성문헌법은 정치 지도자들과 보통 시민들의 폭넓은 존중 속에 언제까지나 지속될 수 있다는 것이다. 사실 미국 헌법의 특정 요소들은 안정된 민주주의를 향한 자기 나름의 경로를 성공적으로 찾으려는 다른 나라에 모범이 되어 주지 못했다. 그럼에도 미국은 대의제 민주주의에 필요한 안정적 구조를 창출하고 유지하는 데 성문헌법이 도움이 될 수 있음을 전 세계에 생생하게 보여 주는 증거이다.

그러나 내가 생각하기에 이보다 훨씬 더 위대한 '기증품'은 알렉시드 토크빌과 같은 외국 여행자들이 목격한 후 유럽과 다른 나라에 알려준 다음과 같은 사실이다. 이 거대하고 다양하면서도 계속 성장하고 혁신하고 번영하는 나라에서, 민주주의와 정치적 평등에 관한 이념과 이상은 앞으로도 영원할 것이라고 생각할 만큼 정치적인 생활과 믿음과 문화와 제도에 깊은 영향을 미쳤다는 사실 말이다.

Amar, Akhil Reed, and Vikram David Amar. 2001. "The 2000 Election and the Electoral College." *FindLaw's Legal Commentary*, part 1, Nov. 30; part 2, Dec. 14; part 3, Dec. 28.

_____. 2002. "The Fatal Flaw in France's — and America's — Voting System, and How an 'Instant Runoff' System Might Remedy It." *FindLaw's Legal Commentary*, May 3.

Amy, Douglas J. 2002. *Real Choices/New Voices: How Proportional Representation Elections Could Revitalize American Democracy*. 2nd ed. New York: Columbia University Press.

Bennett, Robert W. 2002. "Popular Election of the President Without a Constitutional Amendment." *The Green Bag*, no. 2 (Winter), pp. 141–49.

Dahl, Robert A. 1958. "Decision-Making in a Democracy: The Supreme Court as a National Policy-Making." *Journal of Public Law* 6, no. 2, pp. 279–95. Reprinted in *Emory Law Journal* 50 (Spring 2000), pp. 563–82.

Hill, Steven. 2002. *Fixing Elections: The Failure of America's Winner Take All Politics*. New York: Routledge.

Lazare, Daniel. 1996. *The Frozen Republic: How the Constitution is Paralyzing Democracy*. New York: Harcourt Brace.

Lee, Frances I., and Bruce I. Oppenheimer. 1999. *Sizing Up the Senate: The Unequal Consequences of Equal Representation*. Chicago: University of Chicago Press.

Reynolds, Andrew, and Ben Reilly. 1997. *The International IDEA Handbook of Electoral System Design*. Stockholm: International Institute for Democracy and Electoral Assistance.

Rosenberg, Gerald N. 1991. *The Hollow Hope: Can Courts Bring about Social Change?* Chicago: University of Chicago Press.

Sandler, Ross, and David Schoenbrod. 2002. *Democracy by Decree: What Happens when Courts Run Government?* New Haven: Yale University Press.

Shugart, Mathew Soberg, and Martin P. Wattenberg. 2001. *Mixed Member Electoral Systems: The Best of Both Worlds?* Oxford: Oxford University Press.

Thompson, Dennis F. 2002. *Just Elections: Creating a Fair Electoral Process in the United States.* Chicago: University of Chicago Press.

Website: www.fairvote.org.

민주주의와 헌정주의:
미국과 한국

최장집 고려대 명예교수, 정치학

* 이 글은 제1판의 한국어판 서문을 수정·보완한 것이다.

1. 들어가는 말

훗날 한국 민주주의의 전개 과정을 되돌아볼 기회를 갖게 되었다고 가정해 보자. 그때 우리는 2004년과 그해 있었던 몇 가지 사건을 두고, 한국 민주주의 역사에서 '새로운 문제'가 등장했음을 알린 커다란 전환점이었다고 기록할는지 모른다. 2004년의 몇 가지 사건이란 민주주의하에서 헌법, 나아가 사법부의 역할은 어떠해야 하는가에 대해 진지한 관심을 갖게 만든 최초의 계기를 가리킨다. 그것은 5월과 10월 불과 5개월이라는 시차를 두고, 헌법재판소(이하 헌재)가 정치적으로 중대한 사안에 대해 두 번의 평결을 내린 것을 말한다. 첫 번째는 대통령 탄핵 소추 기각 평결이며, 두 번째는 "신행정수도 건설을 위한 특별조치법"을 위헌으로 평결한 사건이다. 앞의 사건에서는 9명의 헌재 재판관에게 현직 대통령의 직위를 박탈할 것인가의 여부를 결정할 수 있는 기회가 부여되었다. 뒤의 사건에서 헌재는 민주적 선거를 통해 집권한 민주 정부가 최대 우선순위를 부여한 정책이자, 대의제 민주주의의 중심 기구인 입법부의 다수가 내린 합법적 결정을 한순간에 무효화했다. 이로써 그간 한국 정치체제의 배면에 머물러 있던 사법부, 특히 헌재가 사태의 전면으로 급속히 부상하면서 그야말로 '정치의 중심적 행위자'로 등장하게 되었다. 입법, 행정, 사법이라고 하는 정부의 3부 가운데 가장 덜 정치적인 기구로 인식되었고, 따라서 가장 덜 주목받았던 사법부가 갑작스럽게 '제왕적 사법부'Imperial Judiciary로 우리 앞에 나타나게 된 것이다.[1] 한국의 민주주의와 관련하여 이 중요한 변화를 어떻게 이해할 것인가? 나아가 한국의 헌법은 얼마나 민주적인가?

헌법과 사법부의 역할 문제를 놓고 볼 때, 미국에서 발생하고 있는 사태 또한 중대 관심사가 아닐 수 없다. 2000년 11월 공화당의 부시 후보를 당선시킨 미국 대통령 선거, 그리고 4년 뒤 다시 그를 재선시킨 2004년의 선거가 그 대표적인 사례이다. 2000년의 대통령 선거 결과는 인민의 다수 의사가 아닌 연방최고법원 9명의 판사에 의해 결정되었다. 민주당의 고어 후보는 전국적으로 더 많은 표를 획득했지만, 무수한 논란을 불러일으켰던 플로리다 주에서의 패배로 선거인단 수에서 소수가 되었기 때문에 패자가 되었다. 그러나 당시 플로리다 주에서의 선거 과정은 흑인 저소득층 구역의 투표를 누락한 계표 부정, 수천 명의 흑인 투표자에 대한 선거방해, 혼란을 야기한 펀치형 투표 카드 등 그야말로 의혹과 부정으로 얼룩진 것이었다. 당시 연방최고법원이 민주당의 요구를 수용하여 수手 재검표를 명령했더라면 결과는 또 어떻게 달라졌을지 모를 일이다. 사법부의 결정에 따라 누가 대통령인가가 달라지는 사태, 달리 말해 민주주의의 핵심이라 할

1_제왕적 사법부라는 말은, 미국 정치학의 대표적 교과서의 하나인, Theodore J. Lowi and Benjamin Ginsberg, American Government: Freedom and Power, 7th ed. (W.W. Norton & Company, Inc., 2002), 8장의 제목 "The Federal Courts: Least Dangerous Branch or Imperial Judiciary?"에서 따왔다.

인민주권이 사법부의 결정에 종속되는 사태가 발생한 것이다. 그러나 이것 역시 숱한 사례들 가운데 하나에 불과했다. 그로부터 4년 뒤인 2004년 선거는 헌법 개정과 같이 뭔가 획기적인 변화가 아니고서는 개선되기 어려운, 선거제도의 전면적 혼란을 드러냈다. "투표를 의미 있게 만들기"Making Vote Count라는 제목으로 여러 달에 걸쳐 연재된 『뉴욕타임스』 공정 선거 캠페인 시리즈를 보면,[2] 과연 이 선거가 '세계 최초의 민주주의 국가'였던 곳에서 치러진 것인지를 의심하게 한다. 마치 그것은 한국의 4·19혁명을 촉발했던 1950년대 자유당 독재 시절 부정선거의 일단을 보는 느낌이었다. 2004년 선거 당시 필자는 시엔엔CNN 방송의 한 보도를 통해, 미주리 주의 세인트루이스에서 한 민주당원의 놀라운 주장을 들을 수 있었다. 그는 만연하고 있는 선거 부정을 지적하면서 유엔이 개입해 선거를 감시해야 한다고 말했다. 그리고 이에 대해 한 공화당원은 "유엔이 선거 감시단을 파견한다는 것은 곧, 제3세계 비민주 국가들의 감시단이 세계 최고의 민주국가에서 치러지는 선거를 감독하는 것"이라며 항변하고 있었다.[3] 이런 내용의 방송을 들으면서 필자는, 한국에서 실시된 최초의 선거인 1948년 5월 10일 선거가 유엔감시위원단의 감독하에 치러졌다는 사실이 떠올라 충격을 받지 않을 수 없었다.

이상 살펴본 사례들에서 우리가 주목하게 되는 것은, 민주주의의

2_"Making Votes Count: Fixing Democracy," *New York Times*, January 18~ November 4, 2004.

3_CNN, 2004년 10월 21일, 10시 25분.

원리 내지 규범과 그 제도적 실천 사이에서 드러나는 첨예한 괴리의 문제이다. 민주주의에 대한 수많은 복잡하고 다양한 정의들과 이를 구성하는 여러 요소들 그리고 그 실천적·제도적 다양성에도 불구하고 민주주의의 핵심은, 고대 그리스 아테네에서 유래하는 말뜻 그대로 데모크라시(demo(s) + kratia), 즉 시민의 공동체를 가능하게 하는 하나의 지배 체제로서 인민의 힘을 실현하는 것 내지는 인민 스스로 통치하는 것을 말한다. 그러나 우리가 잘 알다시피 그런 원리를 현실에서 실현하는 문제는 헌법에 의해 틀지어지고 규정된다. 헌법은 인민의 정치적 참여와 실천 나아가 그 결과를 규율하는 제도 중의 제도이기 때문이다. 그렇다면 왜 헌법이라는 제도를 통해 인민의 힘, 인민의 의사를 제약·구속하는가? 그것은 민주주의와 대비하여 '헌정주의' constitutionalism라고 일컬어지는 정치학의 또 다른 중심 문제를 가리킨다. 현실에서 민주주의 체제는, 헌법으로 구체화된 제도적 형식성 즉 헌정주의와 인민의 지배라고 하는 민주적 규범 사이의 긴장과 괴리, 모순과 갈등을 포괄하기 때문에 복잡한 다이내믹스를 창출한다. 평상시 다수의 사람들은 자유롭고 공정하고 주기적인 선거, 평등한 투표권을 수단으로 하는 정치 참여의 권리, 선출된 대표에 의해 통치되는 정부, 의사 표현의 자유, 다수 지배의 원리가 실현되는 정치체제를 민주주의라고 생각한다. 그리고 헌법은 이런 민주주의를 규범적으로 제도적으로 뒷받침하는 장치라고 보기 때문에 양자 사이에 이렇다 할 갈등이나 괴리가 있다고 인지하지 못한다. 헌법이 작동하는 과정에서 민주주의의 원리 및 규범과 충돌하는 사태에 직면해서야, 비로소 사람들은 민주주의와 헌법이 완벽하게 일치하지 않을 뿐만 아니라 서로 충돌할 수도 있다는 사실을 발견하게 되는 것이다. 민주주의란 무엇인가? 헌법은 과연 민주주의에 복무하는가? 그럼으로써 정당성을 갖는가?

민주주의 원리와 헌법의 작동 사이의 갈등이라는 측면에서 볼 때, 지난 두 번의 미국 대통령 선거는 미국 헌법의 구조적 위기, 나아가 미국 민주주의의 위기를 표출시킨 대사건이 아닐 수 없다. 최근까지 미국 헌법과 미국의 정치제도는 세계 최초의 민주 헌법을 만든 국가로서 하나의 모델로 간주되어 왔다. 어떤 면에서 이는 미국이 갖는 세계 지배적 지위와 강대함이라는 후광에 힘입어 신비화되어 왔다고 말할 수도 있다. 그러므로 미국 헌법의 구조적 위기 그리고 미국 정치의 여러 불합리한 양상의 표출은, 모델로서의 미국 제도를 탈신비화의 압박에 노출시키고, 나아가 미국의 헌법과 제도를 비판적으로 이해하게 만드는 계기를 제공하고 있다. 이 점은 한국적 맥락에서도 중요하다. 한국에서 민주주의와 헌법을 이해하고자 할 때 미국은 특별한 의미를 갖는다. 미국의 영향력은 한국의 대외정책, 군사 안보, 경제, 교육, 문화 등 거의 모든 중요한 사회 영역에서 절대적이다. 미국의 존재는 외적 관계의 수준에서만 포착되는 것이 아니다. 그 존재는 한국인들 의식의 내면세계 속으로 깊숙이 침윤되어, 한국인의 가치관과 인식의 틀은 물론 세계를 이해하는 방법, 나아가서는 우리 사회가 지향해야 할 미래를 내다보는, 이른바 비전을 형성하는 데 있어서 가장 중심적인 기준이 된 지 오래다. 한국에서 정치와 민주주의를 이해하고 그 제도를 주형鑄型하는 데 있어서도 미국의 영향력은 압도적이다. 그 가운데서도 특히 민주주의의 제도적 틀로서의 헌정주의에 관한 한 미국의 영향은 앞에서 말한 다른 어떤 영역보다 강하다. 일찍이 해방 이후 남한만의 분단국가 창건은 미국이 부여한 자유민주주의 이념과 미국 헌법을 기본 골격으로 제도화되었기 때문이다. 간단히 말해 미국은 한국 정치와 사회의 기본 구조와 운영 원리가 될 중심적인 이념과 규범의 부여자이며, 이를 실천할 정치제도의 창설자였다.

그러나 의식의 타율성이 전개되는 과정은 의식의 자율성이 성장하는 것을 동반하기 마련이다. 인간 역사에서 발견하게 되는 것은, 하나의 지배적인 경향이 제아무리 강력하다 하더라도 혹은 그 강력한 것만큼이나 그에 대항하는 힘과 저항 역시 영역을 확대해 간다는 사실이다. 그것은 마치 대위법적contrapuntal 전개 구조와 유사한 것으로, 타율적으로 부과된 냉전 반공주의 체제 안에서 한국 민주주의가 발전해 온 과정이기도 하다. 크게 보아 이 과정을 두 시기로 나누어 볼 수 있다. 먼저 앞 시기에서는 자유민주주의의 규범과 제도가 외부로부터 주어졌다는 사실 때문에 민주주의가 수동적으로 수용되고 실천되었다는 특징을 갖는다. 그만큼 이식된 민주주의와 사회적 기반 사이에 큰 괴리를 드러냈던 것이다. 그러나 뒤의 시기로 와서 광주항쟁과 6월 항쟁을 거치는 동안 한국 민주주의는 점차 자기 성찰을 통한 능동적인 내부화 내지는 토착화 과정을 거쳤다고 할 수 있다. 이런 의식의 전환, 민주주의의 토착화 과정에서 우리가 제일 먼저 부딪치게 되는 문제는 과연 민주주의란 무엇인가라는 가장 기초적이고도 근본적인 질문이다. 민주주의는 어떤 조건에서 발전하고 어떤 조건에서 쇠퇴하는가? 민주주의는 왜 헌법의 규범과 제도적 틀을 통해 실천되고 또되어야 하는가? 헌정주의와 민주주의 간의 관계는 무엇인가? 양자는 동일한 것인가, 다른 것인가? 어떤 경우에 헌정주의가 민주주의를 발전시키는 데 긍정적으로 작용하고, 어떤 경우에 그것들은 충돌하는가? 민주적 제도 혹은 민주 헌법의 가장 근본적인 원리인 것처럼 생각되는 '견제와 균형'checks and balances의 원리, 삼권분립은 왜 필요한가? 이 원리에 기초하여 존립하는 사법부는 민주주의에서 어떤 역할을 수행하는가?

오늘날 우리는 이런 문제들을 새로운 지평에서 이해하지 않으면 안 되는 상황에 직면하고 있다. 권위주의로부터 벗어나기 위한 소극적 차원의 민주주의를 넘어, 이제 어떤 민주주의를 만들고 뿌리내리게 할 것인가 하는, 보다 적극적 차원의 민주주의 문제에 대면해 있다고 말할 수도 있겠다. 한국 사회의 신자유주의적 재편이 급진적으로 이루어지면서 사회경제적 기반이 취약한 민주주의가 어떤 결과를 낳는가 하는 문제도 절실하다. 한국 민주주의의 외부적 조건이자 한국 민주주의의 정신적 발전을 억압하는 제약 요인으로서 동아시아의 냉전적 국제 체제를 재편하고 평화와 공존의 남북한 관계를 개척하는 문제 또한 절실하기는 마찬가지다. 급증하는 사회 정책적 요구에 부응할 수 있도록 관료 행정 체제를 발전시키는 것도 중요하고, 이념적으로나 계층적으로 협애한 정치적 대표 체제를 개혁하는 과제도 더 늦춰질 수 없다. 노사 관계 등 다양한 이익대표의 체계를 민주화하려는 노력이 지금처럼 후퇴되어서도 곤란할 것이다. 그러나 헌법을 동원해 민주주의를 공격하려는 경향이 점차 노골화되는 오늘의 시점에서 헌법과 사법부의 역할 나아가 헌정주의와 민주주의의 관계를 어떻게 이해할 것이냐 하는 문제는 더 이상 회피될 수 없는 한국 민주주의의 중심 문제가 아닐 수 없다. 법리 중심의 규범적이고 추상적인 차원의 문제 혹은 '헌정 수호'라는 이데올로기적 차원의 문제로 다뤄졌던 지금까지와는 달리 한국 민주주의가 어떤 내용을 갖게 될 것인가 하는 현실적 문제로서 다뤄져야 한다. 나아가 어떤 외적 모델이나 준거의 틀로서가 아니라 일차적으로 우리의 민주적 경험이 요구하는 바에 따라 이들 문제에 다가서지 않으면 안 될 것이다.

본 서문은 미국의 헌법 문제를 다루고 있는 한 권의 좋은 책을 국내에 소개하면서 그 내용을 우리의 현실 맥락에 접합시키려는 문제의식에서 출발했다. 그러나 그런 문제의식을 현실화하는 것은 생각만큼 쉽지 않은 일이었다. 법과 관련된 주제 영역은 정치학 중에서도 가장 난해한 분야이다. 정치철학과 이론의 뒷받침 없이 이 분야를 탐색하기가 어렵기 때문이다. 게다가 이를 대중적으로 널리 독해될 수 있도록 서술하는 것은 더더욱 난감한 일이 아닐 수 없다. 한국 사회에서 헌법과 민주주의에 관한 논의가 이제 막 시작 단계에 있으므로 서술에 필요한 주제를 단순화하여 다루기도 어려운 일이었다. 한국 헌정사의 주요 특징에서부터 한국 헌정 체제의 구성적 특징 나아가 오늘날 한국 민주주의의 문제에 이르기까지 긴 서술이 불가피했다.

2. 민중적 민주주의와 매디슨적 민주주의 사이에서

미국의 민주주의와 헌법을 논의함에 있어 로버트 달Robert A. Dahl의 이 책은 이상적인 출발점을 제공한다. 달은 1950년대 이래 반세기 이상 다원주의 이론과 민주주의 이론을 중심으로 학문적 엄밀성과 독보적인 업적을 통해 큰 명성을 얻었고, 미국의 정치학계를 대표하는 가장 존경받는 원로 정치학자이다.[4] 또한 그는 현대 민주주의에 관한 주류 이론으로 자리 잡은 이른바 '최소 정의적 접근'을 통해 민주주의론의 기초를 닦은 개척자이다. 따라서 달이 미국의 민주주의와 헌법을 어떻게 평가하느냐 하는 것 자체가 커다란 관심사가 아닐 수 없다. 책의 원제목 ("미국 헌법은 얼마나 민주적인가?")이 예시하듯이 대답은 부정적이다. 미국 헌법은 많은 비민주적 요소를 포함하여 커다란 결함을 갖고 있으며, 많은 사람들이 생각하듯 다른 나라가 모방할 만한 이상적인 모델도 아니고, 신화로서 숭상될 수는 더더욱 없다는 것이다. 그것은 달이 말하는 민주주의의 요건들, 즉 효과적 참여, 투표의 평등, 자유롭고 공정한 선거, 이슈에 대한 시민의 계몽적 이해, 포괄적 시민권, 의제에 대한 인민의 최종적 통제 등을 통해 효과적인 민주적 대표성을 실현할 수 있는 제도적 틀로서 한계를 갖기 때문이다. 나아가 다른 나라에서 설사 모방하려고 해도 미국 헌법이 가진 특이성으로 인해 수입이 불가능하다고 말한다. 따라서 기존의 헌법에 기초한 미국 민주주의 체제의 결함을 개선하기 위해서는 헌법 개정이 아니고는 불가능한데, 헌법 개정은 제도적으로 거의 불가능하기 때문에 미국 민주주의의 앞날은 대단히 어둡다는 극히 비관적 전망을 피력한다.

이런 주장은 한국의 일반 독자들은 물론 많은 정치학자들 또한 놀라게 만들 것임에 틀림없다. 비록 객관적이고 엄밀한 논리와 완곡하고 절제된 표현으로 말하고 있으나, 미국의 정치 질서와 그 기본 틀로서의 헌법에 그가 체제 비판자적 자세로 마주선다는 것은 예상하기 어려운 일이기 때문이다.[5] 달이 그의 후기 저술, 특히 1980년대에 들

4_Ian Shapiro and Grant Reeher eds., *Power, Inequality, and Democratic Politics: Essays in Honor of Robert A. Dahl* (Westview Press, 1988).

어와 민주주의적 평등과 다원주의를 실현함에 있어 사회경제적 평등의 조건을 강조해 왔던 것은 사실이나,[6] 그럼에도 불구하고 그가 여전히 다원주의라는 미국 정치학의 주류적 패러다임을 발전시키고 대표해 왔다는 점을 감안할 때 더욱 그러하다. 다른 한편 이 책은 미국의 헌정 위기를 불러온 2000년 11월 대선의 결과를 포함하고 있기는 하지만 그 중심 내용은 선거 이전 강연 내용을 발전시킨 것으로, 대통령 선거로 표출된 헌정 위기를 설명하는 데 있어 커다란 예측력을 보여주고 있기도 하다. 요컨대 이 책은 미국의 헌정 위기를 목도하면서 그가 미국의 헌법과 민주주의를 어떻게 재평가하고 있는가를 들여다볼 수 있는 기회를 제공하고 있는 것이다.

필자는 미국 헌법을 소재로 미국 민주주의의 문제를 살펴보기 위해 약간의 우회적 방법을 빌리고자 한다. 헌법이란 우리가 보통 헌정주의라고 표현하는 바와 같이 민주주의의 제도화 내지는 그 기본적인 제도의 틀을 의미하는 것이기 때문에 먼저 민주주의가 무엇인가를 개괄적으로 살펴보는 것이 필요하기 때문이다. 민주주의는, 민중 스스

5_미국 헌법이 구현하는 '매디슨적 민주주의'에 대해서는 그의 초기 저술의 하나인 *A Preface to Democratic Theory* (University of Chicago Press, 1956)에서 이미 이론적으로 비판된 바 있다. 그러나 미국 헌법에 대한 총체적인 분석과 직접적인 비판이 본격적으로 이루어진 것은 이 책에서였다.

6_Robert A. Dahl, *Dilemmas of Pluralist Democracy: Autonomy vs. Control* (Yale University Press, 1982); *A Preface to Economic Democracy* (University of California Press, 1985); *Democracy, Liberty, and Equality* (Norwegian University Press, 1986); *After Revolution?: Authority in a good society*, rev. ed. (Yale University Press, 1990) 등이 있다.

로의 통치를 의미하는 그 말 자체가 어원을 두고 있는 고대 그리스 아테네에서 실현된 민주주의와, 근대 서구에서 발전한 자유주의와 결합한 자유주의적 민주주의 내지 대의제 민주주의라는 두 이념형으로 구분할 수 있을 것이다. 전자의 민주주의의 원리와 정신은 프랑스혁명의 이념적 기초로서 근대 프랑스의 공화주의 이념으로 구현되기도 했다. 루소의 '일반 의지'는 이 공화주의 이론을 가장 추상적으로 집약한 것으로 인민 주권, 평등한 정치 참여, 다수에 의한 지배를 그 이념의 실천적 요소로 포괄한다.[7] 반면 후자의 근대 대의제 민주주의는 17, 18세기 이래 자유주의의 발전과 직접적인 관계를 갖는다. 우리가 오늘날 헌법으로 제도화된 민주주의를 가리키는 헌정적 민주주의con-stitutional democracy는 이 자유주의의 이념과 실천을 고려하지 않고는 이해할 수 없다. 이 유형의 민주주의는 1788~1789년 제임스 매디슨의 중심적 역할과 더불어 미국 헌법으로 제도화되었고, 이후 모든 헌정적 민주주의의 원형이 되었다. 논의를 이어가기 위해 위에서 말한 민주주의의 두 흐름, 두 이념형을 로버트 달이 명명하는 바에 따라 '민중적 민주주의'populistic democracy와 '매디슨적 민주주의'Madisonian democracy라고 부르기로 하자.[8]

필자의 관점에서 민주주의는, 그 형태와 내용이 어떠하든, 민중적 동력을 중심으로 하는 민중적 민주주의의 요소를 중심에 포괄하지 않

7_Jean-Jacques Rousseau, *On the Social Contract*, Roger D. Masters ed. and Judith R. Masters, trans. (St. Martin's Press, 1978), pp. 46-155.

8_Dahl, *A Preface to Democratic Theory* 참조.

으면 안 된다. 민중적 동력의 중요성은 두 가지 계기에서 요구된다. 하나는 군부 권위주의 혹은 귀족주의 체제나 전제정에서 민주주의로 이행하는 과정에서의 역할이다. 민주주의는 민주화 이전의 기존 질서를 변화시키고자 하는 민중의 집단적 행위 없이 가능하지 않다. 정치철학자 셸던 월린Sheldon S. Wolin은 이를 '민주적 모멘트'라는 말로 표현한다.[9] 다른 하나는 그리스 아테네의 경우에서든, 로마 공화정 혹은 현대의 대의제 민주주의에서든, 민중적 동력을 결여하는 경우 체제 속으로 엘리트의 기득 이익이 쉽게 침투 및 확대, 강화되고 민주주의의 기반이 약화되면서 이내 그 다이내믹스를 상실하게 되는 경향을 갖기 때문이다. 그것은 곧 민주주의의 퇴행과 급기야는 체제의 붕괴로 이어진다. 따라서 이런 퇴행의 경향을 저지함에 있어 민중적 동력의 투입은 일정하게 요구될 수밖에 없는 것이다.

민주주의를 이해하는 데는 두 가지 방법이 있을 수 있다. 첫째는

[9]_Sheldon S. Wolin, "Norm and Form: The Constitutionalizing of Democracy," J. Peter Euben, John R. Wallach, and Josiah Ober eds., *Athenian Political Thought and the Reconstruction of American Democracy* (Cornell University Press, 1994), pp. 29-58; "Fugitive Democracy," Seyla Benhabib ed., *Democracy and Difference: Contesting the Boundaries of the Political* (Princeton University Press, 1996), pp. 31-45. 월린은 본래 의미의 민주주의가 제도적 틀을 통해 실현될 수 있다는 것에 대해 회의적이다. 따라서 매디슨적 민주주의에 대하여 구체적이고도 명시적으로 비판하고 있다. 특히 미국 헌법에 담겨진 알렉산더 해밀턴의 이념 또는 비전에 대해 비판적이다. 해밀턴의 헌정주의 이념은 강력한 국가를 추구하면서, 민중적 권력을 국가권력의 확대를 의미하는 것으로 전환시켰고, 미국 민주주의의 잘못된 발전 방향은 여기에 기인하는 바 크다는 것이다. Wolin, *The Presence of the Past* (The Johns Hopkins University Press, 1989), Chs. 1, 5, 7, 10 참조.

지금 말한 바와 같이 민주주의의 제도적 양태가 어떠하든 민중적 동력이 지속적으로 투입되는 것으로 이해하는 관점이다. 민주주의의 제도적 틀 안으로 폭넓은 사회적 요구와 힘이 투입되고 참여하는 것을 중시하는 것, 혹은 민주주의를 떠받치는 사회적 기반을 중시하는 관점이라 하겠다. 둘째는 민주주의라는 정치 경쟁의 게임 규칙과 제도가 작동하는 것으로 이해하는 관점이다. 다시 말해 경쟁의 제도화가 결과의 (한정된) 불확실성을 창출함으로써 게임에 참여하는 행위자들이 민주주의를 지속시키게 된다는,[10] 이른바 제도의 효과를 중시하는 관점이다. 앞서 말했듯이 필자가 더 비중 있게 고려하는 것은 첫 번째 이해 방법이다. 제도는 그것이 작동하는 토대이자 실질적 효과의 내용으로서 사회적 기반을 끊임없이 재생산하지 않는 한, 원래의 목적을 쉽게 상실하고 빠르게 쇠퇴한다고 보기 때문이다. 민중적 요소의 투입과 참여만으로 충분한 것도 아니고, 제도적 틀을 갖지 않는 한 민주주의가 존립할 수 없는 것도 사실이다. 그럼에도 불구하고 제도와 게임 규칙은 사회적 기반 위에서 기능한다는 점에서 민주주의가 민중적 요소의 투입과 참여를 필요조건으로 한다는 것만은 분명하다.

필자의 관점과는 달리, 매디슨적 민주주의는 민주주의의 과다함을 우려하고 다수 지배를 견제하는 것을 핵심으로 한다. 인민 주권의

10_이런 견해가 선명하게 제시된 다음 논문들을 참조. Adam Przeworski, "Minimalist conception of democracy: a defence," Ian Shapiro and Casiano Hacker-Cordon eds., *Democracy's value* (Cambridge Unviersity Press, 1999), pp. 23-55; "Democracy as a contingent outcome of conflicts," Jon Elster and Rune Slagstad eds., *Constitutionalism and Democracy* (Cambridge University Press, 1988), pp. 59-80.

현실적 표현이며 공동체를 위한 집합적 결정의 중심 원리라 할 다수 지배의 원칙을 부정적으로 인식한다는 점에서 이것은 민중적 민주주의의 대척점에 선다. 토크빌이나 밀과 같은 자유주의 정치 이론가들이 강조했던, '다수의 전제'tyranny of majority에 대한 우려와 문제의식을 공유하는 것이다. 이런 자유주의적 민주주의의 전개는 매디슨적 민주주의의 결과라기보다는 이미 그 이전 17, 18세기 로크, 흄, 몽테스키외로 대표되었던 잉글랜드, 스코틀랜드, 프랑스의 자유주의적 계몽철학에서 그 원류를 찾을 수 있다. 이들로부터 사적 자유와 재산권의 불가침, 내면세계에서의 양심의 자유와 종교적 관용, 공적 영역에 대한 사적 영역의 우위 등의 자유주의적 이념과 규범들이 확립되었고, 자유주의의 기본 원리인 국가권력과 기능의 제한이라는 최소 국가의 이론이 형성된 것이다. 자유주의의 두 중심축을 이루는 상업적 자본주의의 가치와 평등한 인간 권리의 사상이, 인민 주권과 시민권이라는 민주주의의 핵심 원리들에 접맥되었다는 것은 잘 알려진 사실이다. 그러나 로크나 몽테스키외 등이 민주주의자가 아니었다는 사실을 기억하는 것이 중요하다. 그들이 대면했던 정치적 환경은 전제군주 체제였고, 그들이 이루고자 했던 정치 개혁의 핵심 목표는 인민 스스로의 통치가 아니라 사적 영역의 자율성이 확보될 수 있도록 국가권력을 한정하는 '부드러운 전제정'을 만드는 것이었다. 그 핵심적 수단은 몽테스키외의 이론을 통하여 정식화되는 '견제와 균형'의 원리였다. 이는 고대 로마 공화정과, 당대적 모델로서 군주와 의회가 균형을 갖는 영국의 왕정 체제로부터 도출된 것이었다. 또한 그것은 철학적으로 흄의 '열정에 의한 열정의 견제' 이론으로 뒷받침되는 것이었다.[11]

매디슨의 독창성은 구대륙에서 발전한 이론들을 종합하되, 완전히 새로운 미국적 현실에서 아테네의 민주주의, 즉 민중적 민주주의와 구분되는 하나의 새로운 정치체제를 만든 것이다. 새로운 체제는 평등한 정치 참여의 권리를 갖는 일반 대중이 투표를 통하여 자신의 대표를 선출하되, 다수 지배가 일방적으로 가능하지 않도록 하는 것을 핵심 내용으로 했다. 다시 말해, 그것은 우리가 훗날 아테네 민주주의와 구분해 또 다른 민주주의라고 말하는, 정교한 대표의 체계에 기초한 통치 체제를 만드는 것이었다. 그는 총 85편으로 구성된 『연방주의자 논설』*The Federalist Papers* 가운데 핵심적 논의를 담은 '논설 10번'에서 그리스 아테네에서 실현된 인민 스스로의 통치인 직접 민주주의를 '순수 민주주의'로, 그리고 자신이 지향하는 정부의 형태를 '공화정'이라고 정의하면서 양자를 구분한다. 그가 말하는 공화정은 다수의 시민이 소수의 대표를 선출하는 '대표의 체계'the scheme of representation를 갖는 통치 체제를 일컫는다. 그는 과거 직접 민주주의가 실현되었던 그리스 폴리스의 소규모 사회와, 다수의 시민과 넓은 영토를 갖는 신대륙 미국 사회의 조건이 근본적으로 다르다는 사실과 아울러, 근대적 조건에서 대표의 체계를 갖지 않는 통치 체제란 불가능하다는 사실을 확실히 인식하고 있었다. 흥미로운 것은 우리가 오늘날 일반적으로 민주주의라고 부르는 통치 체제를 그 당시에는 민주주

11_James Madison, Alexander Hamilton, and John Jay, *The Federalist Papers*, Isaac Kramnick ed. (Penguin Books, 1987). 매디슨이 집필한 50번, 51번에는 명시적으로 흄의 영향이 발견된다. 열정에 대한 열정의 견제 이론에 대한 자세한 논의는 Albert O. Hirschman, *The Passions and the Interests* (Princeton University Press, 1977), pp. 25-30을 참조.

의가 아니라 공화정이라고 이해했다는 사실이다. 우리는 매디슨이 구상한 새로운 형태의 민주주의를 그의 보수적 이념, 정치관의 산물이라고 이해해서는 안 될 것이다. 그것은 차라리 인민이라는 의미가 갖는 모호함, 나아가 민주주의라는 개념이 갖는 모호함과 연관된 것이다. 인민은 누구인가라는 문제는 고대 그리스로부터 현대에 이르기까지 끊임없는 논쟁의 원천이 되어 왔다. 일찍이 아테네 민주주의 시기 인민은 한편으로 스스로 통치하는 시민의 공동체를, 다른 한편으로 빈자貧者 혹은 중우적 다중이라는 이중적 의미를 동시에 포괄했다. 인민의 총의로서 루소의 '일반 의지'는 전자의 의미를, 투키디데스, 플라톤, 아리스토텔레스와 같은 당대의 이론가들은 후자의 부정적 의미를 강조했다. 17세기부터 19세기까지 그리고 민주주의라는 말이 통치 체제의 원리와 이념으로서 널리 수용될 때까지 인민은 후자의 의미로 이해되었고, 따라서 민주주의는 다중의 수에 의한 지배, 대중 선동에 부화뇌동하고 지식과 전문성을 결여한 집단에 의한 지배, 나아가 폭력을 잠재하고 있는 위험한 통치 체제로 의심받았다.

매디슨의 민주주의관은 자유주의의 이념적 산물일 뿐만 아니라, 미국의 독립과 더불어 어떤 통치 체제를 건설해야 할 것인가 하는 당면한 문제 해결의 산물이기도 했다. 사회경제적 구성원의 관점에서 볼 때 미국 헌법은 대체로 다섯 그룹, 즉 ① 뉴잉글랜드 상인, ② 제퍼슨이나 매디슨 자신이 속하는 농장주, ③ 친영 왕당파, ④ 자영업자, 장인 및 노동자, ⑤ 소농 등 정치적·경제적 세력들의 타협의 산물이라 할 수 있다.[12] 이들의 이해관계를 배제하지 않고 하나의 통치 체제로 통합하여 제도화하는 문제는 지난한 과제가 아닐 수 없었다. 매디슨의 창의성은 갈등하는 이들의 이익과 권리를 배제하지 않고, 오늘날 민주주의의 기본 원리인 정치 참여를 최대한 허용하는 데서 출발하되, 다수 지배를 스스로 견제하는 체제를 만들었다는 사실에 있다. 민주주의가 전혀 지배적인 이념이 아니었던 당시의 기준에서 보면, 매디슨은 보수주의자가 아니라 굉장한 진보주의자로 평가될 수 있는 것이다. 매디슨적 민주주의는 모든 사회 세력과 일반 대중의 폭넓은 정치 참여를 한편으로 하고, 어떤 그룹이든 그들 간의 결합이 다수로 결집되는 것을 방지하는 것을 다른 한편으로 하는 양자兩者의 균형을 제도화한 것이다. 그리고 그것은 먼저 제도 디자인을 통해 민주적 경쟁의 틀을 만든 다음, 이 제도의 효과에 의해 민주주의가 작동하도록 했다는 점에서 오늘날 헌정적 민주주의라고 말하는 체제의 최초 모델을 제공한다.

민중적 민주주의가 '민주주의란 무엇이다'라고 말할 수 있는 내용, 규범을 부여하는 것이라면, 매디슨적 민주주의는 민주주의가 실제로 작동할 수 있는 기능과 역할에 더 의미를 부여한다. 민중적 민주주의의 방향에서 그 가치를 가장 적극적으로 추구한 이론가의 한 사람은 월린이라 할 수 있다. 그에게 있어 민주주의는 민중이 중심이 된 반란적 계기를 의미하며, 그가 '헌정적 계기'라고 말하는 헌법을 통한 제도화는 곧 민중적 동력을 통제, 또는 억압하는 계기이자 민주주의의 급속한 퇴행을 가져오는 계기로서 이해된다. 그러므로 그에게 있어서, '민주적 계기'와 '헌정적 계기'는 날카롭게 대립하면서, 후자는 민

12_Lowi and Ginsberg, *American Government: Freedom and Power*, p. 16.

주주의에 대한 안티테제로 이해되기까지 한다. 이런 그의 관점에서는, 민중적 민주주의의 권력에 대해 가능한 한 많은 장애를 설치하고 있는 매디슨적 민주주의는 민주주의에 대해 적대적인 것으로 나타난다.[13] 급진적인 민중적 민주주의관은, 민주주의가 일종의 '영구 혁명'을 통해서만 가능하다는 관점을 갖는 것이라 할 수 있다. 그러나 이 경우 문제가 되는 것은 민주주의가 일상 속에서 지속성을 갖기 어렵다는 사실이다. 인간은 어떠한 사회체제를 지향하든 항상적이고 전면적인 동원 속에서 생존하거나 행복할 수는 없다. 그러나 이 말이 민중적 민주주의의 의미를 부정하는 것으로 이해되어서는 안 된다. 인민권력 내지 '일반 의지'의 실현은 현실적으로 성취할 수 있는 어떤 목표가 아니라 가공의 이상일 수 있다. 그러나 그것은 현실성을 결여한 경우에도, 찰스 테일러Charles Taylor가 말하듯이 현실 사회가 어떤 이상과 가치를 갖는 공동체를 지향할 것인가에 대한 '사회적 상상'을 창출하는 동력이 된다.[14] 마치 '파레토 최적 원리'가 현실적으로 실현되지 않더라도 이를 상정하지 않을 때 전체 신고전 경제 이론의 정당성이 붕괴되는 이치와도 유사하다. 비록 상상된 것이라 하더라도 공동의 이상과 목표를 갖지 않는 사회는 더 이상 공동체라 할 수 없고, 공동체가 아닌 사회에서 민주주의는 구축될 수 없다. 매디슨적 민주주의의 설득력은 민중적 민주주의와는 달리 현실 세계에서 민주주의를 운영할 수 있게 한다는 것이다. 그러나 체제의 일상적 작동을 가능하

13_Wolin, "Fugitive Democracy," p. 41.

14_Charles Taylor, *Modern Social Imaginaries* (Duke University Press, 2004).

게 하는 제도화를 강점으로 갖는 이 민주주의는 안정화와 일상성이 가져오는 체제 경직성의 문제에 쉽게 직면하게 된다. 다수 지배에 대한 견제는 현실적으로 일반 대중들의 정치 참여 채널을 경색시키고, 사회적 갈등이 대표될 수 있는 기회를 축소하며, 민중들의 요구가 체제에 투입될 수 있는 여지를 줄이는 결과를 초래할 것이기 때문이다. 그리하여 사회는 상층 엘리트, 기득 이익들의 지배로 변모될 것이다. 매디슨이 다수의 결집을 방지하기 위한 사회적 구조로서 발전되길 원했던 다원주의는, 소수의 강력한 이익집단들의 퇴영적 다원주의로 전환하게 될 것이다. 매디슨적 민주주의의 가장 보수적 논리는 스티븐 홈즈Stephen Holmes로 대표될 수 있을지 모른다. 그의 이론의 핵심 개념인 '함구의 규칙'gag rules은 정치적 갈등이 지나치게 치열할 때 민주주의는 위험에 놓이기 때문에, 정치적 토의와 행위를 저해하고 갈등 유발을 증폭시키는 이슈들은 정치적 사안에서 배제되어야 한다는 것이다.[15] 그야말로 민주주의의 존립을 위한 소극적 전략 이론이라 하겠다. 이 논리의 함의는 더 많은 것을 요구하지 않을 때 민주주의는 원만하게 작동할 수 있다는 것이다. 이런 '함구의 규칙' 논리는 단기적으로는 민주주의의 존립에 기여할 수 있을지 몰라도 장기적으로는 갈등 표출을 제약함으로써 급속한 체제 경직화를 유발하게 되고 머지않아 체제에 더 큰 위험을 초래하게 될 것이다.[16]

15_Stephen Holmes, "Gag rules or the politics of omission," John Elster and Rune Slagstad eds., *Constitutionalism and Democracy* (Cambridge University Press, 1988), pp. 19-58.

필자의 관점에서 민주주의는 상충하는 모순적 요소들의 좋은 결합과 이를 통한 동태적 균형 위에서 존립한다. 그것은 민주주의의 규범과 형식, 체제가 작동하는 규칙으로서의 절차적 측면과 체제의 작동이 창출하는 효과로서의 실질적 변화, 민중적 동력의 투입과 그 힘의 제도적 조절 간의 균형적 결합을 포함한다. 이 점에서 현실의 민주주의를 민중적 민주주의와 매디슨적 민주주의의 두 이념형 사이의 어떤 중간, 그 스펙트럼의 어느 지점에 입지시키느냐 하는 문제가 중요하다. 달이 말하는 '다수 지배 체제, 또는 다수 지배 민주주의'polyarchy는 이 중간의 한 중요한 입지를 대변한다.[17] 왜 그는 다수 지배 민주주의라는 낯선 개념을 통해 민주주의를 말하려 하는가? 앞에서 언급

16_이와 유사한 주장은 다음 논문에서 발견된다. Jörgen Hermansson, "Taming the People? On the use of constitutional devices in a majoritarian democracy," The Workshop 12 on 'National Traditions of democratic thought', ECPR Joint Sessions of Workshop, Uppsala, April 12-18, 2004.

17_다수 지배 민주주의의 정의에 대해서는 그의 *On Democracy* (Yale University Press, 1998), pp. 90-91을, 좀 더 상세한 이론적 논의는 *A Preface to Democratic Theory*와 *Polyarchy: Participation and Opposition* (Yale University Press, 1971)을 참조. 국내에서 달의 polyarchy는 대개 다두제(多頭制)로 번역되었다. 그리고 그 의미는 권력이 소수의 엘리트로 집중된 것이 아니라 자율적인 집단 내지는 결사체로 분산되어 있는 다중심(polycentric)이고 다원적(pluralistic)인 체제로 해석되는 경우가 많았다. 하지만 이런 번역과 해석은 초점이 잘못된 것으로 보인다. 달이 대표적인 다원주의 이론가로 알려진 사실 때문에 그 연장선에서 다원주의의 내용을 갖는 다두(多頭)라는 용어를 택했는지는 모르겠다. 그러나 다원적인 것은 사회적 조건 내지 사회구조의 특성을 가리키는 개념이지 통치 체제를 말하는 것이 아니다. 달의 polyarchy라는 개념은 통치 체제의 유형을 정의하는 개념으로서 일인 지배 체제(monarchy), 소수 지배 체제(oligarchy)와 대비되는 '다수가 지배하는 체제'를 의미한다.

한 바와 같이 그는 '데모스'라는 말이 함축하는 시민 전체의 개념을 부정하며, 나아가 루소의 '일반 의지'를 해체하고 민중적 민주주의와 그 자신을 차별화한다. 그리고 그는 그 자리에 현실적으로 계량화할 수 있고 관찰 가능한 "다수에 의한 통치 체제"rule by many로서 다수 지배 민주주의를 위치시킨다. 그는 민주주의의 이상적·추상적 요소를 삭제하고 그것을 경험 세계 안으로 끌어내린다. 한편으로 이런 이론화는 민중적 민주주의를 뒷받침하는 공동체적 상상과 이상의 실현을 위해 대중 동원을 유발하는 정조와 구별되는 것으로서, 경험적이고 논리 실증적인 발상과 정조에 기반을 둔 정치관의 산물임이 분명하다. 다른 한편, 그의 다수 지배 민주주의는 미국 헌법의 철학적·이론적 토대인 매디슨적 민주주의와도 날카롭게 대립한다. 무엇보다 달은 매디슨적 민주주의가 목표로 하는 중심적 전제로서 다수 지배에 대한 견제를 유보 없이 비판하고 이를 미국 헌법의 거의 치명적인 결함으로 지적한다. 대중민주주의가 다수의 전제를 가져와 권위주의나 전체주의로 퇴락할 것이라는 토크빌의 두려움에 대해서도 달은, 민주주의가 발전해 온 역사적 경험에 비추어볼 때 완전히 잘못된 예견임이 밝혀졌다고 분명히 말한다.[18] 그의 목표와 이상은 다수 인민의 힘이 지배적이 되는 대의제 민주주의이다. 이를 위해 가장 효과적이고 폭넓

18_Dahl, *How Democratic is the American Constitution?*(Yale University Press, 2001), p. 134. 이 문제에 대한 좀 더 상세한 논의는 Dahl, *A preface to Economic Democracy* 참조. 이와 같은 견해는 다음 문헌에서도 제시된다. Ian Shapiro, *The Moral Foundations of Politics* (Yale University Press, 2003), 민주주의에 관한 7장의 논의, 특히 pp. 217-219를 참조.

은 일반 대중들의 정치적 평등과 참여의 실현 그리고 그 기반으로서 실질적·사회경제적 다원주의의 창출을 강조한다.

달에 대한 급진적 이론가들의 비판이 어떠하든 그는 플라톤적 의미의 엘리트주의, 즉 그가 '후견주의'guardianship라고 표현하는 일체의 전문가주의, 기술 관료적 경영주의를 부정한다.[19] 달은 후견주의에 대한 비판에서, 현대사회에서 발생하는 문제들이 제 아무리 복합적이고 그 해결을 위해 전문적인 지식이 필요하다는 사실이 인정된다 하더라도, 전문가에 의한 통치 체제가 정당화될 수 없다는 것을 강조한다. 특정 영역이나 사안에서 전문성 내지 보다 많은 지식을 갖는다고 해서 이들 엘리트에 의한 통치가, 인민 다수의 결정보다 더 우월하다고 볼 수 없기 때문이다. 오늘날 민주주의에 대한 큰 위협은 민주주의 체제 속으로 스멀스멀 힘을 확대하면서 민주주의의 기반을 약화시키는, 과거 귀족주의의 현대적 변형이라 할 전문가주의 혹은 엘리트주의라고 할 수 있다. 달은, 하나의 통치 체제로서의 민주주의가 규범적일 뿐만 아니라 더 좋은 결과를 만들어 내며,[20] 고대의 소규모 도시국가에서보다 현대의 대규모 사회에서 더 합리적이고 나아가 보다 효율적일 수 있다는 사실을 입증해 보여 준다.[21] 그는 전문적 지식으로 인

19_후견주의에 대한 집중적 논의는 그의 *Democracy and Its Critics* (Yale University Press, 1989) 참조.

20_민주주의는 인간의 기본적 권리, 자유, 자율적 결정, 도덕적 자율성, 인간 발전, 본질적 이익의 보호, 정치적 평등, 평화, 번영 등을 가져오는 데 보다 바람직한 체제이다. Dahl, *On Democracy*, p. 45.

21_달은 정치체제로서의 다수 지배 민주주의가, 대규모의 현대사회에서 체제의 문제 해결

하여 엘리트에 의한 지배 체제가 일견 다중에 의한 민주주의보다 더 우월한 것처럼 보일는지 모르지만, 민주주의는 현대의 통치 체제로서 귀족주의나 엘리트 지배를 포함하는 어떤 형태의 후견주의에 비해서도 더 바람직한 결과를 가져온다고 확신한다. 더욱이 그는 1980년대에 이르러 민주주의를 위한 사회경제적 조건으로서 평등주의적 다원성을 강조하고 실질적 민주주의의 측면이 갖는 중요성을 지적해 왔다. 미국 사회의 사회경제적 불평등 심화에 따른 미국 민주주의의 위기적 징후들을 통찰하면서 그는 민주주의가 어떻게 민중적 삶의 현실을 향상시키는 데 기여하는 통치 체제가 될 수 있는가 하는 문제에 이론적 노력을 경주해 왔다. 요컨대 그가 지향하는 민주주의를 우리는, 기본적으로 인민 다수의 권력이 실현되는 체제로서, 이상주의적이고 추상적인 인민 총의의 개념이 삭제된 민중적 민주주의라고 이해할 수 있다. 따라서 달에 의해 개척되고 발전된 민주주의 이론을 제대로 이해한다면 그가 매디슨적 헌정 체제의 비판자로서 미국 민주주의와 헌법에 마주서고 있다는 사실은 놀랄 일이 아니게 된다. 매디슨적 민주주의에 대한 달의 비판을 매디슨 전체에 대한 비판으로 이해하는 것은 잘못이다. 달은 『연방주의자 논설』을 집필하고 헌법을 썼던 1780년대의 젊은 매디슨을, 제퍼슨과 더불어 현재 민주당의 전신인 민주

능력을 훨씬 증대시키고, 합리성과 효율성을 가질 수 있다는 점에 큰 의미를 부여한다. Dahl, *After Revolution?: Authority in a good society*, Chs. 2, 4 참조. 사회의 크기와 민주주의 간의 관계를 중심 주제로 다루는 논의에 대해서는 Robert A. Dahl and Edward R. Tufte, *Size and Democracy* (Stanford University Press, 1973) 참조.

공화당을 창건하여 활동하던 1820년대의 원숙한 매디슨과 구분한다. 다시 말해 다수 지배에 대한 견제를 중심에 놓은 공화주의 이론가로서의 젊은 매디슨과, 부분 이익을 인정하고 이를 대표하는 정당의 필요성, 보통선거권의 확대를 통한 다수 지배를 긍정적으로 수용했던 민주주의자로서 훗날의 매디슨을 대치시킨다. 달의 다수 지배 민주주의는 후기 매디슨의 이론에 기초를 둔 것이다.[22] 그러나 원숙한 매디슨이 미국 민주주의 발전에 미친 영향이 어떠하든, 젊은 매디슨이 주도하여 만들어진 미국 헌법이 미국 민주주의의 형성과 전개에 미친 영향은 결정적이었다. 다수의 지배에 대한 억제는 견제와 균형 그리고 권력분립 원리를 통해 이루어지게 되었다. 미국 헌법은 권력이 다수의 수중에 놓이는 것을 방지하기 위해 먼저 수직적인 구조를 갖는다. 그것은 다수의 의사가 대표되는 체제를 약화시키는 것이자 대표의 비례성을 줄이는 것을 핵심으로 한다. 이를 위해 도입된 가장 중요한 제도는 세 가지다. 첫째는 전국을 하나의 통일된 대표의 원리로 구성하는 단일 체제가 아니라 주 단위로 독립된 대표와 행정의 체계를 허용하는 연방제이다. 둘째는 모든 주를 2명의 동일한 수의 상원으로 대표되도록 하는 상원 선출 제도이다. 셋째는 대통령을 일반 유권자의 직접 투표를 통해 선출하는 것이 아니라 주별로 배정된 선거인단

22_이 점에서 달이 진정한 의미의 민주주의, 즉 아테네 민주주의와 그에 연원을 둔 민중적 민주주의를 부정하고 매디슨적 민주주의를 토대로 이론을 구축했다는 월린의 비판이 완전히 틀린 것은 아니다. Wolin, "Norm and Form: The Constitutionalizing of Democracy," p. 33.

을 통하여 선출하는 간접 선출의 제도이다. 다른 한편 다수 지배를 억제하려는 수평적 제약은 이른바 삼권분립의 원리를 통하여 입법, 행정, 사법이라는 정부의 세 부서를 분립시키는 방법을 통하여 실현된다. 여기서 가장 논쟁적인 것은 사법부의 역할이다. 입법과 행정은 민주적인 대표성을 가지며 그 통제하에 놓이지만, 사법부의 지위는 애매하기 때문이다. 대표의 비례성을 축소시키는 제도 디자인은 어떻게 정당화되고 어떤 정치적 결과를 낳았는가? 민주주의 체제 내에서 사법부의 정당성은 어디로부터 연유하는가? 이제 이 문제들에 대해 살펴볼 차례이다.

3. 미국 헌법: 원리, 작동, 결과

(1) 대표의 불비례성

정치학에서는 정부의 구조를 연방제와 단일 정부 체제로 구분한다. 민주주의의 원형을 만들었던 세 사례, 즉 영국, 미국, 프랑스 가운데 미국은 근대 연방제를 창안했고 다른 두 나라는 단일 정부 체제를 발전시켰다. 연방제는 하위 단위로서 지방 정부들이 중앙 정부에 대해 독자성을 갖는 구조이며 권력의 분산, 분권화를 실현하는 것을 내용으로 한다. 한국 또는 다른 나라에서 권력의 중앙 집중에 대한 강력한 대안의 하나로 연방제가 거론되는 현재의 상황에서 후기의 원숙한 매디슨이나 달이 자국의 연방제에 대해 비판적인 견해를 가졌다는 것은 흥미 있는 일이다. 독일이나 이탈리아에서 보듯 19세기 유럽의 국가 형성의 경우 작은 정치 단위들을 중앙으로 통합하고 집중화하는 방법을 통해 근대 국가가 이루어졌다는 사실에 비춰볼 때, 신대륙 미국이 연방제를 채택한 것은 영토 규모를 감안한다 하더라도 특징적인 것으로 보인다. 자율적이고 독자적인 정치 대표 단위들로 구성된 연방제는 그 자체로서 대표의 불비례성을 만들어 낼 뿐만 아니라, 상원의 불비례 대표성과 대통령 선거인단의 불비례성을 만들어 내는 기초이기도 하다. 이 점에서 미국의 연방제는 대표의 불비례성을 가져오는 원천적 원리로서 작용한다.[23]

유권자의 직접 투표에 의해서가 아니라 선거인단을 통해 대통령을 간접 선출하는 방식은 대표의 불비례성을 표징하는 사례로서, 특히 2000년과 2004년의 대통령 선거를 통해 비민주적일 뿐만 아니라 얼마나 불합리한가를 전 세계에 극적으로 보여 주었다. 헌법의 저자들이 왜 모국인 영국을 비롯한 유럽 국가들과 달리 의회 중심제가 아닌 대통령 중심제를 취했는가 하는 문제는 논외로 하더라도, 미국의 대통령 선출 방식이 얼마나 민주주의의 원리 및 규범과 동떨어진 것

23_신대륙에서 사회가 형성되고 연방 정부가 건설되는 과정의 특수성을 감안한다면, 미국의 연방제는 합리적 제도 디자인의 산물이라기보다 자연적이고 필연적인 결과라고 볼 수도 있다. 먼저 타운십(township)이라고 하는 작은 단위의 거주지와 소규모 마을들이 형성되고 이들이 도시를 이루고 주(州)를 형성한 다음, 이를 기초로 하여 연방 정부가 창건될 수 있었기 때문이다. 처음엔 어디까지나 주가 정치적 단위였고, 독립 전쟁 직후 대륙의회는 『주연합 법조문』을 채택함으로써 최초의 느슨한 주 연합을 형성했으며, 이것이 기초가 되어 메릴랜드 주의 아나폴리스 의회가 연방 정부 건설을 위한 새로운 의회 소집을 요구하게 되었다. 연방 정부 건설을 위한 헌법이 제정된 다음 주 정부의 헌법이 만들어진 것이 아니라, 역순(逆順)으로 진행된 것이다.

인가를 말하는 것은 어렵지 않다. 이로 인한 대표의 불평등성은 연방제의 직접적 효과와도 관련되는 것으로, 대통령 선거인단 선출 방식은 주를 선거 단위로 하는 승자 독식 방식과 결합되어 불비례성을 크게 확대하는 효과를 가져왔다. 1960년의 케네디-닉슨 경쟁 때나 2000년의 부시-고어 경쟁에서 나타났듯이 일리노이 주의 수천 표나 플로리다 주의 수백 표가 전체 선거 결과를 최종적으로 결정하는 불합리성은, 일반 투표의 승자와 선거인단 투표의 승자가 뒤바뀌는 비민주적 결과에 비하면 차라리 덜 극적이다. 2000년 선거는 이 모든 것을 다 보여 준 한 편의 드라마였다. 선거인단에 의한 대통령 선출 방식이 가져오는 불비례성은, 주의 인구에 비례하지 않는 선거인단의 배정 방식과 승자 독식의 제도 효과가 패자를 지지한 표의 가치를 무효화시킴으로 인해 엄청나게 증가할 수밖에 없다. 특히 캘리포니아 주나 뉴욕 주와 같이 인구가 많은 주일수록 무효화 정도는 더욱 크다. 선거인단에 의한 간접 선출 제도가 미국의 민주-공화당의 양당 지배 체제의 효과와 결합할 때 대통령 선거는 몇 안 되는 이른바 '경합 주'swing states의 이벤트로 전락하는 퇴영적 현상을 드러낸다. 선거 경쟁의 지리적 분포는 양당 중 어느 하나가 독점 혹은 우위가 확실한 안전 주safe states와 양당 간 경쟁이 치열한 경합 주로 단순 분류되고, 사실상 경쟁이 없는 일당 지배 주one party state가 늘어 간다는 것이다. 선거 경쟁 결과가 덜 불확실해진다는 말은 그만큼 민주주의가 약화된다는 것을 뜻한다. 한국에서 무비판적으로 통용되는 상식 중의 하나는 특정 지역에서 특정 정당이 대표를 독점하는 지역 정당 체계가 한국 정치의 가장 중요한 문제라는 인식이며 나아가 이를 마치 한국에서만 존재하는 특별한 현상으로 간주하는 경향이 있는데, 미국에 비하면 한국의 정당 체계는 훨씬 민주적이라 할 수 있을 정도이다.

상원 선출 방식만큼 대표의 불비례성을 극적으로 보여 주는 영역은 없다. 인구가 가장 많은 주와 가장 적은 주의 유권자 수가 수십 배 차이가 나더라도 각 주는 모두 2명의 상원 의원을 통해 대표되기 때문이다. 미국 헌법은 다른 종류의 영역에 봉사하도록 하는 양원제를 제도화하고 있다. 상원은 해외 조약, 군사 국방, 대외정책과 관련된 국가 전체의 정책이나 정부의 주요 인사 비준 등, 전체 국민의 일반 복지를 관장하는 영역을 담당한다. 하원은 일차적으로 지역구에 봉사하는 역할을 가지며, 따라서 지역 주민이나 이익집단들에 대해 보다 직접적인 이해관계를 갖는 사회경제적 정책 이슈와 사안을 다룬다. 의회가 일종의 기능 분업 내지 역할 분담의 체계를 갖는 것이자, 인민 주권이 분할되어 대표되는 것이다. 한편 미국이 전후 냉전을 거치고 유일 초강대국으로 발전하는 과정에서 상원의 역할과 비중이 증대되었다. 상대적으로 대표의 불비례성이 큰 상원이 더 중요한 역할을 담당하게 된 것이다. 양원제의 도입과 각기 다른 선출 방식, 다른 임기, 다른 기능을 갖는 의회 제도는 민주주의의 과다함을 우려하는 매디슨 적 민주주의의 핵심을 구성한다. 의회는 인민주권을 대표하는 제일의 정부 부서이다. 헌법의 조문들은 인민주권의 중요성을 기준으로 입법부, 행정부, 사법부의 순으로 배열된다.『연방주의자 논설』가운데 가장 중요한 논설의 하나인 '논설 51번'에서 매디슨은 인민 의사의 제일의 대의 기구인 의회 권력을 견제해야 할 필요성에 대해 다음과 같이 말한다.

"공화제적 정부에서 입법부의 권위는 필연적으로 지배적이 된다. 이런 문제에 대한 방지책은 입법부를 두 개의 다른 부처로 분할하고,

그들 사이에 상호 연관성이 생기지 않도록 각기 다른 선출 방식과 각기 다른 행동 원칙을 부여해야 한다는 것이다 …… 입법부는 그것이 갖는 권위의 비중이 크기 때문에 분할되어야 하지만 행정부는 그것이 갖는 허약성 때문에 강화되어야 한다."[24] 이 인용문의 핵심은 정부의 세 부서 가운데 대통령을 수장으로 하는 행정부의 권력보다 의회 권력이 더 강하며, 따라서 삼권분립의 원리에 따라 다른 부서에 의해 외부로부터 견제되는 것만으로는 충분하지 않기 때문에 의회를 양원으로 분리시켜 내부로부터 그 자체를 약화시키고 견제해야 한다는 것이다. 이것이 바로 미국에서 양원제가 만들어진 이론적 기초이다. 그 결과 인민주권의 중심적 대의 기구가 양원으로 분리됨과 더불어 상원이 갖는 대표의 불비례성으로 인하여 그 만큼 민중의 의사가 대표되는 것이 상대적으로 제한되었다. 그러나 매디슨적 민주주의의 구조로 볼 때 다수의 전제정을 방지하는 중심적 메커니즘은 역시 대의 기구 외부로부터의 견제라 하겠다. 다음 절에서 그 이론적 기초로서 견제와 균형의 원리, 삼권분립의 원리를 살펴보도록 하자.

(2) 삼권분립과 사법부의 역할

미국 건국의 지도자들이 건국이념을 형성함에 있어 공화주의는 자유주의 이념과 더불어 두 축의 하나를 구성한다. 필자의 생각으로

24_Madison, Hamilton, and Jay, *The Federalist Papers,* p. 320.

는 헌법의 디자인과 관련하여 양자 사이에는 상당한 긴장과 모순이 있지만, 자유주의는 실체적이고 내용적인 측면에, 공화주의는 제도적 측면에 더 많은 영향을 미친 것으로 보인다. 국가의 기본 목표와 이념, 그리고 이를 제도적으로 뒷받침할 헌법의 규범, 말하자면 수정 헌법의 조항으로 편입된 개인 자유와 재산권 중심의 기본권 보장, 이 목표를 구현하기 위한 다수의 전제정에 대한 억제는 무엇보다도 로크의 자유주의 철학으로부터 왔다. 그러나 다른 한편 매디슨이 새로운 정부 체제를 공화정으로 정의하고, 또 해밀턴이 『연방주의자 논설』의 필명을 로마 공화정 수립의 상징적 인물인 파블리우스Publius로 명명했듯이, 그들은 동시에 로마 공화정에 경험적 기초를 갖는 공화주의를 국가 건설의 또 다른 이념으로 삼았다. 해밀턴에 의해 강조된 애국주의와 강력한 국가의 추구가 중심을 차지하는 공화주의와, 매디슨에 의해 강조된 다수 전제에 대한 억제와 제한 국가의 이념을 중심 내용으로 하는 자유주의는 상충적인 측면을 갖는다. 그러나 앞에서도 말했듯이 매디슨이 자유주의만의 대변자가 아님은 물론이다. 그는 자유주의자였지만 동시에 공화주의자이기도 했다. 그가 사회 전체의 공익을 강조하고, 파벌의 부정적 효과와 연관시켜 사적 특수 이익의 추구와 부패에 대해 부정적으로 생각했던 것은 시민적 덕성을 강조하는 공화주의적 가치에 영향받은 바 크다는 사실을 보여 준다. 그러나 제도 디자인과 관련하여 공화주의가 미친 가장 중요한 영향은, 체제의 제도적 근간으로서 삼권분립의 기초가 되는 혼합 헌법mixed constitution; mixed regime의 이론과 견제와 균형의 원리가 아닐 수 없다.

일반적으로 견제-균형의 원리와 삼권분립의 원리는 같은 의미로 사용된다. 그러나 두 원리는 서로 다른 의미를 갖고 있으며, 역사적으로 구현되었던 양태도 달랐다. 견제와 균형은 고대 그리스 도시국가와 로마의 정치체제에 경험적 기초를 갖는 혼합정체를 작동시키는 원리에서 나온 것으로 보다 역사적인 기원을 가진 말이다. 그러나 삼권분립은 이런 견제와 균형의 원리를 미국적으로 변용한 또는 창의적으로 응용한 원리다. 일찍이 아리스토텔레스와 폴리비우스는 혼합정체의 장점을 이론적으로 설파한 바 있다.[25] 아리스토텔레스는 민주주의의 중우적 단점을 극복할 수 있는 체제로서 군주정적 요소와 귀족정적 요소를 결합한 혼합정체를 강조했다. 폴리비우스는 군주정, 귀족정, 민주정이 절묘하게 결합된 로마의 공화정을 혼합정체라 칭하고 그것을 각 체제의 장점을 모두 배합한 가장 안정적이고 이상적인 체제라고 생각했다. 이탈리아 르네상스 시기 마키아벨리와 도나토 지아노티는 고대 로마와 베니스를 각각 다른 이유로 혼합정체의 모델로서 강조했다.[26] 매디슨의 제도 디자인에 직접적으로 영향을 미친 몽테스키외의 견제와 균형의 이론은 18세기 당대의 영국을 경험적 모델로 한 것이다. 프랑스의 전제정하에서 살았던 그의 눈에 국왕, 귀족원,

25_Aristotle, *The Politics and the Constitution of Athens,* Stephen Everson ed. (Cambridge University Press, 2000[1996]), Bk: IV, 91-119. 그리고 폴리비우스에 대해서는 F. W. Walbank, *Polybius* (University of California Press, 1990[1972]), pp. 131-7, 149-50, 145-6.

26_Machiavelli, *Discourses on the First Decade of Titus Livius,* in Allan Gilbert, trans., Machiavelli, vol. 1 (Duke Univertisy Press, 1989), pp. 175-529. 그리고 도나토 지아노티(Donato Giannotti 1492~1573)에 대해서는 J. G. A. Pocock, *The Machiavellian Moment: Floretine Political Thought and the Atlantic Republican Tradition* (Princeton University Press, 1975), pp. 272-286 참조.

평민의 의회로 구성된 영국의 체제는 군주정, 귀족정, 민주정의 요소를 균형적으로 대변하는 가장 이상적인 체제로 비쳤다. 이렇듯 균형체제의 이론가들에게 고대 그리스, 로마로부터 18세기 영국에 이르기까지 서로 다른 체제적 성격을 결합한 혼합정체의 구조는, 곧 사회의 기본적인 세 신분 집단을 대변하는 기구의 혼합으로 이해되었다. 그리고 이들 대표 기구 간의 견제와 균형, 달리 말해 중심적 사회집단들 사이의 견제와 균형이야말로 체제의 안정을 창출하는 가장 기본적인 동력으로 여겨졌다.[27] 그러나 국왕과 귀족, 평민으로 구분되는 신분 집단을 갖지 않는 신대륙에서 청교도 이민자들이 건설하고자 했던 이상 사회의 정치적 표현으로서 미국의 공화정은 유럽의 전통 사회를 모델로 삼을 수 없었다. 매디슨의 독창성은 사회적 힘들 간 견제와 균형의 원리를 정부의 기능 분업을 대표하는 입법부, 행정부, 사법부 간의 견제와 균형으로 변용한 데 있다.[28] 미국 헌법에서 견제와 균형의 원리는 견제만 하는 것이 아니라 상호 견제의 구조를 통해 균형을 성취하려는 원리다. 즉 상호 견제가 불균형적이라면 균형은 만들어지기 어렵다. 미국의 헌정 체제는 한 부서가 다른 두 부서로부터 견제 받는 동시에 다른 두 부서를 견제하는 상호성의 제도화를 특징으로 한다.

27_Bernard Manin, "Checks, balances and boundaries: the separation of powers in the constitutional debates of 1787," Biancamaria Fontana ed., *The Invention of Modern Republic* (Cambridge University Press, 1994), p. 30.

28_Gordon S. Wood, "Democracy and the American Revolution," John Dunn ed., *Democracy: the Unfinished Journey, 508 BC to AD 1993* (Oxford University Press, 1992), pp. 91-105.

이런 미국의 정체는, 매디슨이 민주정이 아니라 공화정이라 불렀다 하더라도, 인민 주권과 정치적 평등이 구현되고 인민의 의사가 선거를 중심 수단으로 하는 대표의 체계를 통해 표현되고 결정된다는 점에서 오늘날의 의미로는 민주주의 체제이다. 풀어 말하면 인민의 의사에 따라 법을 만드는 입법부와 이를 집행하는 행정부의 수장인 대통령은 직접 선거를 통해 선출됨으로써 인민 주권의 대표성에서 그 정당성을 갖는다는 것이다. 또한 선출된 대표이기 때문에 인민에 대해 책임을 질 의무가 있다. 그러나 여기에서 문제가 되는 것은 연방 법원으로 제도화된 사법부의 지위이다. 즉 그들은 누가 선출하고 누구를 대표하고 누구에게 책임을 지는가? 물론 연방 대법원의 판사는 대통령이 임명하고 상원이 인준하며 또 의회에서 탄핵될 수 있다. 그러나 인민에 대한 사법부의 책임성accountability과 민주적 통제는 지나치게 약하고 애매하다. 민주주의 체제 내에서 가장 애매하고 민주적 통제와 거리가 먼 사법부에게 가장 강력한 권한, 즉 헌법 해석권을 중심으로 한 헌법 수호자로서의 역할을 부여한 것이야말로 매디슨적 민주주의의 가장 큰 특징이며, 제도적 결함이라고 할 수 있다.

민주주의의 제도와 실천에서, 특히 헌정 체제를 갖는 민주주의 사회에서 사법부의 지위는 이론적으로 가장 설명하기 어려운 매우 논쟁적인 주제이다. 전제정을 방지하려 했던 몽테스키외의 견제와 균형의 원리는, 하나의 사회 세력이나 집단이 입법부와 집행부의 권력을 동시에 장악하는 것을 방지하는 것을 핵심으로 한다. 그가 『법의 정신』에서 말하는 삼권은 입법권, 대외 문제를 관장하는 집행 권력, 시민권을 다루는 집행 권력의 세 부서를 말하고 이들 간의 견제를 강조하지만, 여기에 사법권은 존재하지 않는다.[29] 일찍이 매디슨이 중심이 된 연방주의자들의 헌법안은 반연방주의자Anti-Federalists들의 강력한 비판에 봉착했는데, 그 가운데 법원의 역할은 중요한 쟁점의 하나였다. 반연방주의자들은 헌법에 관련된 모든 것으로 사법부의 권한을 확대하는 연방주의자들의 헌법안이 법원에 무한한 권력을 부여하는 것이라며, 그로 인해 사법부의 권력이 입법부의 권력보다 우월한 위치에 서게 될 것이라고 주장했다. 그들이 제기한 비판의 핵심은 헌법이 법원에게 사법권의 제한된 영역을 벗어날 수 있도록 허용함으로써 입법적 기능을 행사하게 될 것이며 결국 사법부는 통제 불능의 권력이 될 것이라는 경고였다.[30] 이미 헌법안의 인준을 둘러싼 논쟁에서 사법부의 비대화가 가져올 문제점에 대해 선견적 비판이 제기되었던 것이다. 본문에서 달이 자세히 다루고 있듯이, 지난 2백여 년 동안 연방법원이 헌법 해석 과정에서 내린 많은 평결은 '사법부의 입법 행위' judicial legislation, 또는 사법적 정책 결정judicial policy making이라는 개념을 만들어 냈다. 이처럼 민주주의에서 국민의 대표로서 의회가 수행해야 할 입법 기능과 정책 결정 기능을 선출되지 않은 법원이 수행한다는 것은, 민주주의의 규범과 원리에 정면으로 배치되는 것이 아닐 수 없다. 이 점에서 정당 간 갈등을 수반하거나 이들이 대표하는 정책 결정 영역으로까지 사법부의 헌법 해석권이 확대되는 것을 반대하면

29_Montesquieu, *The Spirit of the Laws,* Anne M. Cohler, Basia Carolyn Miller, and Harold Samuel Stone eds. and trans. (Cambridge University Press, 2000), Part 2, Bk 11, Ch. 6, pp. 156-166.

30_Manin, "Checks, balances and boundaries: the separation of powers in the constitutional debates of 1787," p. 39.

서, 기본권 및 연방제 관련 이슈에만 그 권한을 한정할 것을 요구하는 달의 제언은 커다란 설득력을 갖는다. 인민주권의 원리에 의해 대표되고 경쟁하며 결정이 이루어지고 책임성이 부과되어야 할 민주주의의 영역에 헌정주의가 개입하는 것을 최소화시켜야 한다는 것이다. 그러나 달도 인정하듯이 그 가능성은 극히 희박하다. 왜 그런가?

(3) 헌법 개정의 어려움과 그 결과

필자가 볼 때 다른 나라 헌법에 비해 미국 헌법의 가장 큰 특징 중 하나는 개정이 어렵다는 것이다. 이는 미국 헌법의 지속성을 가능하게 하는 장점이 있다 하더라도, 시대 변화에 대응할 수 없도록 한다는 점에서 결함이 크다. 하나의 헌법이 2백여 년을 지속해 왔다는 것은 경이에 가까운 일임에 분명하다. 그러나 다른 한편으로 이 고전적 헌법은 오늘날 미국 사회 안팎에서의 변화와 충격 그리고 새로운 요구를 감당하기에 한계를 갖는다.

미국 헌법의 개정을 위해서는 우선 상하 양원 3분의 2가 찬성하거나 전체 주 3분의 2의 찬성을 통해 개정 제안이 있어야 한다. 제안된 개정안은 전체 주 4분의 3의 승인, 또는 헌법 개정 의회에서 상하 양원의 4분의 3이 동의해야 통과된다. 이것만이 아니라 사안에 따라서는 모든 주에 거부권이 부여된다. 예컨대, "어떤 주도 자신들의 동의 없이는 상원에서의 동등한 참정권을 박탈당하지 않는다"는 헌법 5조의 규정이 대표적이다. 미국같이 규모가 크고 다원적이며 많은 중대 이슈가 등장할 수밖에 없는 사회에서 헌법 개정에 거의 만장일치에 가까운 동의를 요구한다는 것은 사실상 헌법 개정을 불가능하게 만든다. 매디슨은 헌법 수정 절차에 있어 균형을 강조하면서, "연방주의자는 헌법을 너무 쉽게 바꿀 수 있는 극도의 용이함에 반대하는 동시에, 발견된 결함을 항구화시킬지도 모르는 극단적인 어려움에 반대한다"라고 말한다.[31] 그러나 실제로 미국 헌법은 지나치게 쉬운 개정과 지나치게 어려운 개정 사이의 균형이 아니라 후자의 지나친 어려움을 구현했다. 그동안 헌법 개정에 관련된 통계를 보면, 1789년 이래 현재에 이르기까지 1만1천 건의 개정안이 의회에 제출되었고, 그 가운데 의회를 통과한 것은 29개였으며, 그중 27개가 주에서 비준되었다. 그러나 1791년 수정 헌법으로 포함된 권리장전 10개 조항을 뺀다면, 단지 17개만이 개정되었고, 그 가운데서 금주법과 해제 조항 2개를 빼고, 남북전쟁에 따른 개정 조항 3개를 빼면 전부 12개 조항밖에 되지 않는다.[32]

헌법 개정의 문제는, 헌법 제정 시기(t-1)와 현재(t) 그리고 미래(t+1)의 시간 차이와 그 사이의 국제적·국내적 변화에 따른 사회경제적인 조건, 문화 및 가치관, 시대정신의 변화 그리고 정치적 상황의 변화와 관련된 문제라고 할 수 있다. 다시 말해 기존 헌법의 내용 및 이를 기초로 해석할 수 있는 범위와, 현실의 변화와 요구 간에 어쩔 수 없이 발생하게 되는 괴리 내지는 간극을 조정하는 문제이다. 미국 헌법의 개정이 거의 불가능하다는 사실은 18세기 말 건국 당시 사회

31_Madison, Hamilton, and Jay, *The Federalist Papers*, No. 43: 284; Lowi and Ginsberg, American Government: Freedom and Power, p. 33.

32_Lowi and Ginsberg, *American Government: Freedom and Power*, p. 33.

적 조건에서 제기되었던 정치적 요구와 당시 지배적이었던 이념과 가치관을 거의 불변적으로 제도화하고 있다는 것을 의미한다. 특히 문제가 되는 것은 아직 민주주의가 이념이나 가치로서 제도화되거나 실천되지 못하고 있었던 당시 상황에서 도입된 원리들, 즉 삼권분립의 원리에 입각한 정부의 구조로부터 시작하여 개인 기본권이 중심이 된 권리장전에 이르기까지 자유주의적 이념과 가치를 거의 움직일 수 없는 원리로 신성시하는 결과를 가져왔다는 사실이다. 그러나 이후 발전된 정치체제는, 시민의 개인 생활에 영향을 미치는 공동체 또는 전체 사회의 공적 문제에 평등한 정치 참여가 일반화되고, 시민들이 그들의 선출된 대표를 통하여 스스로 결정하는 민주주의 체제이다. 따라서 정치적 참여의 평등과 다수 지배의 원칙이라는 민주적 원칙과 미국 헌법 사이의 괴리는 누적될 수밖에 없었다. 이 모든 문제는 변화가 요구되는 시점에서 변화를 거의 불가능하게 만든 미국 헌법의 결함으로부터 야기된 것이다.

헌법이 변화와 새로운 요구에 맞게 개정할 수 없다는 것은 앞선 세대의 다수 의지가 다음 세대의 다수 의지의 요구를 실현 불가능하게 만드는 것과 같다. 그렇다면 다음 세대의 요구를 가로막을 수 있는 근거는 무엇인가 하는 문제가 제기된다. 욘 엘스터Jon Elster는 호메로스의 서사시 가운데 오디세이아가 사이렌 해협을 지날 때의 이야기를 적용하여, 헌법의 역할을 통치자가 자신의 권력을 확대하려는 미래의 비합리적 행위 가능성에 대해 권력자가 스스로를 구속, 제어하는 이른바 '사전 구속 장치'precommitment로 설명한다.[33] 그러나 사전 구속 장치는 최소한의 범위에서 인정되어야 하며 영구적이 되어서는 안 된다. 자기 구속을 하는 권력자의 결정과 이 구속에 영향을 받는 대상으로서 인민은 결코 동일하지 않으며 시간이 흐를수록 그 괴리는 더욱 커지기 때문이다.[34] 헌법학자 제레미 왈드론Jeremy Waldron은 시민의 여러 권리들 가운데서도 법을 만드는 데 참여할 권리를 '권리 중의 권리'the right of rights라고 말한다. 정치적 결정에 참여하는 권리야 말로 자유주의적 자연권에 기초한 개인적 권리들 가운데서도 가장 중요한 권리이며, 이로 인해 시민들은 민주주의의 실체적 내용을 구성하는 권리들을 결정할 수 있다. 이 점에서 헌법의 불변성을 제도화하는 것은, 민주주의의 가장 근본적 권리를 제약하는 것과 같다.[35] 나아가 시민권의 누적적 발전을 어렵게 하는 것이기도 하다. 시민권의 개념은 정치적·경제적·사회적 변화와 더불어 발전해 왔다. 마셜T. H. Marshall이 말하듯 자유권, 정치 참여권, 사회경제적 시민권으로의 발전이 그것이다. 이 시민권 개념의 발전은 누적적이지 배타적인 것이 아니다. 예컨대 민주적인 정치 참여권은 앞선 시기의 자유주의적 시민권을 대체하는 것이 아니라 그것이 발전한 결과이다. 그런데 자유주의적 이념과 가치를 중심 내용으로 하는 미국 헌법의 기본 정신은 뒷 시기의 시민권 개념과 더불어 이를 실현할 제도적·실천적 원리를 포괄하지 못한다. 그러므로 뒷 시기에서 발전하는 시민권 개념을 실현하는 데

33_Jon Elster, *Ulysses and the Sirens: Studies in Rationality and Irrationality* (Cambridge University Press, 1990[1979]), pp. 36-37.

34_Jeremy Waldron, *Law and Disagreement* (Oxford University Press, 1999), pp. 262-263. 또한 Shapiro, *The Moral Foundations of Politics*, p. 111.

35_Waldron, Law and Disagreement, ch.11, "Participation: The Right of Rights," 특히 p. 232.

커다란 제약으로 작용해 왔다. 개인 권리 이론으로 체제의 근간을 삼을 때 공동체 전체의 공익 내지는 일반 의지를 실현하는 문제에 대해서는 부정적이거나 소극적이게 마련이다.

물론 미국 헌법이 광범한 해석과 심의의 공간을 제공함으로써 문제를 해결할 수 있다고 주장하는 사람도 많다. 헌법의 핵심 내용을 구성하는 기본권 조항들이 포괄적이고 추상적인 까닭에 판사들에 의한 헌법 해석의 공간이 크게 열려 있다는 것이다. 그러나 이런 주장이 갖는 설득력은 제한적이다. 예컨대 새롭게 제기된 문제의 해결이 사회의 전체 이익과 같은 방향으로 움직이는 사안의 경우 헌법의 재해석을 통해 변화에 대응할 수 있지만, 대부분의 실체적 권리를 둘러싼 사안은 이해관계를 달리하는 집단 간 갈등을 동반한다. 이 경우 개인 권리와 재산권을 근간으로 한 기존 미국 헌법의 재해석을 통한 개입은 문제를 더욱 악화시키는 결과를 낳기 마련이다. 연방 대법원의 여러 판례[36]는 왈드론이 "일치/동의"와 "불일치/비非동의"의 개념으로 설명한 이 문제의 중요성을 잘 보여 준다.

예컨대 연방주의의 원리와 상업적 이익이 충돌한 것을 둘러싸고 내려진 '맥클럭 대 메릴랜드 판결'(McCulloch v. Maryland, 1819)은 경제문제를 둘러싸고 연방 정부와 주 정부가 충돌하는 권한 분쟁을 판결한 이정표적 중요성을 갖는다. 19세기 초 독일은 수백 개의 작은 단위로 나뉘어 정치적 분산이 심했던 조건에서 경제 시장의 광역화가

---

[36]_여기에서 필자가 사용한 판례들은 Lowi and Ginsberg, *American Government: Freedom and Power*에 들어 있는 "Glossary of Court Cases," A43-A50을 사용했다.

요구되었을 때, '관세동맹'Zollverein을 형성하여 권력의 분산과 경제의 분산이 병행할 경우 초래될 부정적 효과를 해결한 바 있다. 미국의 건국 초기 연방제의 원리가 경제로까지 연장될 때 역기능은 클 수밖에 없었다. 미국은 헌법 해석을 통해 경제문제에 관해 주 정부에 대한 연방 정부의 우위를 확립함으로써 이 문제를 해결했다. 앞서 지적했듯이 이는 해당 이슈가 사회 전체의 이익과 동일한 방향으로 움직이는 '일치'의 내용을 대상으로 한 것이기 때문에 가능했다.

그러나 '로크너 대 뉴욕 주 판결'(Lochner v. New York, 1905)은 다른 경우다. 빵공장의 위생 시설과 노동시간을 규제함으로써 노동자를 보호하려는 뉴욕 주의 법에 대해 연방 대법원은 사적 계약의 자유를 위반했다는 이유로 위헌이라고 평결했다. 이 판결이 이후 본격적인 산업화 단계로 접어든 미국의 조직 노동 운동에 가져온 부정적 효과는 엄청나다. 이 판결로 인해 미국이 유럽과 같은 복지사회로 이행할 수 있는 경로는 사전에 봉쇄되었다고 말할 수 있다.

'버클리 대 발레오 판결'(Buckley v. Valeo, 1976)은 의회가 개인의 캠페인 기부액을 제한하고자 했을 때 이를 개인의 자유를 침해한다는 이유로, '니어 대 미네소타 판결'(Near v. Minnesota, 1931)은 신문, 잡지들이 어떤 내용을 다루든 정부 기관이 이를 제한하는 것은 표현의 자유에 위배된다는 이유로 모두 위헌으로 판결되었다. 이들 사건은 각각 정치 부패를 척결하고 정당 간 경쟁이 보다 민주적인 공정성과 대표성을 갖도록 하는 것을 어렵게 했고, 언론 개혁을 무산시키는 데 기여했다. 노동조합운동이든, 정치 경쟁 및 언론 개혁 문제이든 이들 사안은 첨예한 갈등의 대상이 되는 이슈이자, 판결 결과에 따라 관련 집단들에게 커다란 차별적 결과를 낳는 '불일치'의 이슈들이며, 이런 갈등으로부터 민주정치가 발생하는 중심적 이슈 영역들이다. 그러므로 개인의 재산권을 보호하고 다수 지배의 원리를 제약하려는 목적에서 만들어진 미국 헌법을 재해석하는 방식을 통해 정치적 이슈들을 효과적으로 다룰 수 있다고 주장하는 것은 불합리하다.

월드론이 강조하듯이 실체적 권리들은 이에 대해 이해관계를 달리하는 '불일치'disagreement를 특징으로 하며, 이를 둘러싸고 크든 작든 집단 간의 갈등을 동반한다. 정치는 바로 이 갈등을 중심으로 발생하는 것이다. 따라서 실체적 권리와 관련된 문제를 결정함에 있어서는 정치적 참여의 권리가 중요하다. 그런 권리 없는 실체적 권리의 결정(또는 헌법의 불변성으로 인한 비결정)은 사회의 한 집단, 한 부문의 일방적인 결정이 될 수밖에 없기 때문이다. 앞에서 필자는 홈스의 '함구의 규칙'과 같이 중요한 갈등 이슈를 정치로부터 배제하는 전략이 민주주의 발전에 미치는 부정적 효과에 대해 비판적으로 언급한 바 있다. 법원에 의한 정치적 결정은 사회의 핵심적 갈등 이슈를 정치의 영역에서 배제함으로써 정치를 내부로부터 약화시키는 효과를 갖는다. 의도했든 안 했든 연방주의자들이 주도했던 헌법은 "사회에서 가장 근본적이고 가장 위협적인 이슈들을 법의 판단 영역으로 규정함으로써 이들을 정치 영역의 논쟁으로부터 제거"하는 결과를 낳았다.[37] 헌법학자 네델스키Jennifer Nedelsky가 지적하듯, 미국의 경우 법원에 의한 헌법 해석의 가장 중요한 주제인 재산권 문제와 관련하여 연방 대법

37_Carlos Santiago Nino, *The Constitution of Deliberative Democracy* (Yale University Press, 1996), p. 158.

원은 이를 사법적 심의의 가장 중요한 주제의 하나로 삼았다. 그리고 이 이슈가 근본적으로 정치적인 것이 아니라 법적인 것이라는 그들의 주장을 뒷받침하기 위해 보통법의 전통을 끌어들였다. 그리하여 결과적으로 미국을 상업적 공화국으로 만드는 데 기여했다. 요컨대 헌법 해석을 통해 재산권이 어디까지가 정치적 이슈이고 어디까지가 법적 이슈인가에 대한 경계 획정 문제를 해결하려는 것은 잘못이라는 것이다.[38] 민주주의 체제라 하더라도 기득 이익을 보호할 안정적인 메커니즘을 갖지 못할 경우 이들에 의한 도전으로 체제가 위협받을 수 있을지도 모른다. 그러나 헌법, 선거, 정당 간 경쟁이 현상유지와 체제 안정화만을 도모하는 방향으로 기능할 때 민주주의는 장기간에 걸쳐 서서히 침몰하거나 어느 시점에서인가 붕괴의 위험에 직면할 수 있다는 사실을 직시하지 않으면 안 될 것이다.

4. 한국의 헌법과 민주주의

(1) 타율적 헌법과 그 유산

한국의 헌법과 민주주의에 대한 논의는 헌법의 중심 이념 및 내용,

38_Jennifer Nedelsky, *Private Property and the Limits of American Constitution-alism: The Madisonian Framework and Its Legacy* (University of Chicago Press, 1990), p. 195.

그리고 그것이 제정될 당시의 정치적 조건의 특성에서 시작할 수 있다. 두 가지 가장 중요한 특징을 지적할 수 있을 것이다. 하나는 그것이 외부로부터 주어짐으로써 헌법의 타율적 성격이 강하다는 것이고, 다른 하나는 헌법이 이념적 양극화라는 비상한 정치적 혼란 속에서 남한에 분단국가를 제도화하는 계기로 제정되었다는 것이다. 근대 국민국가 건설을 위한 것이든, 민주화의 계기에서든 헌법의 제정 또는 개정은 정치 공동체를 제도적으로 디자인하기 위한 목적의식적 노력의 결과이며, 이를 둘러싼 광범한 논의와 국내 중요 세력들 사이의 정치적 또는 사회적 협약의 산물이라 하겠다. 타율적 헌정 질서의 수립이라고 할 때 그것은 이런 과정이 생략되었음을 말하는 것이다. 새로이 건설될 국가의 기본 이념과 목표는 분명 자유민주주의와 그 제도를 확립, 발전시키는 것이라고 천명되었다. 그럼에도 불구하고, 이 시기 헌법을 실천할 주체로서의 한국 국민, 특히 정치 엘리트들이 얼마나 자유주의와 민주주의의 가치를 준봉하고 이를 실천할 의지를 가졌는지는 극히 의심스럽다. 그보다는 분단국가의 두 가지 존재 이유, 즉 하나는 반공 국가가 되어야 한다는 것과 다른 하나는 정치의 기본 이념과 실천이 자유민주주의여야 한다는, 서로 상충하는 이 두 요구를 통합하고자 하는 이데올로기적 성격이 더 강했다고 할 수 있다.

1948년 7월 제헌 헌법 이래 1987년 10월에 개정된 현행 헌법에 이르기까지 우리 헌법은 제1조에서 "대한민국은 민주공화국이다"라는 규정을 통해 정체의 성격을 밝히고 그 정당성을 천명하는 것으로부터 시작한다. 일찍이 매디슨이 미국의 정체를 규정하기 위해 불러들였던 '공화정'이라는 말이나, 알렉산더 해밀턴이 최초로 명시적으로 사용했던 '민주공화국'이라는 말은 아테네 민주주의와 구별되는 대의제 민주주의를 의미하기 위한 것이었다. 그러나 우리는 헌법의 저자가 어떤 의미로 한국 국가를 단순하게 민주주의 국가나 공화정이 아니라 민주공화국이라고 불렀는지 알지 못한다. 지금도 우리에게 공화정이라는 개념은 그리 친숙하지 못하다. 분단국가의 정치적 조건에서 왜 공화정에 그 제도적 기원을 두고 있는 권력분립 내지 견제와 균형의 원리가 필요했는지, 만약 그것이 매디슨적 민주주의의 이념에 따른 것이라고 한다면 왜 단원제를 택했는지 이해하기 어렵다.

한국의 헌법은 극한적 이데올로기 대결과 분단의 위기적 환경에서, 그리고 법의 작동과 자유민주주의를 효과적으로 실천할 수 있는 범위를 넘어선 첨예한 분열과 혼란이 지배하는 내란에 가까운 상황에서 제정되었다. 자유민주주의와는 거리가 먼 권위주의적 상황 내지 군부 권위주의가 지배적이 된 1950년대부터 1987년 민주화에 이르기까지, 한국의 헌정사는 매디슨적 민주주의를 원리로 하는 자유민주주의적 헌법이 실패해 왔음을 적나라하게 보여 준다. 그것은 헌법으로부터 국민의 소외 혹은 현실로부터 헌법의 분리를 특징으로 하면서 헌법에 대한 국민적 무관심을 낳았다. 헌법이 현실과 동떨어져 다만 규범적 이상으로서만 존재했다는 것은 그것이 현실에 있어 형식적 장식물에 불과했으며, 법의 해석자들이 법리라는 이름으로 실정법 조항들에 근거하여 어떤 논리를 끌어들인다 하더라도 그것은 형식논리 이상이 아니라는 것을 의미한다. 헌법이 현실을 규율하는 규범이 아니라 허구적 현실에 기초하고 있다는 가장 단적인 예는, 1972년 유신헌법이나 1980년 5공화국 헌법에서조차 제1조는 변함없이 "대한민국은 민주공화국이다"라고 규정하고 있다는 사실이다. 가장 전형적인 권위주의 체제가 스스로를 민주공화국이라고 규정했다는 것만큼 헌법의 내용과 정치 현실 사이의 괴리를 보여 주는 사례도 없다. 혹자는 제헌 헌법으로부터 현재의 헌법에 이르기까지 권리와 의무를 규정하는 긴 조항들은 거의 변하지 않은 것을 두고,[39] 한국 헌법이 국민 기본권을 명시적으로 잘 규정하고 유지한 좋은 헌법이었다고 긍지를 가질지도 모른다. 그러나 우리 헌법이 영국과 미국 그리고 프랑스에서 혁명을 통해 이루어 낸 인간의 보편적인 자유와 인권을 위한 성과를 기본권 조항으로 포괄했다 하더라도, 중요한 것은 그런 헌법이 권위주의 체제와 오랫동안 갈등 없이 병립해 왔다는 사실이다. 문제는 좋은 기본권 조항들이 있느냐가 아니라 그것이 민주적인 방법으로 광범한 참여에 의해 충분한 논의를 거쳐 성취됨으로써 현실을 규정하는 실체적 효과를 가졌는가 하는 것이기 때문이다.

헌법의 역할 및 위상과 관련하여 국가보안법(1948년 12월 제정)은 특별한 의미를 갖는다. 앞에서 말한 바와 같이 남한의 분단국가는 당시의 현실에서 서로 상충하는 두 가지 목표, 즉 반공 국가의 건설과 자유민주주의의 실현을 동시에 추구했고, 이 두 목표가 충돌할 때 어디까지나 그것은 냉전이라는 조건에서 전자가 우선하지 않으면 안 되는 것이었다. 이 말은 헌법이 현실을 규율하고 현실에서 실천되는 시민의 정치적·사회적 삶의 규범적 근거로서 기능하지 못했을 뿐만 아

39_제헌 헌법은 2장, 8~30조까지, 그리고 현재 헌법은 2장, 10~39조까지 국민의 권리와 의무를 규정하고 있다. 1948년부터 현행 헌법에 이르기까지 여러 차례의 헌법 개정에도 불구하고 권리와 의무를 규정하는 조항의 내용은 거의 변하지 않았다. 1948년 제헌 헌법에서 현행 헌법에 이르는 내용에 대해서는 김영수, 『한국헌법사』(학문사, 2000), 925-1066쪽을 참조.

니라, 최고의 법적 규범으로서 자족적일 수 없었음을 의미한다. '반공질서의 구현'이라고 하는 보다 상위의 국가 목표를 규정하고 그럼으로써 현실을 규율하는 실질적 근본규범Grundnorm은 국가보안법이었다. 여기에서 헌법은 다만 이상적·형식적 근본규범의 지위를 갖는 것이었다. 국가보안법은 때로 헌법의 상위에서 때로 그와 동등하게 우리 사회의 기본 이념과 내용을 규율했다. 그러므로 헌법이 담고 있는 조항의 표현이 아무리 자유주의와 민주주의를 말하고 있다 하더라도 우리 사회가 헌법에 의해 통치되었다고 말할 수는 없다. 필자는 이를 '이중의 근본규범'이라고 부를 수 있다고 생각한다. 헌법은 자유민주주의의 근간이라 할 수 있는 개인 기본권의 경계를 한정하고 그 내용을 규정하고 있지만 그 실현을 보장하는 것은 헌법이 아닌 또 다른 법의 존재에 의해서였기 때문이다. 정치 경쟁의 이념적 스펙트럼을 주형하고 정당 간 경쟁의 규칙을 만드는 기능을 통해 실제 정치를 규율한 것 역시 헌법 내지 헌정 질서가 아니라 국가보안법이었다. 적어도 민주화 이전까지 혹은 그 이후에도 상당 기간 동안 현실에 있어 국가보안법은 헌법보다 상위의 위상과 역할을 갖는 것이었다.

헌법이 대변했던 민주주의의 형식주의적 측면과 현실에서의 권위주의적 실천 사이의 모순과 대조가 가장 극심하게 드러나는 사례는 헌법 개정 과정이라 하겠다. 1948년 최초의 헌법이 제정된 이래 반세기도 되기 전에, 1952년, 1954년, 1960년에 두 번, 1962년, 1969년, 1972년, 1980년, 마지막으로 민주화의 결과로 만들어진 1987년에 이르기까지 모두 아홉 차례의 헌법 개정이 있었다. 미국처럼 하나의 조문을 수정하는 정도가 아니라, 한국에서의 개헌은 권력의 핵심 구조 또는 통치 체제의 유형을 송두리째 바꾸는 것이었다. 헌법의 개정

과정은 한국의 험난한 헌정사를 단적으로 보여 주는 징표가 아닐 수 없다. 한국의 개헌에서 특징적인 것은 헌법의 핵심 부분인 권력 구조에 대한 변화, 즉 대통령의 지위, 선출 방법, 임기, 비상대권 등 최고 행정 수반으로서의 대통령을 중심으로 한 권력 구조가 주요 초점이었다는 사실이다.[40] 1960년 6월과 1987년 10월, 4·19와 6월 항쟁이라는 민주혁명 이후 개정되었던 두 번의 사례를 제외하면, 그간의 헌법 개정은 그 과정에서 정당 대표와 국민들이 배제되었다는 권위주의적 특징을 갖는다. 헌법의 새로운 내용들은 권위주의적 방법을 통하여 정치권력에 의해 위로부터 국민에게 부과되었던 것이다.

이런 상황을 변화시킨 힘은 민주화였다. 1987년 10월 민주 헌법을 만드는 헌법 개정은 이후 한국 민주주의 발전에 있어 결정적인 중요성을 갖는다. 그러나 민주주의로 이행하는 당시의 시점에서 민주적 정치 경쟁의 틀을 주형하는 정치제도의 문제가 얼마나 중요한가에 대한 인식은 별로 많지 않았다. 무엇보다도 제도에 대한 무관심은 민주화 이전 시기 헌법이 규정하는 형식적 민주주의와 권위주의적 정치 현실 사이의 괴리로 인하여 헌법을 비롯한 법 일반에 대한 강한 불신이 팽배했던 결과였다. 다시 말해, 앞 시기의 타율적·허구적 헌법에 대한 당연한 심리적 반발이라 할 수 있겠다. 제도에 대한 불신과 무관심은 정치 엘리트와 일반인들 모두에게 공통적인 것이었으며, 사실상

---

[40]_예외가 있다면 1960년 11월의 4차 개헌이다. 이때 개헌의 초점은 반민주 행위자 및 부정선거, 부정 축재자를 처벌하기 위한 소급입법의 근거를 마련하려는 것으로 헌법 부칙을 개정하는 것으로 종결되었다.

문화적 전통이 되다시피 했다. 이런 현상을 더욱 강화시킨 또 다른 요인은 한국 민주화를 가져온 강한 운동의 영향력이다. 필자는 여러 기회에 한국의 민주화를 '운동에 의한 민주화'라고 특징지어 왔다. 시민사회의 민중주의적 동력이 권위주의적 구질서를 해체하는 중심적 힘이었기 때문이다. 학생과 교육받은 도시 중산층이 주도한 젊은 세대 중심의 민주화는 민중주의적·이상주의적·낭만적·급진적·이념적 정향과 행동 패턴을 갖는 것이었다. 이런 정향이 매디슨적 민주주의의 이념적·문화적 모태인 잉글랜드와 스코틀랜드식 자유주의적 사고 정향, 즉 냉정하고 상업적이며 손익 계산적이고 현실주의적인 정향과 잘 어울린다고 볼 수는 없다. 오늘의 시점에 있어서도 한국의 전반적인 이념적 지형과 정치 문화에서 매디슨적 민주주의를 만들어 낸 자유주의와 공화주의의 영향력은 약하며, 그에 따라 현실주의적 정치관 역시 성장하지 못했다. 한국에서의 자유주의는 학교교육을 통해서, 또 산업화와 시장경제의 발전과 더불어 한국민들 사이에서 이제 상당히 그 가치와 정향이 널리 내면화되고 있다 하더라도, 공화주의의 이념과 가치는 여전히 생소할 뿐이다.

1960년 4·19 학생 혁명은 최초로 광범한 사회적 논의와 민주적 결정 방식을 통하여 타율적으로 주어진 헌법을 현실에 입각하여 개정할 수 있는 기회를 부여했지만 실제는 그렇지 못했다. 제2공화국의 정부 형태가 의회 중심제로 된 것은 사실상 거의 자동적이었다. 이 시기 대통령중심제는 권위주의와 동일시되었고, 당시 야당이었던 민주당의 공식 강령도 의회 민주주의였기 때문에 민주당이 주도했던 새로운 헌법은 논의의 여지없이 의회 중심제가 될 수밖에 없었다. 1987년 6월 항쟁은 광범하게 민중적 의견이 표출되고 기존의 매디슨적 민주주의가 담고 있는 제도에 대한 중요 이슈들을 검토할 수 있는 기회였고, 그와 더불어 본격적인 민주 헌법이 만들어질 수 있는 계기를 부여했다. 그러나 실제 민주 헌법으로의 개정은, 민주화 운동 세력들의 이렇다 할 개입이나 압력 없이, 또한 이슈에 대한 광범한 사회적 논의 없이 구체제의 집권 여당과 제도권 야당 정파들의 몇 안 되는 대표들 사이의 비공개 정치 협상에서 타협을 통해 만들어졌다. 1987년의 경우에도 국민(대표) 참여의 배제와 논의 과정의 부재라는 현상은 앞선 시기와 같이 문화적 전통처럼 반복되었던 것이다. 6월 항쟁이 상징하듯 한국 민주화의 계기는 거의 혁명적 사태에 의해 창출되었다. 그러나 이를 제도화했던 '헌법적 계기'는 대부분의 사람들이 사실을 제대로 인지하지 못할 정도로 지나쳐 버렸다. 이것은 운동에 의한 민주화라고 하는 혁명적 정치 변화에도 불구하고 한국 사회가 내부적인 성찰의 계기를 갖지 못한 채 매디슨적 민주주의의 틀을 지속시켰다는 것을 의미한다. 그러므로 한국 사회에서 민주주의가 본격화될 때, 미국이 경험했던 여러 모순과 특징을 필연적으로 대면할 수밖에 없는 운명을 갖게 되었다. 예컨대 대통령제하에서 이중 대표성이 초래하는 대통령 권력과 의회 권력 간의 대립과 교착 상황, 거대 권력으로서 사법부 권력의 부상, 정부의 공적 결정이 재산권과 같은 사적 권리와 충돌할 때 발생하는 위헌 논쟁 등이 대표적이다. 요컨대 한국의 민주주의는 강력한 민중주의적 동력의 투입을 통해 만들어졌지만, 그런 동력은 민주주의의 제도화 과정에서 매디슨적 민주주의로 특징되는 헌법의 제도적 틀 내지 제약에 의해 구속되었고, 이로 인해 상당한 긴장과 갈등이 만들어질 수밖에 없었던 것이다.

(2) 민주화와 헌법의 구조: '견제와 균형'의 불균형

매디슨적 민주주의에 의해 헌법의 제도적 틀이 부과되었다고 해서 한국 민주주의의 제도화 과정이 미국 헌법의 내용을 그대로 재현했다는 뜻은 아니다. 기본 원리는 유지하되, 한국적 조건에 대응하는 변형이 만들어지는 것은 필연적이었다. 그렇다면 1987년 이행기, 제도의 측면에서 최대 관심사는 무엇이었나? 이 시기 구체제의 권위주의는 간접선거로 선출된 대통령이 통치하는 체제를 일컫는 것이었고, 따라서 민주주의는 '국민의 손으로 직접 뽑는 대통령'이 통치하는 체제를 의미하는 것이었다. 대통령중심제가 확정된 다음 경쟁하는 정파들의 최대 관심사는, 스스로가 대통령이 되고자 하는 욕구 못지않게 경쟁자가 승리할 경우 독점적 권력을 항구화하는 것에 대한 두려움이었다. 그것은 또한 권위주의의 역사적 경험에 의해 뒷받침되는 것이기도 했다. 결과는 대통령 권력을 견제할 장치를 강화하는 것이었고 개정의 초점은 여기에 두어졌다.

앞 절에서 보았듯이 미국 헌법 제정 당시 매디슨적 제도 디자인의 최대 관심사는, 인민주권과 의사를 대표하는 입법부가 최대의 권력이고, 다수의 전제는 입법부를 기반으로 하기 때문에 이를 우선적으로 견제하려는 것이었다. 이에 비해 한국의 헌법 개정자들은 쉽게 권위주의화하는 대통령의 권력을 견제하려는 데 초점을 두었다. 그리고 대통령을 견제하기 위한 제도적 장치들을 통해 입법부와 사법부의 권력을 강화하고자 했다. 헌법 개정을 통해 행정부의 권력이 견제되었지만, 행정부와 입법부의 관계에 있어서 한국의 행정부 기능이 미국보다 약하다고 할 수는 없다. 미국의 경우, 의회에 독점적으로 입법권 행사를 보장함으로써 권력분립의 원칙을 관철시키고 있는 데 비해, 우리는 대통령에게 법률안 제출권뿐만 아니라 긴급 처분 명령권, 계엄 선포권을 부여함으로써 입법부의 역할을 공유하도록 했다. 아울러 미국에는 없는 국가 긴급권을 통하여 대통령에게 보다 큰 권한을 부여하고 있다. 한국과는 달리 미국의 경우 예산안 편성이 하원의 권한이라는 점도 주목할 만하다. 물론 이전 헌법과 비교할 때, 1987년 개헌에서 대통령의 의회 해산권을 없애고, 의회의 국정감사권을 부활한 것은 대통령의 권력을 축소하고 입법부의 권력을 증대한 것임에 분명하다. 그러나 이런 변화로 인해 입법부가 행정부 권력을 압도하게 되었다고는 볼 수 없다. 제도적으로는 행정부 권력이 여전히 강하다. 다만 그간 민주 정부의 대통령들이 무기력했던 것은 자신의 권력을 제대로 사용하지 못했기 때문이다.

필자의 관점에서 헌재와 중앙선거관리위원회(이하 선관위)의 비중을 강화하는 것을 중심으로 한 사법부의 역할 강화야말로 1987년 헌법 개정의 가장 중요한 내용이며, 또한 가장 큰 특징으로 보인다. 이로써 한국 헌법에서 매디슨적 민주주의의 특징은 제도적으로 더 강화되었다고 할 수 있다. 헌재는 법률의 위헌 여부, 탄핵, 정당의 해산, 중앙 정부와 지방자치단체 간 그리고 지방자치단체 상호 간 권한쟁의, 나아가 헌법 소원에 관한 광범한 법적·정치적 문제를 심판할 수 있는 권한이 부여되었다. 제도적으로 극히 애매한 지위를 갖는 선관위의 권한 또한 엄청나다.[41] 평등한 투표권, 의사 표현의 자유, 결사체의 자유로운 조직과 활동, 자유 공정 선거가 민주주의에 있어 핵심 제도라는 것은 두루 아는 사실이다. 그러할 때, 선관위가 이 문제를 독점적으로 관장하고 그에 대한 합법성 여부를 심판할 수 있는 준사법적 권한을 부여받고 있는 것은, 이 제도가 어떻게 작동하느냐에 따라 민주주의의 관리자가 될 수 있지만, 반대로 이를 제약하는 위협이 될 수 있음을 의미한다. 삼권분립에 있어 견제와 균형의 원리는 한 부서가 다른 두 부서를 견제함과 동시에, 그들로부터 견제받는다는 쌍방적 관계를 통한 균형의 실현이다. 이는 한 부서의 다른 부서에 대한 책임성의 원리를 핵심으로 한다. 매디슨은 연방주의자 '논설 51번'에서 "인간에 의해 인간을 관리하는 정부의 틀을 만드는 데 있어 큰 어려움은 처음에는 정부가 피치자를 통제할 수 있도록 하지 않으면 안 된다는 것이고, 다음에는 정부를 스스로 통제할 수 있도록 강제하는 것이다"라고 말한다.[42] 정부를 만들어 국민을 통치하면서 국민에게 책임성을 갖는 차원을 정치학에서는 '수직적 책임성'이라 부른다. 그리고 정부 내에서 한 부서가 다른 부서에 대해 행사하는 상호 견제를 통해 책임성을 갖는 차원을 '수평적 책임성'이라 정의한다.[43] 그렇다

---

[41]_선거 관리의 제도에 있어서 미국과 한국은 매우 대조적인 두 유형을 보여준다. 미국은 극단적으로 분산된 제도를 갖는다. 그러므로 미국의 선거 관리 제도를 간단히 요약하기는 어렵다. 주 의회에서 정하는 규칙에 의거하는 미국은 각 주마다 다른 제도를 가질 뿐만 아니라, 같은 주 내에서도 카운티마다 시마다 각개의 선거 관리 제도를 갖는다. 따라서 선거 관리 제도는 수백 개 이상이 존재하며, 몇 개가 존재하는지 헤아릴 수도 없다. 이것은 2000년 대통령 선거 시 플로리다 주의 선거 관리 및 개표 상황에서, 또 개표 결과에 대하여 플로리다 주 고등법원, 주 최고법원, 미연방 지역 법원, 연방 고등법원, 연방 최고법원에 40여 개의 소송이 제기된 사태에서 볼 수 있다. 이와는 대조적으로 한국은 선관위에 선거 관리의 모든 권한을 독점시킨 극도로 중앙 집중화된 관리 체계를 갖는다.

[42]_Madison, Hamilton, and Jay, *The Federalist Papers,* p. 320.

[43]_이 문제에 대한 싱세한 논의는 다음 문헌을 참조. Andreas Schedler, Larry Diamond,

면 헌재와 선관위는 어떠한 민주적 책임성의 구조를 갖는가? 헌재의 재판관과 선관위의 위원은 6년이라는 임기와 선임 방법이 동일하다. 즉 대통령에 의한 임명, 국회에 의한 선임, 대법원장의 지명에 의해 3인씩 모두 9인으로 구성된다.[44] 미국의 경우 연방 최고법원의 9인 판사를 포함하여 모든 연방 법원의 판사를 대통령이 임명하고 상원이 인준한다. 연방 최고법원 판사의 경우 대통령의 임명과 상원에서의 청문회를 포함하는 인준 절차는 그 자체가 정당 간의 첨예한 갈등을 불러일으키는 커다란 정치적 이슈가 되는 경우가 많다.[45] 미국의 제도와는 달리 한국의 경우, 이들 두 중요한 사법기관의 재판관과 위원에 대한 임명권은 대통령, 의회, 사법부로 3인씩 분할된다. 이런 방식은 매우 한국적인 것이면서도 정치적으로는 매우 중요한 제도이다. 한국에서 이 방법은 분명 대통령의 권력을 견제하려는 동기에서 유발된 것으로 보인다. 미국식 제도에서 연방 법원은 대통령의 임명과 상원의 인준이라는 방식을 통해 행정부와 의회 두 부서에 대한 수평적 책임성을 부과받는다. 동시에 이들 두 부서가 국민의 대표 기구라는

Marc F. Plattner, *The Self-Restraining State: Power and Accountability in New Democracies* (Lynne Rienner Publishers, Inc., 1999), Part 1, pp. 13-71.

44_이 글을 수정하는 시점인 2005년 6월 30일 인사청문회법 개정안이 국회에서 처리되었다. 개정법에 따르면, 국회 청문회를 거치지 않았던 대통령과 대법원장에 의한 헌재 재판관과 선관위 위원 추천자도 청문회 대상이 되었다. 헌재 재판관과 선관위 위원 전원으로 청문회를 확대하는 제도의 개선이 이루어진 것이다. 그러나 다시 강조해야 할 것은, 여전히 추천 내지 임명권의 분배는 변함이 없다는 사실이며, 따라서 세 부서 간의 견제와 균형의 원리 역시 제도적으로 변한 것이 없다는 점이다.

45_ Lowi and Ginsberg, American Government: Freedom and Power, pp. 190-191.

점에서 비록 간접적인 형태이긴 하지만 국민에 대해 수직적 책임성의 구조를 갖는다. 그러나 한국의 경우 세 부서가 임명권을 분할해 갖는 것이긴 하지만 상호 견제하는 기능, 즉 수평적 책임성의 구조를 갖지 않는다. 수직적 책임성의 구조에 있어서도 문제가 있다. 대통령의 임명권은 그렇다 해도, 국회에 의한 임명권은 정당 간의 배분을 통해 임명되곤 하기 때문에 책임성의 소재가 애매해진다. 그러나 보다 문제가 되는 것은 대법원장이 행사하는 임명권, 즉 사법부 자체에 의한 임명이다. 이는 국민과 타 부서 어디에 대해서도 책임을 지지 않는 방식이다. 그것은 민주주의의 핵심 원리인 대표와 책임의 고리로부터 이탈해 있음을 의미하며, 사법부의 자율적 역할, 나아가 역할 비대를 제도적으로 뒷받침하는 것이나 다를 바 없다. 매디슨은 '논설 10번'에서 "어떤 사람도 그 자신과 관련된 사건에 대해 스스로가 심판관이 될 수 없다"는 점을 강조한다.[46] 하지만 한국의 사법부는 견제되지 않은 채 견제자로서의 위상을 갖는다. 그 어떤 민주주의 이론을 통해서도 사법부의 이런 지위와 역할이 정당화되기는 어려워 보인다. 그럼에도 불구하고 많은 사람들은 사법부를 법의 지배를 실현하는 불편부당한 수호자라고 말한다. 그러나 이 수호자는 누가 감독하는가? 이 수호자는 누구에 대해 어떤 방법으로 책임을 지는가?

46_Madison, Hamilton, and Jay, *The Federalist Papers*, p. 124.

(3) '다른 수단에 의한 정치'와 '제왕적 헌법재판소'의 등장

제도는 그것이 현실과 접맥되면서 만들어지는 작동의 효과를 통해 평가되며, 이를 토대로 제도 개혁의 필요성이 대두되고 그에 대한 논의와 콘센서스가 누적되면서 변화의 운명을 맞이한다. 헌법의 제정·개정은 사르토리Giovanni Sartori의 말대로 정치적으로 기획되는 것이다.[47] 그것은 사태가 발생하기 이전에 제도를 디자인하는 것으로, 관련 행위자들이 사전 제약을 스스로 부과하는 규범 설정적이고 목적 의식적인 행위이다. 그러므로 헌법이 규정하는 제도와 현실 경험 및 그것의 효과 사이에는 일정한 간극이 발생할 수밖에 없다. 하나의 제도가 현실과 접맥되기 이전에 그것이 어떠한 결과를 가져올지를 예측하는 것은 극히 어렵다. '제도가 문제다', '특정의 제도는 특정의 효과를 가져온다'라고 말하는 이른바 제도주의적 접근에 대해 정치적 실천의 차원을 중시하는 정치학자들이 회의적인 태도를 갖는 것은 그 때문이다. 이는 제도의 작동이 현실에서의 정치사회적 세력 관계를 통해 어떻게 여과되어 나타나는가 하는 문제와도 연관된다. 이렇게 볼 때 초점은 한국의 헌법이 제도와 규범 그 자체로서 갖는 장단점이 무엇인가에 있는 것이 아니라, 역逆으로 민주화 이후 한국 정치의 현실과 정치 세력 간 사회적 힘의 균형이 한국 헌법의 기본 구조라 할 수 있는 삼권분립을 통해 어떻게 표출되었는가에 두어지게 된다. 다

47_Giovanni Sartori, *Comparative Constitutional Engineering: An Inquiry into Structures, Incentives and Outcomes* (Macmillan Press Ltd., 1994), p. ix.

시 말해 삼권분립의 문제를 단순한 정부 부서 간의 기능적 분업을 넘어 사회 세력 간 견제와 균형이라는 원형적 문제 틀로 환원시켜 볼 필요가 있다는 것이다.

민주화 이후 민주적 정치 경쟁이 본격적으로 가동됨에 따라 1987년의 헌법이 특히 두 가지 측면에서 커다란 결함을 드러내는 것을 보게 된다. 하나는 입법부와 행정부 간의 상호 견제에 의한 갈등으로 인하여 정치와 정부 기능이 교착과 마비 상태로 빠져드는 현상이다. 그 결과는 정부의 무능력을 심화시키는 것과 동시에 정치의 탈정치화를 가속화하는 것이다. 다른 하나는 사법 기능의 역할, 특히 헌재의 역할이 엄청나게 비대해진 것이다. 이 역시 정치의 범위를 좁히고, 그럼으로써 민주주의에 제약을 가하는 변화이다. 민주화 이후 한국 정치의 현실에서 헌법이 규정하고 있는 제도와 그 작동이 초래하는 결함들은 제도권에서 경쟁하는 정치 세력 간 힘의 관계가 뚜렷이 변하는 것을 계기로 시차적으로 연속해서 발생했다. 먼저 첫 번째 단계에서 나타난 입법부와 행정부 간의 상호 견제에 의한 교착상태를 보자.

민주화 이후 여소야대와 그에 따른 '분점 정부'divided government, 즉 의회의 다수당과 대통령이 다른 정당이 되는 상황이 거의 일상적으로 만들어졌다. 이른바 '여소야대 정국'은 국회의 다수당이 된 야당과 대통령이 서로를 견제하면서, 극심한 정치 갈등과 교착 상황을 초래하게 된 것이다. 이런 현상은 기본적으로 매디슨적 헌법의 직접적인 결과로서, 많은 사람들이 생각하듯 한국 정치 본래의 어떤 정치 문화적 특징에 기인하는 것이 아니다. 일찍이 민주주의와 정당 이론의 대가인 사르토리는 미국의 대통령제를 분점 정부에 대한 고려가 전혀 없이 권력을 분리해 놓은 최악의 제도 배열이라고 말한 바 있다. 그에 따르면 미국 제도는 헌법 '때문이' 아니라 헌법'에도 불구하고' 작동하고 있는 것에 불과하다.[48] 매디슨의 기대와 달리 삼권 간의 견제와 균형은 스스로 작동하는 평형을 만들어 내지 못했다는 것이다. 그의 비판은 매디슨적 민주주의가 구조적으로 강력한 대통령제를 만들어 낸다는 일반적인 이미지와 실제의 현실은 전혀 일치하지 않는다는 것을 보여준다. 실제로 작동하기 어려운 제도가 작동할 수 있었던 것은 제도의 효과가 아니라, 스스로 작동하지 않는 제도를 작동시킨 정치인들에 의해서 가능했다는 것이다. 미국의 경우 교착과 정체로 빠져드는 정치를 그나마 돌아가게 하는 요체는 이른바 '정부 예산의 지방 배분 정치'pork-barrel politics라 하겠다. 전국적 정치 이슈에서는 정당 간 대립이 극심하지만, 의회 내 위원회 수준에서 결정되는 지방 정부 예산 배분을 둘러싼 담합의 정치가 양당 간 교착을 파국으로 몰고 가지 않기 때문이다.[49] 삼권분립이 비민주적 정치 실천과 부패에 의해 작동되고 있다는 미국 정치의 역설은 이렇게 해서 만들어졌다. 사르토리의 비판은 한국 정치에 대해서도 커다란 설득력을 갖는다. 노태우 정부는 3당 통합에 의해서, 김영삼 정부는 의원 빼내 오기를 통해서 여소야대 상황을 타개했다. 김대중 정부는 길게 보아 여소야대 상황을 회피하지 못했다. 노무현 정부가 분점 정부를 피할 수 있었던 것은

48_Sartori, "Neither Presidentialism nor Parliamentarism," Juan J. Linz and Arturo Valenzuela eds., *The Failure of Presidential Democracy: Comparative Perspectives* Vol. 1 (The Johns Hopkins University Press, 1994), p. 109.

49_Sartori, "Neither Presidentialism nor Parliamentarism," p. 89.

2004년 총선 이후 1년간이었다. 이들 정부는 의회 다수를 점했던 강력한 야당의 비판과 공격 앞에 정상적인 정부의 작동이 불가능할 정도의 위기에 주기적으로 직면해야 했다. 민주화 이후 한국 정치의 현실을 극단적으로 말한다면, 비민주적인 방법을 통해서라도 정부를 작동시킬 것인가 아니면 이런 선택을 하지 않음으로써 (또는 못함으로써) 무능한 정부를 감수할 것인가 사이의 선택을 강요받는 상황이었다고도 할 수 있다.

두 번째 단계에서 나타나는 현상은 헌재 역할의 부상이다. 한국에서도 헌재에 의한 '사법부의 정치적 결정'의 사례들은 증가해 왔다. 2004년 8월, 9월의 국가보안법과 관련된 판결도 그 한 예이다. 그리고 앞서 지적했듯이 2004년 5월과 10월의 평결을 통해 행정부와 입법부를 압도하는 '제왕적 사법부'의 등장이라는 현실을 보게 된다. 매디슨적 민주주의의 삼권분립은 헌법 해석권에 바탕을 둔 강력한 사법부의 존재를 전제로 한다. 이 점에서 사법부의 부상은 매디슨적 삼권분립이 한국에서도 현실화되고 있다는 것, 혹은 한국이 미국의 모델을 충실히 따라가고 있음을 의미하는 것이기도 하다. 권력의 소재를 언제나 대통령 중심으로 사고해 왔던 한국의 정치 전통과 정치 문화에서, 그리고 민주화 이후 입법부와 특히 의회 다수의 권력이 얼마나 중요한가를 막 실감하기 시작한 상황에서, 다시 급작스런 사법부의 부상을 보게 된 것이다. 헌재의 부상을 급작스럽다고 말하는 것은 제도적으로 부여된 권한 자체를 행사하는 방법도 극적이었지만, 이 변화가 일반인들의 의식에 미친 충격이 매우 크기 때문이기도 하다.

이 글의 주제, 즉 민주주의의 제도 안에서 그리고 민주주의의 규범에 부응하는 사법부의 역할이라는 관점에서 볼 때, 2004년 5월의 헌재 판결은 매우 중요한 사건이다. 문제의 핵심은 판결의 결과가 아니라 판결의 내용을 이루는 헌법 해석의 방식이었다. 그 가운데서도 현행 선거법 9조에 대한 선관위의 해석으로부터 대통령에 대한 탄핵소추가 시발되었다는 사실이 극히 중요하다. 선관위의 해석이란 대통령은 공무원이고, 그럼에도 불구하고 선거에 개입했기 때문에 정치적 중립의무를 위반했다는 것이다. 선관위의 이런 해석이 아니었더라면 헌재에 의한 탄핵소추는 가능하지 않았을 것이다. 헌재 역시 선관위의 해석을 인정하고 대통령의 행위는 헌법을 위반한 것이라고 판결했다. 2004년 10월 헌재의 위헌판결은 두 가지 요소가 중요한데, 하나는 특별법으로 제정된 행정 수도 이전이 국회의 여야당 모두가 압도적 다수로 동의한 입법부의 정치적 결정이었다는 것이고, 다른 하나는 그것이 대통령 후보 선거공약으로 제시되고 논의되었으며 유권자의 투표를 통해 평가되고 절차를 거쳐 추진된 정부의 정책 사안이었다는 것이다. 여기에서 강조되어야 할 것은, 행정 수도 이전에 찬성하느냐 하지 않느냐 하는 것은 헌재의 결정 내용을 어떻게 보느냐 하는 것과 완전히 다른 수준의 문제라는 것이다. 이런저런 이유로 위의 두 사건은 많은 논쟁점을 포함하고 있다. 그러나 어떤 쟁점보다도 이 판결이 중요한 것은 그것이 민주주의의 규범과 원리에 정면으로 배치된다는 사실이다.

선관위와 헌재의 판결은 대통령직을 좁은 의미에서의 공무원의 역할로 한정시키는 동시에 그 범위를 훨씬 넘어서는 광범한 정치적 역할을 무시하고 부정한 것이다. 하나의 정부가 선거 경쟁을 통해 구성되는 전 과정은 기본적으로 정치적인 내용을 갖는다. 현대 민주주의는 대의제 정부이고 그 중심 행위자는 정당이며 대중적 지지를 최대화하고자 하는 이들 간의 경쟁을 핵심으로 한다. 이 과정에서 사회의 다양한 이해관계를 국가정책으로 전환하고 정치의 리더십을 통해 사회적 갈등을 조정하고 통합하고자 하는 대통령의 역할은 공무원이라는 규정의 대상이라고 할 수 없다. 그것은 정치 자체를 부정하는 것이며 민주주의의 전 과정을 부정하는 것이다. 헌재가 내린 판단의 논거는 정치와 행정을 구분하지 못하고, 정치를 행정으로 환원시키는 것 이상이 아니다. 실제로 박정희의 유신 체제 시절 민주주의를 '행정적 민주주의'라고 정의했던 적도 있었다. 국가의 공무를 수행하는 행정관리로서의 공무원은 그가 행위하도록 지시되는 규칙과 규범을 가지며 그의 행위와 역할은 좁은 법의 테두리 안에서 엄격하게 한정되는 것을 특징으로 한다. 공무원의 행위 준칙은 그 자신의 외부로부터, 그리고 상위의 권위로부터 국가 목표, 정책, 행정 지침의 내용으로 부여된다. 이를 만드는 것은 정치의 영역이며, 대통령은 법의 테두리 안에서라 하더라도 광범하게 부여되는 자율의 공간, 가능의 공간을 갖는 특별한 역할, 즉 정치적으로 국가/정부에 최선이라고 판단하는 정책 대안들을 결정하고, 민주적으로 제정된 법률과 행정의 수단을 통해 이를 집행하는 특별한 역할을 갖는다. 따라서 그의 행위는 기본적으로 정치적인 내용을 가지며 대표성과 책임성의 고리를 통해 역할이 규정되는 특수한 형태의 지위를 갖고 공익에 복무한다는, 가장 넓은 의미에 있어서의 공직자이다. 헌재가 대통령으로 하여금 정치적 행위를 하지 못하게 하는 것의 불합리함은 역설적이게도 헌재 판결의 내용과 결과가 매우 정치적이었다는 사실과 극명하게 대비되는 것이기도 하다.

사법부에 의한 정치적 결정의 대표적인 사례는 행정 수도 이전에 대한 헌재의 위헌 결정이라 할 수 있다. 정부의 행정 수도 이전이 여러 부정적 측면을 안고 있다 하더라도 정책 결정의 절차적 정당성에는 하자가 없다. 이런 사안에 헌재가 개입하여 입법부의 결정과 정부 정책을 무효화한 것이다. 이는 민주주의의 절차적 정당성에 대한 부정이며 제일의 민의 대표 기구가 내린 다수의 결정을 번복한 것으로 입법부에 대한 사법부의 우위를 입증하는 사례라 할 수 있다. 민주주의를 인민주권, 정책과 법의 결정 과정에 대한 인민의 참여, 다수 지배를 그 중심 원리와 규범으로 이해한다면, 이는 사법부가 민주주의의 제일의 가치와 규범을 무시한 것이라고 이해할 수 있다. 대중의 민주적 통제로부터 멀리 떨어져 있는 소수의 법 전문가와 엘리트들의 판결이 인민 다수의 의사 위에 군림할 수 있다는 것을 실증하고 있기 때문이다. 앞에서 우리는 헌재가 등장하기 이전 시기를 여소야대의 정국으로 특징지었다. 이 시기 정치적 대립을 특징짓던 담론의 하나는 '제왕적 대통령'이라는 말이다. 그것은, 대통령의 권력을 실제로 견제할 뿐만 아니라 나아가서는 개헌을 해서라도 대통령의 권한을 제한하고자 했던 의회 다수당으로서 야당의 선호를 집약한 말이었다.[50]

50_'제왕적 대통령'이라는 말이 의미를 갖기 위해서는 대통령이 어떠한 점 때문에 적절한 범위를 넘어 과다한 권한을 갖는 것인가에 대한 논리적인 문제 제기가 있어야 할 것이다. 나아가 대통령의 권한뿐만 아니라, 민주주의와 삼권분립에 대한 논의를 포함하여, 정부의 세 부서 간의 견제와 균형에 대한 엄격한 재평가도 동시에 논의되어야 할 것이다. 그렇지 않는 한 제왕적 대통령이라는 말은 대통령을 공격하고자 하는 의회 다수당의 전략적 의도 내지 욕구, 혹은 대통령 주도의 강한 개혁을 두려워하는 구체제 이익들의 자기 방어 논리 이상이 아니게 된다.

이에 반해 필자가 '제왕적 사법부'라고 말하는 까닭은, 앞에서 본 바와 같이 헌법이 정부 정책과 의회 다수의 결정을 일거에 무력화시킬 수 있는 권한과 권력을 헌재에 부여했고, 헌재가 이를 실제로 사용했다는 사실에 근거한다. 민주주의에서 참여의 권리를 권리 중의 권리라고 말하는 것은, 민주주의가 어떤 절차적·내용적 제한으로 구속되어야 하는가의 문제를 결정하는 것은 인민 스스로라는 것을 의미한다. 인민 혹은 인민의 대표가 해야 할 것을 법원이 한다면 그것은 민주주의 원리에 배치되는 것이며, 그 때문에 제왕적이라는 것이다.

오늘날 한국 사회에서 많은 법의 종사자들과 헌재 재판관들은 스스로의 특별한 지위와 역할을 강조함에 있어서 자주 '법리'라는 말을 사용한다. 법 그 자체는 전문성을 요구하는 영역인 까닭에 법을 실천하는 기술적·절차적·형식적 측면에서 특별한 언어와 논리를 필요로 하며, 이 차원에서 법에 관한 이해나 해석을 둘러싼 이성적 사고와 판단 그리고 그와 관련된 논리를 법리라고 표현할 수 있을지 모른다. 그러나 현실에서 이 법리라는 말은 절차적 차원의 전문지식의 의미를 넘어 실질적 내용을 갖는 어떤 근원적 원리라는 의미로 확대되곤 한다. 실정법의 조문 또는 그것이 담고 있는 어떤 규범적 문제에 관한 해석은 그것을 계도하는 이른바 법리에 기초해 이루어져야 하며, 이때의 법리는 사회의 공익을 대변하는 불편부당한 것으로 전제된다. 그것은 법에 대한 해석의 방법이 특별한 의미를 갖는다고 이해하는 것이다. 따라서 법리는 민주주의의 규범으로부터 독립적이거나 혹은 그보다 더 상위에 있는 것으로 상정된다. 민주주의가 '법리'의 관점에서 도출된 규범으로부터 일탈할 때 이를 계도할 수 있거나, 더 나아가 계도해야 하는 어떤 규범적 내용을 갖는 것으로 주장되기도 한다. 그리하여 법리라는 이 말은 명시적으로는 정치를 비하하면서 암묵적으로 민주주의의 범위를 축소시킴과 더불어, 파당적 정치를 초월하여 공익에 충실하고 이성적인 법의 영역이 존재한다는 인식을 사회에 부과하는 것이다. 동시에 법리를 이해하는 법의 해석자로서 법 종사자 내지는 법관들은 민주주의 밖에서 법리를 근거로 민주주의를 심판할 수 있는 특별한 지위를 갖는 것으로 이해되기에 이른다. 이는 앞에서 달이 비판했던 '후견주의'적 발상 내지는 논리가 아닐 수 없다. 이제 우리는 '법리'의 의미가, 지난날 권위주의 체제하에서 법의 권위주의적 이해 및 역할이 아닌 민주적인 규범과 가치 위에 확실히 기초하고 있는가를 물을 때가 되었다. 그리고 무엇보다도 사법부가 민주주의의 규범과 가치의 충실한 해석자로서 그 역할을 수행하고 있는가라는 질문을 제기할 때가 되었다.

'법리'로 표현되는 법 해석의 전문적·규범적·비정치적 논거와 관련하여 먼저 헌재의 역할이 특정 시점에서 어떤 조건 때문에 커지기 시작했는가 하는 문제를 보는 것이 필요하다. 2004년 3월을 전후한 대통령 탄핵 소송의 시기는, 행정부를 장악한 여당과 다수 의석을 가진 야당 간의 대립과 힘의 교착으로 인하여, 쉐프터Martin Shefter와 긴스버그Benjamin Ginsberg가 말하는 이른바 '다른 수단에 의한 정치'가 그 정점에 이르렀을 때였다.[51] 그것은 정치인과 정당의 부패가 정치

51_Martin Shefter and Benjamin Ginsberg, *Politics by Other Means: Politicians, Prosecutors, and the Press from Watergate to Whitewater,* revised and updated ed. (W.W. Norton & Company, Inc., 1999).

의 가장 중요한 사안으로 등장하면서 '폭로-수사-기소'라는 방식이 정치를 지배하게 되고, 여야 간 힘의 대립에 있어 검찰과 사법부의 판결에 의존하는 정도를 크게 높임과 동시에 언론 매체가 주도하는 여론의 힘이 크게 증가하게 된 현상을 말한다. 이런 현상은 당연히 정치를 정치 밖의 도덕적 이상과 규범을 통해 인식하게 하면서 반부패 담론을 지배 담론의 하나로 만들고 이를 판단의 기준이자 목표로 삼는 개혁안들을 정치 개혁 의제의 최우선 순위로 자리 잡게 했다. 경쟁적 여론 동원과 사법 권력의 개입을 동반한 이 과정은 정치를 정치권 밖으로 끌어내는 직접적 효과를 만들어 냈고, 정치에 대한 부정적 인식의 팽배와 더불어 정치의 다운사이징 내지 탈정치화를 초래했다.

당시 행정 수도 이전 문제에 대한 헌재의 위헌 결정은 17대 총선이 가져온 결과와 밀접한 관계가 있었다. 총선의 결과가 의미했던 바는, 사회의 보수적 세력들이 대통령 선거에서 연속적으로 패배함으로써 대통령-행정부 권력을 상실했을 뿐만 아니라 최초로 의회 다수를 상실함으로써 모든 정치권력에서 지배적 지위를 잃게 되었다는 것이다. 이로 인해 권력 상실의 장기화에 따른 보수 세력의 위기감은 증폭되었고 제도권 안팎에서 여론 동원의 정치와 그에 따른 갈등과 대결이 과거보다 더욱 격렬해졌다. 이런 양상의 전개는 한국에서 민주주의의 공고화가 여전히 불확실하다는 사실을 반증한다. 선거 경쟁에서 패배한 정당과 그들을 지지한 사회 세력들이 헌재 재판관들의 결정 권한을 통해 선거에 의한 결과를 변화시킬 수 있다는 기대를 가지면서 정치 밖의 영역에서 구원자를 찾으려는 시도가 계속되고 있기 때문이다. 따라서 헌재 재판관들의 판결이 갖는 보다 중요한 측면은 그들의 판결 내용이며 그 정치적 결과이다. 무엇보다 그들의 판결은 정치적으로 분명히 갈등적인 사안에 대한 것이었다. 따라서 사법적 심판을 통한 그들의 개입은 결과적으로 확연하게 이득을 보는 집단/지역과 손해를 보는 집단 사이의 어느 한편을 택하게 되었다. 더욱이 신행정 수도 이전 문제에 대한 헌재의 판결은 이득과 손해를 보는 집단들과 이를 대변하는 정당들의 이해관계가 어떻게 일치하는가를 누구나 쉽게 확인할 수 있는 것이었다. 즉 헌재의 판결은 정치적인 결정일 뿐만 아니라 적어도 판결의 결과에 있어서만큼은 분명하게 당파적이었다. 미국 사법부의 헌법 해석에 대해 왈드론이 부정적으로 보는 논거의 하나는, 법원이 헌법 해석을 통해 '불일치'의 성격을 갖는 갈등적 사안에 개입하기 때문이다. 이런 갈등 사안을 다루고 조정해 가는 것은 기본적으로 법이 아니라 정치의 영역에서 이루어져야 한다. 인민 다수 혹은 그 대표에 의해 의회에서 정치적으로 결정되어야 할 문제가 재판관 9명의, 다수결에 의한 결정으로 환원될 수는 없는 것이다.

5. 결론

매디슨적 민주주의는 민주주의의 원리와 가치가 보편적으로 수용되기 이전의 정황에서 이론적으로 그리고 제도적으로 정립된 것이다. 민중적 민주주의의 동력이 다수 지배의 견제에 중심적 목표를 둔 헌법의 제도 디자인을 통해 크게 제어되었다 하더라도, 미국의 민주주의는 이런 제도의 틀 속에서 나름대로의 발전을 이루었다. 매디슨적 민주주의는 비례대표제를 제도적 장치로 하는 유럽의 합의제적 결정 방식에 입각한 의회 중심제 모델과는 달리, 다수 결정의 원리와 그것이 가져올지도 모를 과다한 민주주의에 대한 견제를 제도의 근본원리로, 대통령중심제를 특징으로 하는 대의제 민주주의 모델을 창안했다. 미국의 헌법과 그 제도적 틀을 통해 발전한 민주주의는 최초의 헌정주의 모델로서 장점과 한계를 동시에 안고 있다. 입법부와 행정부 간의 견제와 균형만이 아닌 삼권분립의 원리에 입각한 독립적인 사법부의 역할은, 미국 민주주의의 안정성을 가져오는 데 기여한 바 컸지만 입법과 정책 결정의 영역에 개입할 수 있는 권한을 통해 다수 지배의 민주주의 원리를 약화시키는 부정적인 결과를 낳았다. 미국 헌법의 가장 큰 결함은 헌법 개정의 어려움이다. 헌법 개정이 가능했더라면 초기 헌법이 갖는 여러 문제들은 해결될 수 있었을 것이다. 그러나 제정 당시의 헌법 내용이 그대로 지속되도록 제도화한 것은 민주주의의 발전과 사회적 요구의 변화를 반영하지 못하는 제도의 경직성을 크게 증가시켰다. 시대의 변화와 함께 제도의 개선이 필요할 때 그렇게 하지 못함으로써 그 제도적 틀이 거꾸로 민주주의 발전을 제약하는 힘으로 작용하게 된 것이다. 처음에는 2000년 대선에서 다음에는 2004년 대선 과정에서 드러나듯 미국 헌법이 규정하는 제도의 틀은 이제 대폭적인 개혁이 아니고서는 민주주의의 건강함을 유지하기는 커녕 그 작동조차 어려운 한계 상황에 이르렀다. 이는 미국의 민주주의가 신생 민주주의 국가들을 위한 모델이 될 수 있느냐 하는 문제에 있어서도 회의적이게 만든다. 이런 시점에서 "미국 헌법은 얼마나 민주적인가?"라는 로버트 달의 질문은 한국과 같이 매디슨적 민주주의를 제도화한 사회에서, 현실에 기초를 갖는 민주주의의 이상이 무엇이며 제도적 실천이 어떠한 것이어야 하는가에 대해 깊이 있는 준거를 제시하고 있다. 미국 헌법의 구조적 결함과 그로부터 야기되는 부정적 효과를 거울삼아, 그리고 미국식 헌정 체제의 실패를 되풀이하지 않기 위해 제도의 문제를 탐색해 보는 작업은 그래서 절실하다. 헌법으로 표현되는 제도 디자인은 달이 강조하듯이 어디까지나 민주주의를 위한 효용성의 관점에서 이해하고 접근하는 것이 중요하다. 제도 변화의 요체는 민중적 민주주의의 동력과 사회 변화를 담을 수 있는 내용이 중심에 자리 잡는 것이어야 한다.

제도가 문제라는 관점에 대해, 그리고 민주주의 발전을 위해 특정의 헌정 구조가 중요하다고 강조하는 제도 중심적 접근에 대해 필자는 회의를 갖지만, 현재 한국 헌법의 내용 가운데서 민주주의 발전을 위해 개선되어야 할 요소를 발견하기는 어렵지 않다. 이 점에서 정치 개혁은 극히 중요하다. 그러나 오늘의 정치 개혁 논의는 그 범위에 있어 매우 협소하다. 지금까지는 선거제도와 정치자금을 둘러싼 문제가 개혁의 중심적 아젠다로 자리 잡아 왔다. 그리고 로스쿨, 즉 사법전문대학원의 도입으로 종결된 사법 개혁 문제도 또 다른 사례라 할 수 있다. 이 논의 역시 극히 협애한 범위 안에서 이루어져 왔고 대개는 기존의 사법시험 제도를 사법전문대학원 제도로 바꾸는 것이 곧 사법 개혁인 듯 주장되곤 했다. 전문적인 법관을 대신해 영미의 배심원 제도를 모델로 외부 전문가들이 참여하는 방안의 효과 또한 지나치게 과장되기도 했다. 지금까지의 개혁 논의가 보여 주는 특징은 정치체제 전반, 나아가 사회 전체적으로 그런 개혁이 초래할 효과를 고려함이 없이 분야별로, 고립적으로 개혁 대안을 추구한다는 점이다. 우리는 지금 우리 사회의 민주주의가 어떤 내용과 목표, 어떤 실천적 모습을 가져야 할 것인가에 대해 전체적으로 성찰할 시점에 이르렀다. 그리하여 특정의 개혁은 전체 민주사회의 모습과 어떻게 상보적이 될 수 있고, 또 어떻게 그 가치와 규범을 적극적으로 발전시킬 수 있는가 하는 문제의식을 갖는 것이 필요하다.

이런 문제의식에서 볼 때 민주주의의 규범 및 가치와 병립하는 사법부의 역할 정립은 한국 정치 개혁의 최대 이슈의 하나라고 할 수 있다. 달은 미국 헌정 체제에 있어서 사법부의 정치적 결정을 포함하는 연방 법원의 광범한 헌법 해석 권한을 중대한 결함으로 지적하고, 해석의 범위를 기본권과 관련된 영역에 한정할 것을 제안한다. 한국에서 헌재의 권한은 미국보다 훨씬 더 크다고 할 수 있다. 헌법에 관련되지 않은 사안이 없고, 공적 영역과 사적 기본권 영역의 경계 또한 애매하다. 따라서 헌재의 심판 범위는 거의 모든 중요한 정치적·공적 결정을 포괄하며 그런 것들이 모두 사법적 심사의 대상이 될 때 민주주의 정치의 영역은 축소될 수밖에 없다. 이와 같은 조건에서 민주적 정당정치를 통해 공익적 정책을 만들어 낼 수 있는 범위는 줄어들게 되어 있다. 미국 헌법 제정 당시 입법부와 행정부 위에 군림하는 '제왕적 사법부'의 등장을 두려운 마음으로 내다보았던 반연방주의자들의 혜안을 다시 생각하게 되는 것은 그 때문이다.

1987년을 기점으로 한국의 민주화는 절차적이고 형식적인 수준에서 탈권위주의를 성취했다. 이후 민주화를 심화시키는 과정에서 제도화의 과제는 피할 수 없는 것이었다. 이 과정에서 많은 갈등이 야기되면서 민주주의 발전이 정체되는 사태에 직면하고 있는 것이 오늘의 현실이기도 하다. 민주주의의 제도화 과정은 정치학자 필립 슈미터가 말하듯이 두 개의 대조적인 접근이 존재한다.[52] 하나는 정치를 바로 세우는 것을 통한 '민주화'의 경로이고, 다른 하나는 헌법을 바로 세우는 것을 통한 '헌법화'의 길이다. 전자가 참여-대표-책임성의 구조위에서 이루어지는 정치적 실천과 상호작용을 통해 해당 사회의 현실에 상응하는 갈등의 표출-집약-조정-정책화의 패턴을 만들어 가는 제도화의 방식을 중시한다면, 후자는 정치 밖에서 정치의 행위자나 시민 모두가 따라야 할 규범과 규칙을 만들어 부과하는 제도화의 방식을 중시한다. 정치가 중심이 되는 민주화는 앞서 여러 차례 지적했듯이 보통 사람들이 광범하게 정치에 참여하는 방법을 통한, 보통 사람들의 역할이 커지는 과정이라고 할 수 있다. 반면, 헌법을 통한 과정은 엘리트의 역할이 커지는 과정이다. 헌정 질서를 주도하는 사람들도 그러하거니와 이런 접근이 가져오는 효과 또한 엘리트 편향적이 될 수밖에 없기 때문이다.

달이 인민주권, 평등한 정치 참여, 다수 지배 원리를 중심으로 한 민주주의의 가치를 수용하고 그 기준에서 미국의 헌정 체제를 비판한 것은 커다란 설득력을 갖는다. 그럼에도 불구하고 그의 비판은 오늘의 미국 사회와 정치의 문제를 충분히 포괄하지는 못한다. 2000년대 초중반의 부시 정부하에서 급속히 퇴영적 면모를 드러냈던 미국 정치와 민주주의의 문제는 달이 지적하는 헌정 체제의 제도적 결함에만 한정해 볼 수는 없다. 좀 더 근본적인 문제는, 사회의 민중적 동력이 정치과정으로 투입되고, 정당으로 조직되고 대표되는 정치과정의 활성화, 말하자면 민주주의의 사회적 기반이 활성화되고 이를 기초로

52_Philippe C. Schmitter, "Contrasting Approaches to Political Engineering: Constitutionalization and Democratization," mss. European University Institute, February, 2001.

사회의 광범한 갈등과 요구를 대변할 수 있는 대표 체계가 발전되는 일이다. 우리가 미국 민주주의를 퇴영적인 면이 많다고 진단한다면, 바로 이런 정치를 창출하지 못하고 있기 때문일 것이다. 따라서 미국 민주주의가 퇴락의 경로가 아닌, 다시 좋아지는 경로로 나아가기 위해 강조되어야 할 문제 역시 제도가 아니라 좋은 정치의 중요성이다. 좋은 제도를 디자인하는 것도, 있는 제도를 효과적으로 작동시키는 능력도 좋은 정치의 함수라고 할 수 있다. 아무리 좋은 제도라도 좋은 정치가 구현되지 못할 때 무용지물이 될 수 있기 때문이다. 요컨대, 헌법의 문제는 곧 민주주의의 문제이고, 그것은 다름 아니라 정치의 문제로 집약된다.

용어 해설
민주정과 공화정

   헌법 입안자들이 민주정이 아니라 공화정을 수립하고자 했다는 견해는 『연방주의자 논설』 10번에 포함된 매디슨의 언급에 기원을 두고 있다. 매디슨은 다른 논설과 마찬가지로 여기서도 역시 일반적인 용어로 '인민의 정부'popular government라는 표현을 사용하면서도 이렇게 순수한 민주정과 공화정을 구분했다. "순수한 민주정은 한 사회를 구성하는 많지 않은 수의 사람들이 직접 회합을 가지면서 정부를 운영하는 정치체제인 데 반해, 공화정은 대의제를 통해 운영되는 정치체제이다." "민주정과 공화정의 가장 큰 차이는 첫째, 공화정에서는 전체 시민이 선출된 소수의 시민들에게 정부 운영을 위임한다는 것이며, 둘째, 시민의 수가 늘어나고 국가의 영토가 커질수록 공화정의 가능성이 높아진다는 것이다."[1]

   여기서 매디슨은 후에 정치학자들이나 그 밖의 사람들이 '직접 민주주의'direct democracy와 '대의제 민주주의'representative democracy로 구분했던 그런 일반적인 구분을 하고 있다. 13개 주로 구성된 그리고 더 많은 주들이 편입될 나라의 규모를 감안할 때, '민주주의'라는 용어가 만들어졌던 2000년 전의 그리스나 뉴잉글랜드의 마을 회의처럼 '인민'people이 실제로 모두 모여 법률을 만들 수 없다는 점은 현재의 우리에게나 당시의 헌법 입안자들에게는 너무나 자명한 것이다. 따라서 이런 대규모 국가에서 공화정이 인민이 직접 또는 간접적으로 선택한 사람들로 구성된 입법부가 법률을 만드는 대의제 정부여야 한다는 것은 헌법 입안자들에게는 너무나 분명한 것이었다.

매디슨은 '공화주의'republicanism 전통에서도 영향을 받은 것 같다. 당시의 공화주의는 이론과 실천 모두에서 '인민 의사'에 의존하는 폭넓은 기반의 인민 정부가 아니라 선거권을 제한하면서 재산권을 중요시하고 대중을 공포의 대상으로 보는 귀족정의 성향을 띠고 있었다.

그러나 18세기에 '민주정'과 '공화정'이라는 용어는 일상생활이나 철학적 논의에서 거의 같은 의미로 사용되었다는 것 또한 사실이다.[2] 실제로 매디슨은 '공화정'을 정의하는 것이 얼마나 어려운지를 잘 알고 있었다. 『연방주의자 논설』 39번에서 그는 "그렇다면 공화정의 특징은 무엇인가?"라는 질문을 제기하면서, '공화정'이란 단어가 수많은 의미를 담고 있다는 점을 지적했다. "이 질문에 대한 답을 찾기 위해 여러 정치 이론가들이 각국 헌법에서 공화정의 의미를 어떻게 적

1_ *The Federalist* (New York: Modern Library, n. d.), p. 59.

2_Willi Paul Adams, *The First American Constitutions: Republican Ideology and the Making of State Constitutions in the Revolutionary Era* (Chapel Hill: University of North Carolina Press, 1980), p. 106ff.

용하는가를 탐색해 본다 하더라도, 누구도 만족할 만한 답변을 얻을 수 없을 것이다. 네덜란드는 인민이 국가의 최고 권위에 전혀 영향을 미치지 못함에도, 일반적으로 공화정이란 이름으로 불리었다. 베니스 또한 소수의 세습 귀족이 대다수 인민에 대해 절대적인 권력을 행사함에도 불구하고, 동일한 명칭을 부여받았다."

이처럼 모호한 정의들을 살펴보면서 매디슨은 공화정을 다음과 같이 정의했다. "공화정은 모든 권력이 직접 혹은 간접적으로 전체 인민으로부터 나오며, 관직을 맡은 사람들이 기꺼이 봉직하려는 기간 동안 혹은 제한된 임기 동안, 혹은 제 역할을 하는 동안 정부를 관장하게 되는 정치체제이다."[3] 공화정을 모든 권력이 "전체 인민으로부터 직접 혹은 간접적으로" 나오는 정부로 정의함으로써 이제 매디슨은 앞서 『연방주의자 논설』 10번과 모순되는 내용을 말한 것처럼 보인다. 여기서 우리는 매디슨이 공화정과 민주정을 정의하는 문제를 두고 씨름했다는 사실을, 두 용어를 둘러싼 당시의 혼란 상황을 설명해 주는 것으로 해석할 수도 있겠다.

용어 사용의 모호성에 대해 좀 더 많은 증거가 필요하다면, 매디슨과 당대의 많은 사람들에게 상당한 영향력을 행사했던 이론가를 찾아볼 수도 있다. 『법의 정신』*The Spirit of The Laws*(1748)에서 몽테스키외는 정부를 공화정, 왕정, 독재의 세 가지로 구분했다. 공화정에는 두 가지 종류가 있다. "공화정에서 전체로서의 인민이 주권적 권력을 가

3_"The Federalist No. 39," in *The Federalist*, op. cit., 242ff.

질 때 그것은 민주정이다. 주권적 권력이 인민의 일부에게만 주어질 때 그것은 귀족정이다."[4] 그러나 몽테스키외는 다음과 같이 주장하기도 했다. "공화정은 그 성격상 작은 영토에서만 가능하다. 작은 영토가 아닐 경우 공화정은 거의 존재할 수 없다."[5]

헌법 입안자들 사이에서 자신의 공화정이 얼마나 민주적이기를 원했는지에 대해 차이는 있었지만, 대의제 정부가 필요하다는 사실에 대해서는 분명 그들 모두가 같은 생각을 가지고 있었다.[6] 그러나 이후 사태가 보여 주듯, 그들은 대의제 정부가 얼마나 민주적이 될 것인지에 대해서는 알 수 없었다. 다른 누구보다도 매디슨의 지도하에서 그들의 대의 정부가 좀 더 민주적인 것으로 발전하리라는 것은 더더욱 알 수 없었다.

4_Montesquieu, *De l'Esprit des Lois, Tome I* (Paris: Editions Garnier Frères, 1961), Bk 2, Ch. 2, p. 12.

5_Ibid., Bk. 8, Ch. 16, p. 131. 이런 결론의 근거로 대규모 영토에 거주하는 인민들이 회합을 갖는 데 따르는 어려움을 생각해 볼 수도 있다. 그러나 『연방주의자 논설』 10번의 후반부에서 정치 단위의 규모를 늘림으로써 파벌주의의 위험을 줄일 수 있다는 매디슨의 주장과는 반대로 몽테스키외는 대규모의 공화정에서는 공공선의 실현이 어려울 것이라고 주장했다. "개개 시민들이 공공선을 보다 잘 인식하고, 이해하며, 그것에 가까워질 수 있는 것은 작은 규모의 공화정에서이다."

6_좀 더 풍부한 논의를 위해서는 내 책인 *Pluralist Democracy in the United States* (Chicago: Rand McNally, 1967), 34ff를 참조.

표 1 | 1950년대 이래 안정적인 민주주의를 유지하고 있는 22개 국가

오스트리아	독일	뉴질랜드
오스트레일리아	아이슬란드	노르웨이
벨기에	아일랜드	스웨덴
캐나다	이스라엘	스위스
코스타리카	이탈리아	영국
덴마크	일본	미국
핀란드	룩셈부르크	
프랑스	네덜란드	

주 | 위 국가들은 다음과 같이 분류할 수 있다. **유럽(15개국)**: 오스트리아, 벨기에, 덴마크, 핀란드, 프랑스, 독일, 아이슬란드, 아일랜드, 이탈리아, 룩셈부르크, 네덜란드, 노르웨이, 스웨덴, 스위스, 영국. **영어권(4개국)**: 오스트레일리아, 뉴질랜드, 캐나다, 영국, 미국. **중남미(1개국)**: 코스타리카. **기타(2개국)**: 이스라엘, 일본. 인도는 1947년에 독립한 이래 민주적 헌법을 채택했으며, 한 시기를 제외하면 빈곤과 다양성이라는 엄청난 도전에 직면해서도 민주주의 제도를 유지해 왔지만, 나는 두 가지 이유에서 이 나라를 제외했다. 첫째, 인디라 간디(Indira Gandhi) 수상이 쿠데타를 일으켜 비상사태를 선포하고 시민권을 일시 정지시키면서 수천 명의 반대자를 감금했을 때, 민주제도의 지속성(continuity)은 1975년에서 1977년까지 중단되었다. 둘째, 인도는 세계에서 가장 가난한 나라 중 하나이기 때문에 위의 부유한 국가들과의 비교는 적합하지 않다.

표 2 | 미국 헌정체제와 여타 21개국의 비교

미국 헌정체제 특징	21개국 중 미국과 유사한 제도를 가진 국가들	
연방제 특징	국가 수	국가 명
강력한 연방제	5	오스트레일리아, 캐나다, 독일, 스위스, 벨기에(1993년 이후)
확고한 양원제도	3	연방제 국가들: 오스트레일리아, 독일, 스위스
상원에서의 심각한 대표의 불평등성	4	연방제 국가들: 오스트레일리아, 캐나다, 독일, 스위스
비연방제 특징	국가 수	국가 명
사법부의 강력한 법률심사권	2	캐나다, 독일
선거제도: 소선거구제하의 단순다수 대표제(1위 대표제)	2	영국, 캐나다
강력한 양당제: 제3정당의 취약성[1]	3	오스트레일리아,[2] 뉴질랜드,[3] 코스타리카
대통령제: 국민에 의해서 선출되며, 헌법상의 중요 권한을 갖는 단일 행정수반	0	

주 | 1. 제3정당의 후보들이 얻은 표가 대체로 전체 유효투표의 10% 이하인 경우.

2. 오스트레일리아는 1997년 비례대표제로 선거법을 개정했다. 1997년의 선거에서 양대 주요 정당들은 전체 유효투표의 61%를 획득했을 뿐이며, 나머지 표는 3개의 소수파 정당들에게로 나뉘었다.

3. 2000년 이전까지는 국민자유연합(구 자유국가연합)을 한 정당으로 간주했다.

표 3 | 선진 민주주의 국가들의 선거제도

명부식 비례대표제	그 외 비례대표제	소선거구 단순다수제	그 외 선거제도
오스트리아	오스트레일리아(AV)	캐나다	프랑스 (결선투표제)
벨기에	독일(MMP)	영국	
코스타리카	아일랜드(STV)	미국	
덴마크	이탈리아(MMP)		
핀란드	일본(semi PR)		
아이슬란드	뉴질랜드(MMP)		
이스라엘			
룩셈부르크			
네덜란드			
노르웨이			
스웨덴			
스위스			

주 | AV: 대안투표제, MMP: 혼합형 선거제도, STV: 단기이양식 투표제.

자료 | Andrew Reynolds and Ben Reilly, *The International IDEA Handbook of Electoral System Design* (1997).

표 4 | 20개 민주주의 국가의 비례대표제와 다수대표제

비례대표제	혼합형	다수대표제
오스트리아	아일랜드	오스트레일리아
벨기에	일본	캐나다
덴마크	스페인	프랑스
핀란드	미국	그리스
독일		뉴질랜드(1993년 이전)
네덜란드		영국
뉴질랜드(1993년 이후)		
노르웨이		
스웨덴		
스위스		

주 ι 위 표는 〈표 1〉과는 조금 다르다. 〈표 4〉는 1950년 이후에 민주화가 이루어진 스페인과 그리스를
포함하고 있는 반면, 코스타리카, 아이슬란드, 이스라엘, 룩셈부르크는 제외했다.

자료 ι Powell, *Elections as Instruments of Democracy* (2000), p. 41. 뉴질랜드는 1993년 비례대
표제로 선거제도를 바꾸었기 때문에 파웰의 표를 수정했다.

표 5 | 미국의 수행실적 비교

항목	미국의 순위	비교 국가 수	미국보다 나은 국가들의 비율[1]
미국이 상위 순위에 속한 경우			
경제성장(1980~95)	5위	18개국	24%
미국이 중간 순위에 속한 경우			
내각구성에서의 여성 비율(1993~95)	8위	22개국	33%
행정부에 대한 대중적 지지(1945~96)[2]	10위	22개국	43%
재정 적자(1970~95)	8위	16개국	47%
실업률(1971~95)[3]	8위	18개국	59%
가족 정책(1976~82)	12위	18개국	65%
인플레이션(소비자가격 지수, 1970~95)	12위	18개국	65%
미국이 하위 순위에 속한 경우			
국회의원의 여성 비율(1971~95)	18위	22개국	81%
소득격차(1981~93)	4위	18개국	82%
에너지 효율성(1990~94)	19위	22개국	86%
복지국가 지수(1980)	17위	18개국	94%
사회복지비 지출(1992)	17위	18개국	94%
투표율(1971~96)	21위	22개국	95%
수감률(1992~95)	1위	18개국	100%
해외 지원(1992~95)	19위	19개국	100%

주 ┃ 1. 이 비율은 전체 국가 가운데 미국보다 나은 수행실적을 보인 국가들의 비율이다. 순위가 높을수록 나쁜 수행실적을 나타내는 항목은 이탤릭체로 표시했다.

2. "매 선거 시기 내각을 구성하는 정당(들)에게 투표한 유권자의 평균 비율, 대통제의 경우 대통령 선거에서 승리하는 후보에게 투표한 유권자의 평균 비율을 의미한다." Lijphart(1999, 290).

3. 표준화되지 않은 비교.

자료 ┃ 이 표의 자료와 변수들은 아렌트 라이파트가 *Patterns of Democracy* (New Haven: Yale University Press, 1999)에서 개발한 자료를 사용했다. 자료의 사용을 허락해 준 라이파트에게 감사의 마음을 전하고 싶다. 이 표를 만들어 준 제니퍼 스미스(Jennifer Smith)에게도 고마움을 표하고 싶다.

그림 1 | 국민투표에서 50% 이하의 지지를 받은 대통령이 당선된 선거

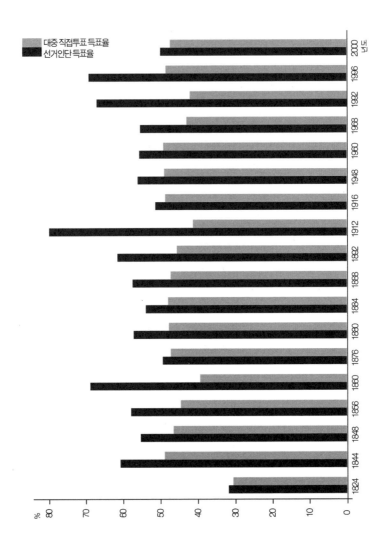

그림 2 │ 선거인단의 불평등한 대표성

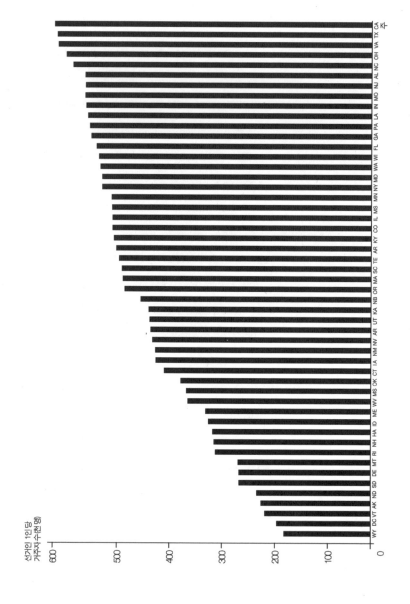

선거인 1인당
거주자 수(천 명)

300

미국 주요 정당의 역사

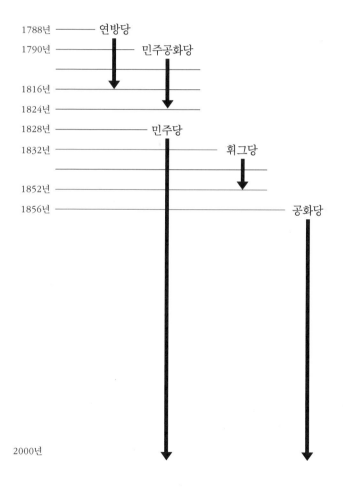

미국 헌법

전문

우리 합중국 인민은 좀 더 완벽한 연방을 구성하고, 정의를 확립하며, 국내 평안을 확보하고, 공동 방위를 제공하며, 전반적인 복지를 증진하고, 우리들 자신과 우리들의 후손에게 자유의 축복을 보장하기 위해 미합중국을 위한 본 헌법을 제정한다.

| 옮긴이 주 |

• 미국 헌법 중 [ ] 괄호로 표기된 부분은 헌법 수정으로 수정되었거나 무효화된 부분이다.

• 원문에는 조와 절로만 구분되어 있으나, 독자들 편의를 위해 항을 삽입했다.

• 원문에는 조와 절의 제목이 없으나, 이 역시 독자들 편의를 위해 제목을 부기했다.

• 수정 헌법의 발의·비준 일자는 Benjamin Ginsberg, *We the People* (W.W.Norton & Company, 2003)을 따랐다.

제1조 (입법부)

제1절
헌법이 부여하는 모든 입법 권한은 합중국 연방 의회에 속하며, 연방 의회는 상원과 하원으로 구성된다.

제2절 (연방 하원의 구성과 권한)
【1항】 하원은 각 주의 주민이 2년마다 선출하는 의원들로 구성되며, 각 주의 선거인은 주 입법부에서 의원 수가 가장 많은 원院의 선거인에게 요구되는 자격 요건을 갖춰야 한다.
【2항】 연령이 25세에 미달하거나, 합중국 시민으로서의 기간이 7년이 되지 않았거나, 선거 당시 선출되는 주의 주민이 아닌 사람은 하원 의원이 될 수 없다.
【3항】 [하원 의원 수와 직접세는 연방에 가입하는 각 주의 인구수에 비례하여 각 주에 배정한다. 각 주 인구수는 자유계약 노무자를 포함하고 과세 대상이 아닌 원주민을 제외한 자유인의 총 수에, 그 외 인원수의 5분의 3을 가산해 결정한다.](수정 헌법 제13조, 제14조) 인구수 산정은 제1회 연방 의회 개회 후 3년 이내에 실시하며, 그 후로는 10년마다 법률이 정하는 바에 따라 실시한다. 하원 의원 수는 인구 3만 명당 1인의 비율을 초과하지 못한다. 다만 각 주는 적어도 1인의 하원 의원을 가져야 한다. 이와 같은 인구수 산정이 있을 때까지, 뉴햄프셔는 3명, 매사추세츠는 8명, 로드아일랜드와 프로비던스 정착지는 1명, 코네티컷은 5명, 뉴욕은 6명, 뉴저지는 4명, 펜실베이니아는 8명, 델라웨어는 1명, 메릴랜드는 6명, 버지니아는 10명, 노스캐롤라이나는 5명, 사우스캐롤라이나는

5명, 조지아는 3명의 하원 의원을 선출할 수 있다.

【4항】 어느 주에서나 하원 의원에 결원이 발생한 경우에는 그 주의 행정 당국이 그 결원을 채우기 위한 선거 명령을 발표해야 한다.

【5항】 하원은 하원 의장과 그 밖의 임원들을 선출하며, 탄핵 소추 권한은 하원만 갖는다.

제3절 (연방 상원의 구성과 권한)

【1항】 합중국 상원은 [각 주의 입법부가 선출한](수정 헌법 제17조) 주별 2명의 상원 의원들로 구성되며, 그들은 6년 임기로 각자 1표의 투표권을 가진다.

【2항】 최초의 상원 의원 선출로 상원이 개원한 후에는 곧바로 상원 의원 총수를 가능한 한 동수의 세 부류로 나눈다. 제1부류 의원들은 2년 만기로, 제2부류 의원들은 4년 만기로, 제3부류 의원들은 6년 만기로, 그 의석을 비워야 한다. 이렇게 하여 상원 의원 총수의 3분의 1이 2년마다 선출될 수 있도록 한다. [어느 주에서나 주 입법부 휴회 중에 사직 또는 그 밖의 이유로 상원에 결원이 발생할 경우, 그 주 행정부가 다음 회기의 주 입법부가 결원을 보충할 때까지 잠정적으로 상원 의원을 임명할 수 있다.]

(수정 헌법 제17조)

【3항】 연령이 30세에 미달하거나, 합중국 시민으로서의 기간이 9년이 되지 않았거나, 선거 당시 선출되는 주의 주민이 아닌 사람은 상원 의원이 될 수 없다.

【4항】 합중국 부통령은 상원 의장이 된다. 다만 상원 표결 시 가부 동수일 경우를 제외하고는 투표권을 행사할 수 없다.

【5항】 상원은 상원 의장을 제외한 임원들을 선출하며, 부통령직이 공

석이거나 부통령이 대통령직을 수행할 경우 임시 의장을 선출한다.

【6항】 모든 탄핵 심판 권한은 상원만 갖는다. 탄핵 심판을 위해 상원이 개회될 때, 상원 의원들은 선서 또는 확약을 해야 한다. 합중국 대통령에 대한 탄핵 심판의 경우 연방대법원장이 상원 의장을 맡는다. 누구라도 출석 의원 3분의 2 이상의 찬성 없이 탄핵 판결을 받지 않는다.

【7항】 탄핵 심판에서의 판결은 면직, 그리고 합중국의 명예직, 위임직 또는 유급 공직에 취임·재임할 수 있는 자격을 박탈하는 것 이상이 될 수 없다. 다만 탄핵 심판에서 유죄 판결을 받은 사람일지라도 법률에 따른 기소, 재판, 판결 및 처벌을 면할 수 없다.

제4절 (연방2 의원의 선거)

【1항】 상원 의원과 하원 의원에 대한 선거 시기, 장소, 방법은 각 주의 입법부가 정한다. 그러나 연방 의회는 상원 의원 선출 장소를 제외한 해당 규정을 언제든지 법률에 따라 제정 또는 개정할 수 있다.

【2항】 [연방 의회는 매년 적어도 1회 이상 회합을 가져야 한다. 그 회합은 법률에 의해 다른 날로 지정하지 않는 한 12월의 첫 번째 월요일에 이뤄져야 한다.]

(수정 헌법 제20조)

제5절 (연방 의회의 의사 진행)

【1항】 각 원院은 그 소속 의원의 당선, 득표수, 자격을 판정한다. 각 원의 과반수가 의사 진행 정족수를 구성한다. 정족수에 미달하는 경우 출석 의원들이 연일 휴회할 수 있고, 각 원에서 정하는 방법과 처벌 규정으로 결석 의원의 출석을 강제할 수 있다.

【2항】 각 원은 의사 진행 규칙을 결정하고, 원내 질서를 문란케 하는 의원을 징계하며, 의원 3분의 2 이상의 찬성으로 의원을 제명할 수 있다.

【3항】 각 원은 의사록을 작성하고, 각 원에서 비밀에 부쳐야 한다고 판단한 부분을 제외한 의사록을 수시로 출간해야 한다. 각 원은 출석 의원 5분의 1 이상이 요구할 경우, 어떤 문제에 대해서든 소속 의원들의 찬반 여부를 의사록에 기재해야 한다.

【4항】 연방 의회 회기 중에는 어떤 의원도 다른 의원의 동의 없이 3일 이상 휴회하거나, 회의장을 각 원이 개회한 장소 외의 장소로 옮길 수 없다.

제6절 (연방 의원의 보수, 특권, 겸직 제한)

【1항】 상원 의원과 하원 의원은 그 직무에 대하여 법률이 정하고 합중국 국고로부터 지급되는 보수를 받는다. 양원 의원은 반역죄, 중죄 및 치안 방해죄를 제외하고는 어떤 경우에도 의회 출석 중에 그리고 의사당까지의 왕복 도중에 체포되지 않는 특권을 갖는다. 양원 의원은 원내에서 행한 발언이나 토론에 대해 원외에서 문책 받지 않는다.

【2항】 상원 의원과 하원 의원은 재임 기간 중 신설되거나 봉급이 인상된 합중국의 어떤 공직에도 임명될 수 없다. 또한 합중국 공직에 임명된 사람은 그 재임 기간 중 연방 의회 의원에 선출될 수 없다.

제7절 (법안, 명령, 결의 등의 통과 절차)

【1항】 세입 징수에 관한 모든 법안은 먼저 하원에서 제안되어야 한다. 다만 상원은 다른 법안과 마찬가지로 수정안을 발의하거나 그런 방식

으로 해당 법안에 동의할 수 있다.

【2항】 양원을 통과한 모든 법안은 법률로 확정되기 전에 합중국 대통령에게 이송되어야 한다. 대통령이 승인하는 경우에는 그 법안에 서명하고, 그렇지 않은 경우에는 이의서를 첨부해 그 법안을 발의한 원院에 돌려보내야 한다. 법률안을 받은 원은 이의서의 대략을 의사록에 기록한 후 그 법안을 재심의해야 한다. 다시 심의한 결과, 그 원의 의원 3분의 2 이상의 찬성으로 가결할 경우 이 원은 그 법안을 대통령 이의서와 함께 다른 원으로 이송해야 한다. 다른 원에서 그 법안을 재심의하여 의원 3분의 2 이상의 찬성으로 가결할 경우 그 법안은 법률로 확정된다. 이 모든 경우에서 양원의 투표는 호명 구두로 이뤄져야 하며, 그 법안에 대한 찬성자와 반대자의 이름을 각 원 의사록에 기재해야 한다. 그 법안이 대통령에게 이송된 후 10일 이내(일요일은 제외)에 의회로 돌아오지 않을 때에는 대통령이 그것에 서명한 경우와 마찬가지로 법률로 확정된다. 다만 연방 의회가 휴회하여 그 법안을 돌려받을 수 없는 때에는 법률로 확정되지 않는다.

【3항】 양원 의결을 필요로 하는 모든 명령, 결의 또는 표결(휴회에 관한 결의는 제외)은 대통령에게 이송되어야 하며, 대통령이 승인해야 효력이 발생한다. 대통령이 승인하지 않은 경우에는 법안과 동일한 규칙 및 제한 조건에 따라 상원과 하원에서 의원 3분의 2 이상의 찬성으로 재가결해야 한다.

제8절 (연방 의회의 권한)

연방 의회는 다음과 같은 권한을 갖는다.

【1항】 합중국 채무를 지불하고 공동 방위와 전반적인 복지를 제공하

기 위해 조세, 관세, 공과금 및 소비세를 부과·징수한다. 다만 관세, 공과금 및 소비세는 합중국 전역에 걸쳐 동일하게 적용되도록 정해야 한다.

【2항】 합중국 신용으로 금전을 차입한다.

【3항】 외국과의, 주 상호 간의 그리고 미국 원주민 부족과의 통상을 규제한다.

【4항】 합중국 전역에 걸쳐 동일하게 적용되는 귀화 규정과 파산 문제에 관한 단일 법률을 제정한다.

【5항】 화폐를 주조하고, 미국 화폐 및 외국 화폐의 가치를 규정하며, 도량형의 기준을 정한다.

【6항】 합중국 유가증권 및 통화의 위조에 관한 벌칙을 정한다.

【7항】 우편 관서와 우편 도로를 건설한다.

【8항】 8항 저작자와 발명자에게 그들의 저술과 발명에 대한 독점권을 일정 기간 보장해 줌으로써 과학과 유용한 기술의 발전을 촉진한다.

【9항】 연방대법원 아래 하급 법원을 구성한다.

【10항】 공해公海에서 이뤄진 해적 행위와 중죄 그리고 국제법에 위배되는 범죄를 정의하고 그에 대한 벌칙을 정한다.

【11항】 전쟁을 선포하고, 나포 인허장을 수여하고, 지상 및 해상에서의 포획에 관한 규칙을 정한다.

【12항】 육군을 모집하고 지원한다. 다만 이 목적을 위한 경비 지출 기간은 2년을 초과할 수 없다.

【13항】 해군을 창설하고 유지한다.

【14항】 육해군의 통수統帥 및 규제에 관한 규칙을 정한다.

【15항】 연방 법률을 집행하고, 반란을 진압하며, 침략을 격퇴하기 위

해 민병대 소집에 관한 규칙을 정한다.

【16항】 민병대의 편성, 무장 및 훈련에 관한 규칙과 민병대 중 합중국 방위에 복무하는 사람들을 관리하는 규칙을 정한다. 다만 민병대의 장교를 임명하고, 연방 의회가 정한 군율에 따라 민병대를 훈련시키는 권한은 각 주가 갖는다.

【17항】 특정 주가 합중국에 양도하고 연방 의회가 이를 수령해 합중국 정부의 소재지가 된 지역(10평방 마일을 초과하지 못함)에 대해서는 어떤 경우를 막론하고 독점적인 입법권을 행사하며, 요새, 무기고, 조병창, 조선소 및 기타 필요한 건물을 세우기 위해 주 입법부의 승인을 얻어 구입한 모든 장소에 대해서도 그와 동일한 권한을 행사한다.

【18항】 위에서 기술한 권한과 본 헌법이 합중국 정부나 정부에 속한 부처 또는 관리에게 부여한 그 외 모든 권한을 행사하는 데 필요하고 적절한 모든 법률을 제정한다.

제9절 (연방 의회 권한에 대한 제한)

【1항】 [연방 의회는 기존 각 주 중 어느 주가 허용함이 적당하다고 인정하는 사람들의 이주 또는 입국을 1808년 이전에는 금지하지 못한다. 다만 그런 사람들의 입국에 대해 1인당 10달러를 초과하지 않는 한도 내에서 입국세를 부과할 수 있다.](임시 조항)

【2항】 인신 보호 영장의 특권은, 반란 또는 침략 사태 시에 공공 안정을 위해 요구되는 경우가 아니라면 정지시킬 수 없다.

【3항】 권리 박탈법과 소급 처벌법은 통과시키지 못한다.

【4항】 [인두세나 그 밖의 직접세는 앞서(제2절 3항) 규정한 인구 조사 또는 산정에 비례하지 않는 한 부과하지 못한다.](수정 헌법 제16조)

【5항】각 주가 수출하는 물품에 조세 또는 관세를 부과하지 못한다.

【6항】어떤 통상 또는 세·수입 규정에 의해서도, 특정 주의 항구에 대해 다른 주의 항구보다 나은 특혜를 제공할 수 없다. 또한 특정 주에 도착할 예정이거나 특정 주를 출항한 선박을 다른 주에서 강제로 입·출항 수속을 받게 하거나 관세를 지불하게 할 수 없다.

【7항】국고금은 법률에 따른 승인에 의해서만 지출할 수 있다. 또한 모든 공금의 수납 및 지출에 관한 정기적인 기술記述과 계산은 수시로 공표해야 한다.

【8항】합중국은 어떠한 귀족 칭호도 수여할 수 없다. 합중국의 유급직 또는 위임직을 맡은 사람은 누구라도 연방 의회의 승인 없이 모든 국왕, 왕족, 또는 외국으로부터 어떤 종류든 선물, 보수, 관직 또는 칭호를 받을 수 없다.

제10절 (주 권한에 대한 제한)

【1항】모든 주는 조약, 동맹 또는 연합을 체결하거나, 나포 인허장을 수여하거나, 화폐를 주조하거나, 신용 증권을 발행하거나, 금화 및 은화 이외의 것을 채무 지불의 법정 수단으로 삼거나, 권리 박탈법, 소급 처벌법 또는 계약상의 채무에 해를 주는 법률을 재정하거나, 귀족 칭호를 수여할 수 없다.

【2항】모든 주는 수입품 또는 수출품에 대해, 검사 법률의 실행을 위해 반드시 필요한 경우를 제외하고는, 연방 의회의 동의 없이 공과금 또는 관세를 부과할 수 없다. 어느 주에서나 수입품 또는 수출품에 부과한 모든 공과금이나 관세의 순수입은 합중국 제정에 귀속되어야 한다. 연방 의회는 이와 관련된 모든 법을 개정·통제할 수 있다.

【3항】 모든 주는 연방 의회의 동의 없이 통행 선박에 톤세를 부과하거나 평화 시에 군대나 군함을 보유하거나 다른 주나 외국과 협정이나 조약을 체결할 수 없으며, 실제로 침공당하고 있거나 지체할 수 없을 만큼 급박한 위험에 처해 있지 않고서는 교전할 수 없다.

제2조 (행정부)

제1절 (대통령의 권한, 임기, 선출 방법, 자격 조건, 보수 등)

【1항】 행정 권한은 미합중국 대통령에게 귀속된다. 대통령 임기는 4년이며, 동일한 임기의 부통령과 함께 다음과 같은 방법에 따라 선출된다.

【2항】 각 주는 주 입법부가 정한 방식에 따라, 연방 의회에 보낼 수 있는 상원 의원과 하원 의원 총수와 동일한 수의 선거인을 임명한다. 다만 상원 의원이나 하원 의원 또는 합중국의 위임직과 유급 관직을 맡은 사람은 선거인이 될 수 없다.

【3항】 [선거인들은 각자 자기 주에서 회합해 비밀 투표로 2인을 선출한다. 다만 2인 중 적어도 1인은 선거인과 동일한 주의 주민이 아니어야 한다. 선거인들은 모든 득표자들의 명부와 각 득표자의 득표수를 기재한 표를 작성해 서명하고 증명한 다음 봉인해 합중국 정부 소재지로 상원 의장에게 송부한다. 상원 의장은 상·하원 의원들 앞에서 모든 증명서를 개봉하고 계표한다. 최고 득표자의 득표수가 임명된 선거인 총수의 과반수가 되었을 때 그 최고 득표자를 대통령으로 선출한다. 과반수 득표자가 2인 이상이고 그 득표수가 동일할 경우에는, 하원이 곧바로 비밀 투표를 통해 그중 1인을 대통령으로 선출한다. 과반수 득표자가 없을 경

우에는 하원이 동일한 방법으로 최다수 득표자 5명 중에서 대통령을 선출한다. 다만 이런 방법으로 대통령을 선출할 때에는 선거를 주 단위로 하고, 각 주의 하원 의원은 1표의 투표권을 가지며, 그 선거에 필요한 정족수는 전체 주의 3분의 2로부터 1명 또는 2명 이상의 의원이 출석함으로써 성립되며, 전체 주 과반수의 찬성을 얻어야 대통령에 선출될 수 있다. 어떤 경우에서나 대통령을 선출한 후 최다수 득표를 한 사람을 부통령으로 선출한다. 다만 동수의 득표자가 2인 이상일 때에는 상원이 비밀투표로 그들 중에서 부통령을 선출한다.](수정 헌법 제12조)

【4항】 연방 의회는 선거인의 임명 시기와 그들의 투표일을 결정할 수 있으며, 그 투표일은 합중국 전역에 걸쳐 동일한 날이어야 한다.

【5항】 출생에 의해 합중국 시민이 된 사람과 본 헌법 제정 시 합중국 시민인 사람을 제외한 누구도 대통령으로 선임될 자격이 없다. 연령이 35세에 미달되는 사람 또는 14년간 합중국 시민이 아니었던 사람도 대통령으로 선임될 자격이 없다.

【6항】 대통령이 면직되거나, 사망하거나, 사직하거나 그 권한과 직무를 수행할 능력을 상실할 경우, 대통령의 직무는 부통령에게 귀속된다. 연방 의회는 법률에 따라 대통령 및 부통령의 면직, 사망, 사직 또는 직무 수행이 불가능한 경우를 규정하면서 어떤 관리가 대통령 직무를 대신 수행할지 공표할 수 있다. 이 관리는 대통령 직무 수행 불능 상황이 없어지거나 대통령이 새로 선출될 때까지 대통령 직무를 대행한다.

【7항】 대통령은 그 직무 수행의 대가로 정기적인 보수를 지급받으며, 그 보수는 임기 중 인상 또는 인하되지 않는다. 대통령은 임기 중 합중국이나 그 어느 주로부터도 그 밖의 보수를 받을 수 없다.

【8항】 대통령은 그 직무 수행을 시작하기에 앞서 다음과 같은 선서 또

는 확약을 밝혀야 한다. "나는 합중국 대통령의 직무를 성실히 수행하며, 나의 능력의 최선을 다해 합중국 헌법을 보전하고, 보호하고, 수호할 것을 엄숙히 선서(또는 확약)한다."

제2절 (대통령의 권한)

【1항】 대통령은 합중국 육·해군의 총사령관 그리고 각 주 민병대가 합중국 현역 군인으로 복무할 때에는 그 민병대의 총사령관이 된다. 대통령은 각 부처의 소관 사항에 관해 행정 각부 장관에게 문서에 의한 견해를 요구할 수 있다. 대통령은 탄핵의 경우를 제외하고 합중국에 대항한 범죄에 대해 형의 집행 유예 및 사면을 명할 수 있는 권한을 갖는다.

【2항】 대통령은 상원의 권고와 동의를 얻어 조약을 체결할 수 있는 권한을 갖는다. 다만 그 권고와 동의는 상원 출석 의원 3분의 2 이상의 찬성을 얻어야 한다. 대통령은 대사, 그 밖의 공사, 영사, 연방 대법원 판사 그리고 그 임명에 관해 본 헌법에 특별한 규정 없이 법률로 정하는 그 밖의 모든 합중국 관리를 지명하고 상원의 권고와 동의를 얻어 임명한다. 다만 연방 의회는 적절하다고 인정되는 하급 관리 임명권을 법률에 따라 대통령, 법원, 또는 각부 장관에게 부여할 수 있다.

【3항】 대통령은 상원 휴회 중에 발생기는 모든 결원을 임명으로 충원할 수 있는 권한을 갖는다. 다만 그와 같은 임명은 다음 회기 만료 시점에 그 효력을 상실한다.

제3절 (대통령의 의무와 권한)

대통령은 연방 정부에 관한 정보를 수시로 연방 의회에 보고하고, 필요하고 적합하다고 판단한 법안의 심의를 연방 의회에 권고한다. 긴급한 경우 대통령은 상·하 양원 또는 그중 1원을 소집할 수 있고, 휴회 시기와 관련해 양원 간에 의견이 일치하지 않을 경우 적당하다고 인정하는 때까지 양원의 정회를 명할 수 있다. 대통령은 외국 대사와 그 밖의 외교 사절을 접견하고, 법률을 충실히 집행하는 데 책임을 지며, 합중국의 모든 관리들에게 직무를 임명한다.

제4절 (행정부 관리의 탄핵)

대통령과 부통령, 그리고 합중국의 모든 관리들은 반역죄, 수뢰죄 및 그 밖의 모든 범죄에 대해 탄핵 소추와 탄핵 판결을 통해 파면된다.

제3조 (사법부)

제1절 (법원의 권한, 법관의 임기와 보수)

합중국의 사법 권한은 하나의 연방 대법원과 연방 의회가 수시로 제정·설치할 수 있는 연방 하급 법원들에 속한다. 연방 대법원과 하급 법원의 판사들은 자기 직무를 충실히 수행하는 동안에는 그 직위를 유지하고, 그 직무에 대해 정기적인 보수를 받으며, 그 보수는 재임 중에는 감액되지 않는다.

제2절 (사법 권한의 적용 범위와 방법)

【1항】사법 권한의 범위는 본 헌법, 합중국 법률, 합중국 권한에 따라 체결되었거나 체결될 조약하에서 발생하는 보통법과 형평법상의 모

든 사건, 대사와 그 외 외교 사절 및 영사가 관련된 모든 사건, 해사海事 재판 및 해상 관할권에 관한 모든 사건, 합중국이 한 당사자가 되는 분쟁, 2개 이상의 주들 간 분쟁, [한 주와 다른 주 시민 간의 분쟁], 서로 다른 주 시민들 간의 분쟁, 다른 주가 양도한 토지에 대한 권리를 둘러싼 같은 주 시민들 간의 분쟁, [한 주나 그 주의 시민과 외국 또는 외국의 시민 내지 신민 간의 분쟁]을 포괄한다.(수정 헌법 제17조)

【2항】 대사와 그 외 외교 사절 및 영사가 관련된 사건, 주가 당사자인 사건은 연방 대법원이 제1심 재판권을 갖는다. 그 외 앞서 모든 사건에서 연방 대법원은 연방 의회가 정한 예외와 규정하에 법률 문제와 사실 문제에 관한 상소심 재판권을 갖는다.

【3항】 탄핵 사건을 제외한 모든 범죄 재판은 배심제로 한다. 재판은 그 범죄가 행해진 주에서 이뤄져야 한다. 다만 범죄 장소가 어느 주에도 속하지 않는 경우에는 연방 의회가 법률에 따라 정한 장소에서 그에 대한 재판이 이뤄져야 한다.

제3절 (반역죄의 성립, 증거, 처벌)

【1항】 합중국에 대한 반역은 합중국에 대해 전쟁을 일으키거나 합중국의 적들을 따르며 그들에게 원조와 지원을 행한 경우에만 성립된다. 이와 같은 행위에 대해 2명의 증언이 있거나 공개 법정에서 자백하는 경우가 아니라면, 누구라도 반역죄에 대한 유죄 선고를 받지 않는다.

【2항】 연방 의회는 반역죄에 대한 처벌을 공표할 권한을 갖는다. 다만 반역죄로 권리가 박탈된 사람이 생존해 있는 기간이 아닌 경우 그의 혈족이 피해를 입거나 재산을 몰수당하지 않는다.

제4조 (주와 주 및 연방과의 관계)

제1절 (주들 간 신뢰와 신용)

각 주는 다른 모든 주의 법령, 기록, 사법 절차에 대해 충분한 신뢰와 신용을 가져야 한다. 연방 의회는 그러한 법령, 기록, 사법 절차를 증명하는 방법과 그것의 효력을 일반 법률로 규정할 수 있다.

제2절 (특권과 면책권, 도망자 처리)

【1항】 각 주의 시민은 다른 주의 시민이 가진 모든 특권과 면책권을 누릴 자격을 갖는다.

【2항】 어느 한 주에서 반역죄, 중죄 또는 그 밖의 범죄로 고발된 사람이 재판을 피해 다른 주로 달아난 경우, 그는 도피해 나온 주의 행정 당국이 요구하는 바에 따라 그 범죄에 대해 재판권을 가진 주로 인도되어야 한다.

【3항】 [어느 한 주에서 그 주의 법률에 따라 사역 혹은 노역을 하도록 되어 있는 사람이 다른 주로 도피한 경우, 그 사람은 다른 주의 어떤 법률 또는 규정에 의해서도 그 사역 혹은 노역의 의무로부터 면제되지 않으며, 그 사역 혹은 노역을 요구할 권리를 가진 당사자의 청구에 따라 인도되어야 한다.] (수정 헌법 제13조)

제3절 (새로운 주의 가입)

【1항】 연방 의회는 새로운 주를 연방에 가입시킬 수 있다. 다만 기존 주의 관할 구역 내에 새로운 주를 구성하거나 설치할 수 없다. 또한 관련되는 주의 입법부와 연방 의회의 동의 없이 2개 이상의 주 또는 주의 일부를 합병해 새로운 주를 구성할 수 없다.

【2항】연방 의회는 합중국에 속한 영토 또는 그 밖의 재산을 처분할 수 있고, 그 영토, 재산과 관련해 필요한 모든 규칙 및 규정을 제정할 수 있는 권한을 갖는다. 다만 본 헌법의 어떤 조항도 합중국 또는 어느 특정 주의 권리를 침해하는 것으로 해석해서는 안 된다.

제4절 (공화정 보장과 침략·폭동으로부터의 보호)

합중국은 이 연방 내 모든 주의 공화정 체제를 보장하고, 침략으로부터 그리고 각 주 입법부 또는 (주 의회를 소집할 수 없을 경우) 행정부가 요구할 경우 국내 폭동으로부터 각 주를 보호한다.

제5조 (헌법 수정 절차)

연방 의회는 상·하 양원의 3분의 2가 본 헌법에 대한 수정이 필요하다고 판단할 경우 헌법 수정안을 발의하거나, 전체 주들 중 3분의 2 이상의 주 입법부가 요청할 경우 헌법 수정안 발의를 위한 회의를 소집해야 한다. 두 경우 모두에서 수정안은 연방 의회가 제의하는 비준의 두 방법 중 하나에 따라, 즉 전체 주들 중 4분의 3의 주 입법부나 주 헌법 회의가 비준할 때 사실상 본 헌법의 일부로서 효력이 발생한다. 다만 [1808년 전에 이루어지는 어떤 수정도 본 헌법 제1조 제9절 1항과 4항을 변경할 수 없고,] 어떤 주도 자신의 동의 없이 상원에서의 동등한 참정권을 박탈당하지 않는다.

제6조 (기타)

제1절 (채무와 조약의 연속성)
본 헌법 채택 전에 계약된 모든 채무와 체결된 모든 조약은 본 헌법하에서도 연합 규약과 마찬가지로 합중국에 대해 효력을 갖는다.

제2절 (연방 정부의 최고성)
본 헌법, 본 헌법에 따라 제정되는 합중국의 법률, 합중국의 권한하에 체결되었거나 체결될 모든 조약은 이 나라의 최고 법률이며, 모든 주의 법관은 주의 헌법이나 법률 가운데 이와 배치되는 내용이 있을지라도 이 최고 법률을 따라야 한다.

제3절 (공직자의 헌법 지지)
상기한 상원 의원과 하원 의원, 각 주 입법부 의원, 합중국과 각 주의 행정·사법 관리는 선서 또는 확약을 통해 본 헌법을 지지할 의무를 갖는다. 다만 합중국하의 모든 관직 또는 위임직의 자격 요건으로 종교상의 기준은 적용되지 않는다.

제7조 (헌법의 비준)

9개 주의 헌법 회의가 비준하면, 본 헌법은 이를 비준한 주들 간의 헌법으로 확립된다. 서기 1787년, 미국 독립 12년, 9월 17일 헌법 제정 회의에 참석한 주들의 만장일치 동의로 본 헌법을 제정한다. 이를 증명하기 위해 우리들은 여기에 서명한다.

의장 겸 버지니아 주 대표: 조지 워싱턴

뉴햄프셔 주: 존 랭던, 니콜라스 길먼

매사추세츠 주: 나다니엘 고램, 러퍼스 킹

코네티컷 주: 윌리엄 사무엘 존슨, 로저 셔먼

뉴욕 주: 알렉산더 해밀턴

뉴저지 주: 윌리엄 리빙스턴, 데이비드 브리얼리, 윌리엄 패터슨, 조나단 데이턴

펜실베이니아 주: 벤저민 프랭클린, 토머스 미플린, 로버트 모리스, 조지

    클라이머, 토머스 피치먼즈, 자레드 잉거솔, 제임스 윌슨, 구브너 모리스

델라웨어 주: 조지 리드, 거닝 베드포드, 존 디킨슨, 러처드 배시트, 제이컵 브룸

메릴랜드 주: 제임스 맥헨리, 대니엘 오브 세인트 토머스 제니퍼, 대니엘 캐럴

버지니아 주: 존 블레어, 제임스 매디슨 주니어

노스캐롤라이나 주: 윌리엄 블라운트, 리처드 돕스 스페이트, 휴 윌리엄슨

사우스캐롤라이나 주: 존 러틀릿지, 찰스 코우츠워스 핑크니, 찰스 핑크니,

    피어스 버틀러

조지아 주: 윌리엄 퓨, 에이브러햄 볼드윈

수정 헌법

수정 제1조 (종교·언론·출판의 자유와 집회·청원의 권리)
연방 의회는 국교를 정하거나 자유로운 신앙 행위를 금지하는 법률을
제정할 수 없다. 또한 언론, 출판의 자유나 국민이 평화롭게 회합할
수 있는 권리, 불만 사항의 해결을 위해 정부에 청원할 수 있는 권리
를 제한하는 법률을 제정할 수 없다.

수정 제2조 (무기 보유의 권리)
규율 잡힌 민병대는 자유로운 주의 안보에 필요하므로, 무기를 소장
하고 휴대할 수 있는 인민의 권리는 침해받을 수 없다.

| 옮긴이 주 |
수정 제1조로부터 수정 제10조까지는 권리장전으로 불리며, 제1차 연방 의회의 첫 회기 중인 1789년
9월 25일 제안되어 각 주로 보내졌고, 1791년 12월 15일 비준을 완료했다.

수정 제3조 (군인 숙영의 제한)

평화시 군대는 어떤 주택에도 그 소유자의 승낙 없이 숙영할 수 없으며, 전시에도 법률이 정하는 방법을 따를 경우에만 숙영할 수 있다.

수정 제4조 (부당한 수색·체포·압수로부터의 보호)

부당한 수색, 체포, 압수로부터 신체, 가택, 서류, 통신의 안전을 보장받는 인민의 권리가 침해되어서는 안 된다. 체포·수색·압수 영장은 상당한 이유에 근거하여 선서 또는 확약으로 뒷받침되고, 특히 수색할 장소, 체포할 사람 또는 압수할 물품을 기재한 경우에만 발급할 수 있다.

수정 제5조 (형사 사건에서의 권리)

모든 사람은 대배심에 의한 고발이나 기소가 없는 한 사형에 해당하는 죄 또는 파렴치죄에 관해 심문을 받지 않는다. 다만 육군이나 해군에서 또는 전시나 사변시 복무 중에 있는 민병대에서 발생한 사건의 경우는 예외로 한다. 누구도 동일한 범행으로 생명이나 신체상의 위협을 재차 받지 않으며, 어떤 형사 사건에 있어서도 자신에게 불리한 증언을 강요당하지 않으며, 정당한 법 절차에 의하지 않고서는 생명, 자유 또는 재산을 박탈당하지 않는다. 또한 사유 재산은 정당한 보상 없이 공적 용도로 사용될 수 없다.

수정 제6조 (공정한 재판을 받을 권리)

모든 형사 소추에서 피고인은 범죄가 행해진 주 및 법률이 미리 정한 지역의 공정한 배심에 따라 신속하고 공개된 재판을 받을 권리, 사건의 성격과 이유에 관해 통고 받을 권리, 자신에게 불리한 증인과 대질 심문을 받을 권리, 자신에게 유리한 증언을 얻기 위해 강제 수속을 취할 권리, 자신의 변호를 위해 변호인의 도움을 받을 권리를 갖는다.

수정 제7조 (민사 사건에서의 권리)

보통법상의 소송에서 분쟁 대상의 가치가 20달러를 초과할 경우 배심에 의한 심리를 받을 권리가 보장된다. 배심에 의해 심리된 사실은 보통법 규정에 따른 경우를 제외하면 합중국의 어떤 법원에서도 재심받지 않는다.

수정 제8조 (보석금·벌금·형벌 제한)

과다한 보석금을 요구하거나, 과다한 벌금을 부과하거나, 잔혹하고 비정상적인 형벌을 가해서는 안 된다.

수정 제9조 (인민 권리의 폭넓은 보장)

본 헌법에 특정 권리를 열거한 사실이, 인민이 보유한 그 밖의 여러 권리를 부인하거나 경시하는 것으로 해석되어서는 안 된다.

수정 제10조 (주와 인민이 보유한 권한)

본 헌법에 따라 합중국에 위임되지 않았거나 각 주에 금지되지 않은 권한은 각 주나 인민이 보유한다.

수정 제11조 (사법 권한의 제한)

[1794년 3월 4일 발의, 1798년 1월 8일 비준]

합중국의 사법 권한은 합중국의 한 주에 대해 다른 주의 시민 또는 외국의 시민이나 신민이 개시하거나 제기한 보통법상 또는 형평법상의 소송에까지 그 효력이 미치는 것으로 해석해서는 안 된다.

수정 제12조 (대통령 및 부통령의 선출)

[1803년 12월 9일 발의, 1804년 9월 25일 비준]

선거인은 각각 자기 주에서 회합하여 비밀 투표로 대통령과 부통령을 선거한다. 양인 중 적어도 1인은 선거인과 동일한 주의 주민이어서는 안 된다. 선거인은 투표용지에 대통령으로 투표되는 사람의 이름을 지정하고, 그와 다른 투표용지에 부통령으로 투표되는 사람의 이름을 지정한다. 선거인은 대통령으로 투표된 모든 사람의 명부와 부통령으로 투표된 모든 사람의 명부, 그리고 각 득표자의 득표수를 기재한 표를 별도로 작성하여 선거인이 이에 서명하고 증명한 다음 봉인해 합중국 정부 소재지로 상원 의장에게 송부한다. 상원 의장은 상원 의원과 하원 의원 참석하에 모든 증명 서류를 개봉하고 계표한다. 대통령에 대한 투표에서 최고 득표자를 대통령으로 선출한다. 다만 득표수가 선임된 선거인 총수의 과반수가 되어야 한다. 이와 같은 과반수 득표자가 없을 경우 하원은 곧바로 대통령으로 투표된 사람들의 명단 중 3인을 넘지 않는 최다 득표자들 중에서 비밀 투표로 대통령을 선출한다. 다만 이런 방법으로 대통령을 선출할 때에는 선거를 주 단위로 하고, 각 주의 대표는 1표의 투표권을 가지며, 그 선거에 필요한 정족수는 각 주 하원 의원 3분의 2로부터 1명 또는 그 이상의 의원 출석으로 성립되며, 전체 주 과반수의 찬성을 얻어야 선출될 수 있다. 대통령 선출권이 하원 의회로 이양된 상황에서 하원이 그 다음 해 3월 4일까지 대통령을 선출하지 못할 경우, 대통령의 사망 또는 그 밖의 헌법상 직무 수행 불능의 경우와 같이, 부통령이 대통령 직무를 대행한다. 부통령 투표에서 최고 득표자를 부통령으로 선출한다. 다만 그 득표수는 선임된 선거인 총수의 과반수가 되어야 한다. 과반수 득표자가 없을 경우 상원이 득표자 명부 중 최다수 득표자 2인 중에서 부통령을 선출한다. 이 목적을 위한 정족수는 상원 의원 총수의 3분의 2로 구성되며, 그 선출에는 의원 총수의 과반수가 필요하다. 다만 헌법상 대통령직에 취임할 자격이 없는 사람은 합중국 부통령직에도 취임할 자격이 없다.

수정 제13조 (노예제 폐지)
[1865년 1월 31일 발의, 1865년 12월 18일 비준]

제1절
노예제도 또는 강제 노역 제도는 당사자가 정당하게 유죄 판결을 받은 범죄에 대한 처벌이 아닌 경우 합중국 또는 그 관할하에 있는 어떤 장소에서도 존재할 수 없다.

제2절

연방 의회는 적절한 입법으로 본 조의 규정을 시행할 권한을 갖는다.

수정 제14조 (시민권)

[1866년 6월 13일 발의, 1868년 7월 28일 비준]

제1절

합중국에서 출생하거나 귀화하고, 합중국 관할권에 속하는 모든 사람은 합중국 및 자신이 거주하는 주의 시민이다. 모든 주는 합중국 시민의 특권과 면책권을 박탈하는 법률을 제정하거나 시행할 수 없다. 모든 주는 정당한 법 절차에 의하지 않고서는 어떤 사람으로부터도 생명, 자유, 또는 재산을 박탈할 수 없으며, 그 관할권 내에 있는 어떤 사람에 대해서도 법률에 따른 동등한 보호를 거부하지 못한다.

제2절

하원 의원은 각 주 인구수에 비례해 각 주에 할당된다. 각 주 인구수는 과세되지 않는 원주민을 제외한 각 주의 총인구수이다. 다만 합중국 대통령 및 부통령의 선거인, 연방 의회의 하원 의원, 각 주의 행정·사법 관리 또는 각 주 입법부 의원을 선출하는 모든 선거에서, 해당 주의 남성 주민 중 21세에 달하고 미국 시민임에도 투표권을 부정당하거나 반란이나 그 밖의 범죄에 가담한 사람이 아님에도 어떤 방법으로든 투표권을 제한받을 경우, 그 주의 대표자 수는 그러한 남성 주민 수가 그 주의 21세에 달한 남성 주민 총수에서 차지하는 비율만큼 감소된다.

제3절

과거 연방 의회 의원, 합중국 관리, 주 의회 의원, 또는 주의 행정·사법 관리로 합중국 헌법을 지지할 것을 선서했음에도 합중국에 대한 폭동이나 반란에 가담하거나 그 적들에게 원조를 제공한 사람은 누구도 연방 의회의 상원 의원이나 하원 의원, 정·부통령의 선거인, 합중국이나 각 주의 문무 공직에 취임할 수 없다. 다만 연방 의회는 각 원 3분의 2의 찬성투표로 그 자격 상실을 해제할 수 있다.

제4절

폭동이나 반란을 진압한 공헌에 대한 연금과 포상금 지불을 위해 기채起債한 부채를 포함해 법률로 공인한 공채의 법적 효력을 문제 삼을 수 없다. 다만 합중국이나 주는 합중국에 대한 폭동이나 반란을 원조하기 위해 기채한 부채에 대해 또는 노예 상실이나 해방으로 인한 청구에 대해서는 채무를 떠맡거나 지불하지 않는다. 이와 같은 모든 부채, 채무 및 청구는 위법이고 무효이다.

제5절

연방 의회는 적절한 입법으로 본 조의 규정을 시행할 권한을 갖는다.

수정 제15조 (흑인 투표권)

[1869년 2월 26일 발의, 1870년 3월 30일 비준]

제1절

합중국 시민의 투표권은 인종, 피부색 또는 과거 예속 상태를 이유로 합중국이나 주에 의해 부정당하거나 제한받지 않는다.

제2절

연방 의회는 적절한 입법으로 본 조의 규정을 시행할 권한을 갖는다.

수정 제16조 (소득세)

[1909년 7월 2일 발의, 1913년 2월 25일 비준]

연방 의회는 모든 소득원에서 얻어지는 소득에 대해, 각 주에 배당하지 않고 국세 조사나 인구수 산정에 관계없이, 소득세를 부과하고 징수할 권한을 갖는다.

수정 제17조 (연방 상원 의원의 직접 선거)

[1912년 5월 13일 발의, 1913년 5월 31일 비준]

제1절

합중국의 상원 의회는 각 주별 2명씩의 상원 의원으로 구성된다. 상원 의원은 그 주 주민이 선출하고 임기를 6년으로 한다. 각 상원 의원은 1표의 투표권을 갖는다. 각 주의 선거인은 주 입법부 중 의원수가 많은 원院의 선거인에 요구되는 자격을 갖춰야 한다.

제2절
상원에서 어느 주의 대표에 공백이 발생할 경우 그 주의 행정부는 그 공백을 메우기 위한 선거 명령을 공시해야 한다. 다만 주민이 주 의회가 정하는 바에 따라 선거를 통해 공백을 메우기 전까지, 그 주의 입법부는 주 행정부에 임시로 상원 의원을 임명할 수 있는 권한을 부여할 수 있다.

제3절
이 수정 조항은 본 헌법의 일부로 효력을 발휘하기 전에 선출된 상원 의원의 선거나 임기에 영향을 주는 것으로 해석해서는 안 된다.

수정 제18조 (금주법)
[1917년 12월 18일 발의, 1919년 1월 29일 비준, 수정 제 21조로 폐기]

제1절
이 조의 비준으로부터 1년을 경과한 후에는 합중국과 그 관할권에 속하는 모든 영역에서 음용할 목적으로 주류를 양조, 판매 또는 운송하거나 합중국에서 이를 수입 또는 수출하는 것을 금지한다.

제2절
연방 의회와 각 주는 적당한 입법에 따라 이 조를 시행할 동등한 권한을 가진다.

제3절

이 조는 연방 의회가 이를 각 주에 회부한 날부터 7년 이내에 각 주 의회가 헌법이 규정한 바에 따라 헌법 수정으로 비준하지 않으면 그 효력이 발생하지 않는다.

수정 제19조 (여성의 선거권)

[1919년 6월 4일 발의, 1920년 8월 26일 비준]

제1절

합중국 시민의 투표권은 성별에 따라 합중국이나 주에 의해 거부 또는 제한되지 아니한다.

제2절

연방 의회는 적당한 입법에 따라 이 조를 시행할 권한을 가진다.

수정 제20조 (대통령과 연방 의회 의원의 임기)

[1932년 3월 2일 발의, 1933년 2월 6일 비준]

제1절

대통령과 부통령의 임기는 이 조가 비준되지 않았을 경우 임기가 만료되었을 해의 1월 20일 정오에, 그리고 상원 의원과 하원 의원의 임기는 그해의 1월 3일 정오에 종결된다. 그 후임자의 임기는 그 때부터 시작된다.

제2절

연방 의회는 매년 적어도 1회 이상 회합을 가져야 한다. 그 회합은 연방 의회가 법률로 다른 날을 정하지 않는 한 1월 3일 정오부터 시작된다.

제3절

대통령의 임기 개시일로 정해 놓은 시일에 대통령 당선자가 사망하면 부통령 당선자가 대통령이 된다. 대통령 임기의 개시일까지 대통령이 선정되지 아니하였거나 대통령 당선자가 자격을 구비하지 못했을 때에는 부통령 당선자가 대통령이 그 자격을 구비할 때까지 대통령의 직무를 대행한다. 연방 의회는 대통령 당선자와 부통령 당선자 모두 자격을 구비하지 못하는 경우에 대비하여 법률에 따라 대통령의 직무를 대행해야 할 사람 또는 그 대행자의 선정 방법을 공표할 수 있다. 이런 경우에 선임된 사람은 대통령 또는 부통령이 그 자격을 구비할 때까지 대통령의 직무를 대행한다.

제4절

연방 의회는 하원이 대통령 선정권을 갖게 되었을 때 하원이 대통령으로 선정할 인사 중 사망자가 생긴 경우와 상원이 부통령 선정권을 갖게 되었을 때 상원이 부통령으로 선정할 인사 중 사망자가 생긴 경우를 대비하는 법률을 규정할 수 있다.

제5절
제1절 및 제 2절은 이 조의 비준 후 최초의 10월 15일부터 효력이 발생한다.

제6절
이 조는 회부된 날로부터 7년 이내에 전체 주 중 4분의 3의 주 의회가 헌법 수정 조항으로 비준하지 않으면 효력이 발생하지 않는다.

수정 제21조(금주법의 폐기)
[1933년 2월 20일 발의, 1933년 12월 5일 비준]

제1절
연방헌법 수정 제18조를 폐기한다.

제2절
주, 합중국의 영토 또는 속령의 법률을 위반하여 이들 지역 내에서 인도 또는 사용을 목적으로 주류를 이들 지역에 수송 또는 수입하는 것을 금지한다.

제3절
이 조는 연방 의회가 이를 각 주에 회부한 날로부터 7년 이내에 헌법 규정에 따라 각 주의 헌법회의가 헌법 수정 조항으로 비준하지 않으면 효력이 발생하지 않는다.

수정 제22조 (대통령 임기의 제한)
[1947년 3월 21일 발의, 1951년 2월 27일 비준]

제1절

누구도 2회를 초과하여 대통령직에 선출될 수 없으며, 타인이 대통령으로 당선된 임기 중 2년 이상 대통령직에 있었거나 대통령 직무를 대행한 사람은 1회를 초과하여 대통령직에 당선될 수 없다. 다만, 이 조는 연방 의회가 이를 발의하였을 때에 대통령직에 있는 사람에게는 적용되지 않으며, 또한 이 조의 효력이 발생하게 될 때에 대통령직에 있거나 대통령 직무를 대행하고 있는 사람이 잔여 임기 중 대통령직에 있거나 대통령 직무를 대행하는 것을 방해하지 않는다.

제2절

이 조는 연방 의회가 각 주에 회부한 날로부터 7년 이내에 전체 주중 4분의 3의 주 의회가 헌법 수정 조항으로 비준하지 않으면 효력이 발생하지 않는다.

수정 제23조 (컬럼비아 특별행정구에서의 선거권)
[1960년 6월 16일 발의, 1961년 3월 29일 비준]

제1절

합중국 정부의 소재지인 특별행정구는 연방 의회가 정한 다음과 같은 방식에 따라 대통령 및 부통령의 선거인을 임명한다. 그 선거인의 수는 이 특별행정구가 주라면 배당받을 수 있는 연방 의회의 상원 및 하원 의원 수와 동일하다. 그러나 어떤 경우에도 최소 인구를 가진 주보다 더 많을 수 없다. 그들은 각 주가 임명한 선거인들에 추가된다. 그러나 그들은 대통령 및 부통령의 선거를 위하여 주가 선정한 선거인으로 간주된다. 그들은 이 특별행정구에서 회합하여, 수정 헌법 제12조가 규정한 바와 같은 직무를 수행한다.

제2절

연방 의회는 적당한 입법에 따라 이 조를 시행할 권한을 가진다.

수정 제24조 (인두세)

[1962년 8월 27일 발의, 1964년 1월 23일 비준]

제1절

대통령 또는 부통령, 대통령 또는 부통령 선거인, 또는 연방 의회의 상원 의원이나 하원 의원을 위한 예비선거 또는 그 밖의 선거에서, 인두세나 기타 조세를 납부하지 않았다는 이유로 합중국 또는 주가 합중국 시민의 선거권을 거부하거나 제한할 수 없다.

제2절

연방 의회는 적당한 입법에 따라 이 조를 시행할 권한을 가진다.

수정 제25조 (대통령의 직무 수행 불능과 승계)

[1965년 7월 6일 발의, 1967년 2월 10일 비준]

제1절

대통령이 면직, 사망 또는 사임하는 경우 부통령이 대통령이 된다.

제2절

부통령직이 궐위되었을 때에는 대통령이 부통령을 지명하고, 지명된 부통령은 연방 의회 양원의 다수결에 의한 인준에 따라 취임한다.

제3절

대통령이 상원의 임시의장과 하원 의장에게 대통령의 권한과 임무를 수행할 수 없다는 내용을 기재한 서한을 송부할 경우, 그리고 대통령이 그들에게 그 반대의 사실을 기재한 서한을 송부할 때까지는 부통령이 대통령 권한대행으로서 그 권한과 임무를 수행한다.

제4절

부통령 그리고 행정 각부의 장관 또는 연방 의회가 법률에 따라 설치한 기타 기관의 장들 대다수가 상원의 임시의장과 하원의장에게, 대통령이 그 직무 권한과 임무를 수행할 수 없다는 것을 기재한 서한을 송부할 경우에는 부통령이 즉시 대통령 권한대행으로서 대통령직의 권한과 임무를 맡는다. 그 후 대통령이 상원의 임시의장과 하원의장에게 직무수행 불능 사항이 존재하지 않는다는 내용의 서한을 송부할 때에는 대통령이 그 직무 권한과 임무를 다시 수행한다. 다만, 그런 경우에는 부통령, 행정 각부, 그리고 연방 의회가 법률에 따라 설치한 기타 기관의 장들 대다수가 4일 이내에 상원의 임시 의장과 하원 의장에게 대통령이 그 직무 권한과 임무를 수행할 수 없다는 내용을 기재한 서한을 송부하지 않아야 한다. 그런 경우 연방 의회는 회기 중이 아닐지라도 이 목적을 위해 48시간 내에 회합을 가지고 이 문제를 결정해야 한다. 연방 의회가 후자의 서한을 수령한 후 21일 이내 또는 회기 중이 아닐지라도 연방 의회가 소집 요구를 받은 후 21일 이내에 양원 3분의 2의 표결로 대통령이 그 직무 권한과 임무를 수행할 수 없다는 것을 결의할 경우 부통령이 계속해서 대통령 권한대행으로 그 권한과 임무를 수행한다. 다만, 그렇지 않을 경우에는 대통령이 다시 그 직무 권한과 임무를 수행한다.

수정 제26조 (18세 이상 시민의 선거권)
[1971년 3월 23일 발의, 1971년 7월 1일 비준]

제1절
18세 이상인 합중국 시민의 투표권은 연령을 이유로 합중국 또는 주에 의해 거부되거나 제한되지 않는다.

제2절

연방 의회는 적당한 입법에 따라 이 조를 시행할 권한을 가진다.

수정 제27조 (연방 의원 연봉 인상)

[1789년 9월 25일 발의, 1992년 5월 8일 비준]

상원 의원과 하원 의원의 연봉을 변경하는 법률은 차기 하원 의원의
선거가 지난 후 그 효력이 발생한다.

이 책을 번역, 출판하기로 결정한 것은 2003년 초였다. 당시 겨울 방학을 이용해 최장집 교수의 추천으로 출판사에서 세 권의 책을 읽었는데, 이 책은 그 가운데 한 권이다. 다른 두 권은 버나드 마넹Bernard Manin의 *The Principles of Representative Government*와 마크 마조워Mark Mazower의 *Dark Continent: Europe's Twentieth Century* 였다. 마넹의 책은 『선거는 민주적인가』라는 제목으로 2004년 4월에, 마크 마조워의 책은 2009년 『암흑의 대륙: 20세기 유럽』이라는 제목으로 출간되었다.

로버트 달의 이 책을 출간하고자 한 것은 두 가지 이유에서였다.

하나는 조만간 한국 사회에서도 헌법이 중요한 쟁점으로 등장할 것이며, 그때 민주주의와 법의 지배라는 두 원리 사이의 긴장을 다루는 좋은 책이 있어야겠다고 생각했다. 우리가 보기에 로버트 달의 이 책은 이런 목적에 부합하는 내용을 갖고 있었다. 둘째는 당시 한국 민주주의가 지향해야 할 개혁의 방향을 이른바 "미국 모델"에서 구하려는 여러 논의들이 있었는데, 이에 대해 비판적으로 개입해야겠다는 의욕도 컸다. 우리가 보기에 미국 모델은 한국 민주주의의 대안이 될 수 없는 것이었다.

번역은 다소간의 우여곡절과 일정한 시간을 경과하게 되었다. 최장집 교수는 이 책을 2004년 봄 학기 고려대 정치외교학과 대학원 교재로 사용했는데, 처음에는 당시 이 책을 읽은 대학원생 일부를 번역 팀에 참여하게 하여 일정을 앞당기려 했다. 하지만 결과는 생각보다 좋지 못했다. 박상훈과 박수형이 중심이 되어 번역을 처음부터 다시 시작하기로 하면서 다소 시간은 걸렸지만 2004년 10월 초에 이르러 초고를 완성했다. 은근히 미국 대통령 선거 시기를 염두에 두기도 했지만, 사실 그렇게 빨리 준비하긴 여러 가지로 어려웠다. 이보다 옮긴 이들과 편집자의 사정을 급박하게 만든 것은 헌법재판소가 신행정수도 관련 특별법에 대해 위헌 판결을 내린 10월 21일의 역사적 사건 덕분이었다.

초고의 수정과 편집을 서두르면서 우리는 이 책을 통해 오늘날 한국 민주주의의 현실에 대해 간접적으로 발언하기를 원했다. 이를 위해 두 가지가 필요했다. 첫째, 이제 헌정주의와 민주주의의 긴장이라는 문제는 이 책의 중심 소재가 되는 미국만의 문제가 아니기에, 한국 사례를 포함하는 특별한 해설이 필요했다. 한국어판 해설을 통해 우리는 이 책이 담고 있는 메시지를 한국 사회의 현실과 의미 지평에 접합시키고자 했다. 그리고 이 주제라면 다른 누구보다 최장집 교수에게 부탁하는 것이 최선이라 생각했고, 최장집 교수는 우리의 문제의식을 흔쾌히 수용했을 뿐 아니라 꼬박 2주일에 걸쳐 일요일에도 연구실을 지키며 한국어판 해설을 완성해 주었다. 읽어 보면 알겠지만 최장집 교수의 글은 헌정주의와 민주주의의 관계라는 주제를 중심으로 본격적인 논의의 장을 여는 중요한 논문이 되었다. 우리가 만드는 모든 책이 한국 사회의 현실로부터 조망될 수 있기를 희망하는 우리로서는 더 없이 기분 좋은 일이 아닐 수 없다. 더 좋은 책을 만드는 일로 기대에 부응해야 한다고 생각한다.

둘째, 초고의 수정과 편집에 여러 사람의 도움이 필요했다. 초고를 만드는 과정에서나 이후 수정과 편집, 그 밖의 여러 주의 깊은 논평의 방식으로 선후배들이 큰 도움을 주었다. 박동진 박사와 현재호 박사 그리고 김순영과 조계원의 이름을 별도의 의미를 붙여 기억하려 한다.

초고 이후는 주로 출판사의 몫이었다. 후마니타스 출판사의 모든 구성원이 이 과정에 참여했고 정상적 순서를 넘나들면서 겪게 되는 다소의 혼선에도 불구하고 많은 오류를 교정했고, 내용을 개선했으며, 좀 더 질 좋은 문장을 만드는 데 크게 기여했다.

그리고 초판을 출간한 지 12년이 지난 지금도 이 책의 문제의식은 여전히 유용하기에, 일러두기에서 밝혔듯이, 몇 가지 수정을 통해 개정판을 독자들에게 선보인다.

2016년 3월
옮긴이 박상훈, 박수형과 책임 편집자 정민용이 함께 씀